京都・観光文化への招待

井口 貢/池上 惇 編著

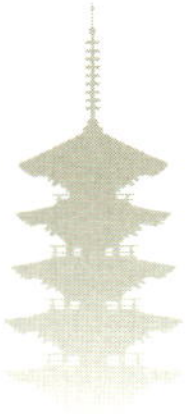

ミネルヴァ書房

はじめに

観光に関わって出版業界では、いわゆる「京都本」は「仮名手本忠臣蔵」であるというような謂いを聞いたことがある（興行を打てば、必ず当たる／出版すれば、必ず売れる）。確かに京都市中はもちろんのこと、市外の書店でもコーナーを特設しているところがしばしばみられ、「京都本」は平積み・山積みの状態である。

そしてそれらの多くは、版をいくつも重ねているに違いない。

一方で、年間入洛観光客数五千万人を措定した「京都市観光振興推進計画（おこしやすプラン21）」（策定期間：二〇〇一年～二〇〇五年）は、「新京都市観光振興推進計画（ゆとり　うるおい　新おこしやすプラン）」（同：二〇〇六年～二〇一〇年）、そして「未来・京都観光振興計画2010^{+5}」（同：二〇一〇年～二〇一四年）と改訂を重ねるなか、「五千万人構想」は一貫して揺るぎない政策目標であり続けている。あくまでも推定値にしか過ぎないのであるが、五千万人を超えるか否かで一喜一憂している人たちもまた少なくないであろう（二〇〇八年度はこれを達成し、二〇〇九年度はこれを割ったという）。「京都本」の好調な売れ行きと持続する「京都観光ブーム」のなかで、観光産業や観光行政にダイレクトに関わる人たちの一喜一憂ぶりは理解できなくはない。

しかし次のような、京都市民の声もある。

「公の方々にあっては、多くを動員することにのみ価値を見出していたこと、大いに反省していただきたい。五〇〇〇万人が四〇〇〇万人になってもいいではないか。それより、京都を訪れた人たちが皆、来てよかった、と思って、気持ちよく過ごしてもらうことこそが大事なのではあるまいか」（柏井壽『おひとり京都の秋』光文社、二〇一〇年）。

多くの京都市民の方々も、同様に思われているのではないだろうか。ただ、京都市民ではない私がさらにいわせてもらうことがあるとするならば、「どれだけ観光客が訪れようが、訪れまいが、その影響で京都に住まう人々が、気持よく日常を過ごすことができなくなってしまったら、京都観光も終わりだ」ということである。少し尊大な表現かもしれないが、京都観光が終われば、日本の観光・観光立国の実現も危うくなるのではないだろうか。

観光政策、観光振興を考えるうえで、観光の原点・まちづくりの原点ともいえる思想を確認することはとても大切な作業であると思っている。その思想とは、「観国之光」、「努力発国光」（『易経』）、そして「近説遠来」（『論語』）である。その詳細な解説については、ここでは省略したい（私自身、拙著中をはじめ随所で述べてきたし、本書のなかの多士済々な方々の論考からも、そのことを感じ取ってもらいたいと思う）。

ただ大切なことを簡潔に確認することだけはしておきたい。それは、地域の所与の文化資源を尊重することの大切さ（「観国之光」）と内発性を伴った社会関係資本のもつ役割の重さ（「努力発国光」）、そして観光について考えるうえでもっとも大切なことは、そのまちに住まう人々の充実した、心豊かな暮らし（「近説遠来」）であるということだ。

京都は、その長い歴史のなかでこの三つの要諦を墨守してきたはずである。それゆえに持続する賑わいを、伝統と革新の相乗的な相互作用のなかで具現化してきたに違いない。

活力と賑わいの復興を求める地方都市が京都に学ぶべきものがあるとすれば、そのフィロソフィーであり、表層的な「京都らしさ」では決してない。賢明な地方都市はそのことに気づいている、あるいは気づき始めているに違いない。この一年間で「全国京都会議」（事務局：京都市観光協会）から脱退する「小京都」が五市（盛岡・金沢・高山・飯田・犬山市）に登っているのは、穿った見方かも知れないがその証左でもあろう。ちなみに、フィロソフィー

（哲学）の語源とは、「知を愛すること」であり、観光の文脈に即していえば、「地域の知を愛する心」こそが、そのフィロソフィーであると、私は信じている。

さてこの三つの要諦も、観光が有すべきフィロソフィーも、極めて「文化政策」的な視座だと私は感じている。従って、この本をつくる要請を、当時のミネルヴァ書房の編集者であった冨永雅史氏から受けたとき、一番に念頭に浮かんだのは、わが国の文化経済学・文化政策学の泰斗といえる池上惇先生のご助力を仰ぐことであった。そして併せて、二〇〇一年（平成一三）京都橘女子大学（当時）にわが国初の「文化政策学部」が創設されるに際して、設立の主体となられた先生の学恩を受け、そしてその深い学識とお人柄を慕い、教員としてあるいは社会人大学院生として先生の下に集まり参じた人たちを中心に執筆の労をお願いした（もちろん、池上先生との接点は少ない執筆者もいるが、私の狭小な人脈のなかから、池上先生のご期待に沿うことのできる誠実で真摯な研究者や実務家にお願いした）。

池上先生ご定年後の改組で残念ながら「文化政策学部」は名称を変え、また集まり参じた者の多くも散じてはいったが、それぞれの場所で、文化政策に基づいたまちづくり、地域観光の振興などに関わることを業とすることができている。

終章をお読みいただければわかるが、先生ご自身も、今も精力的に京都を愛し、京都発の文化政策を矜持とともに伝え続けておられる。

ここに改めて、先生の敬服すべき学恩に謝意を表したい。

そしてこの書の意図は、「忠臣蔵」や「京都観光文化検定」への便乗やその結果としての、「洛陽の紙価を高める」ことを目論んだものでは決してなく、文化政策の視点から観光政策を考えることの大切さを、その範ともいえる京都を主題として、訴え展開したものであるということを付記しておきたい。そして、その期待にそれぞれの立ち位置から応えていただいた執筆者の皆様にも、此処で改めて深謝する。

また本書のなかで、ある意味でスペシャルバージョンとして御多忙の折に筆をお執りいただいた、私の敬愛する京都人、一澤信三郎氏と小島冨佐江氏には衷心よりの謝意を呈したい。

さらに本書の編集作業中に生起したのが、あの三月一一日の東日本大震災だった。犠牲となられた方々には心より哀悼の意を、また被災され復旧と復興に尽力される地域の皆様にお見舞いの言葉を申し述べたい。観光文化の力は直截的な支えとはならないかも知れないが、常在の地域文化に裏打ちされた真のそれは必ずどこかで、人々に勇気と希望を与えてくれるものと信じて疑わない。

まさに、常在の地域文化を連綿と受け継ぎながら、伝統と革新、不易流行、そして新たな文化創造を弛むことなく続けてきた京都の観光文化力は、日本復興の大きな力のひとつとなるに違いない。

最後となったが、先発投手の冨永氏を引き継いで、名セットアッパー・抑えの役割を果たしていただいたミネルヴァ書房編集部の東寿浩氏には様々なご迷惑とお手数をおかけした。ここに深い感謝とお詫びの念とを重ね、御礼を申し上げたい。もちろん、きっかけをつくっていただいた冨永氏にも謝辞を忘れてはならないと思うので、併せ感謝したい。

二〇一一年葉月

六六回目の終戦記念の日に

執筆者を代表して　井口　貢

京都・観光文化への招待　目次

序章　京都と観光文化

井口　貢

1　観光文化とは

（1）観光文化の定義の曖昧さ

本書の表題の一部となっている「観光文化」という言葉は、最近になってようやくしばしば使用され、市民権をも得つつあるように思われる。いくつかの大学では「観光文化学」を冠する学部・学科を有するところもわずかではあるが、登場している（例えば、神戸夙川学院大学観光文化学部、桜花学園大学人文学部観光文化学、など）。

ただこの言葉が使用される大きなきっかけとなった出来事は、決して最近のものではない。それは、一九六六（昭和四一）年にまで遡るのではあるが、わが国の観光文化学の創始者といってもよい、民俗学者宮本常一によるところが大きい。宮本は、若いころより彼を物心両面から支えた渋沢敬三（元日本銀行総裁）や柳田國男の知遇を得て、渋沢が主宰するアチック・ミューゼアム（後に日本常民文化研究所に改組）の所員となった。一九三九（昭和一四）年のことである。以降、日本全国の民俗調査に従事した宮本の健脚と情熱による膨大な業績は、渋沢をして、彼の足跡を日本列島の白地図の上に赤インクで印していくと、列島は真っ赤になる、といわしめたほどであった。

その宮本が、日本観光文化研究所の初代所長に就任したのが、上に記した一九六六年のことであった。時に宮本五九歳という、人生の円熟期のころである。

初学者からの実用に配慮したコンパクトな観光関連の辞典にも、この言葉が掲載されているものはいくつかあるが、どれにも共通した明確な定義があるとはいい難い。そしてさらに驚くべきことは、この言葉が掲載されていない辞典も存在するということである。

すなわち、わが国の知の巨人の一人ともいえる思想家が、身を張って構築のために尽力し、大学の学部・学科名にまで使用されるに至っているにもかかわらず、明確に共通した定義に欠けているのは、不思議な話ではある。あるいはこうしたことは、おそらく自然科学では起りえないことと思われるのだが、人文科学と社会科学の境界領域ゆえの宿命といってしまってよいのであろうか。

しかしこの言葉を書物の一部に使用する以上、少なくとも本書のなかで共有される観光文化の意味合いは、一定明らかにしておかなければならないであろうと感じている。

（2） 辞典にみる「観光文化」

例えば、少し以前に刊行された『観光学辞典』をひも解くと、「観光文化（touristic culture）」として、その記述は「観光がつくりだす文化である。観光用の文化ショーやおみやげの工芸品などはその代表的な例。これらはしばしば模造品であって、本物性を欠いた、二流のものだと考えられがちである」としたうえで、インドネシアのバリの芸能や絵画の例を引きながら、観光を前提とした芸術的想像力に、フェイクではない文化の真正性に評価を与え、「観光というと伝統文化の破壊という面がしばしば指摘されるが、観光のこのような創造的な側面はもっと強調されて良い」（山下、一九九七、一二四頁）と結んでいる。

また比較的新しい『観光・旅行用語辞典』の「観光文化」の項は、筆者が執筆担当したものではあるが、「観光と交流の促進によってもたらされる地域文化の諸相の一つ」としたうえで、観光という知的交流は、地域独自なものを基盤に置きながらも「地域文化の新たな創造とその継承を生み、育んでいく。そのことによって磨き上げられた地域文化が、新たな魅力として、常在の地域資源に付加価値を与え、新規の交流人口を創出していくことも可能になるだろう」と前段では記した。そして、「観光とは地域文化の創造である」を合言葉にして、足助町（現愛知県豊田市足助町）が展開したまちづくり観光の試みを例に引きながら、「観光という行為によって創造あるいは再構築される、地域の固有価値としての伝統文化や生活文化、民俗文化、福祉文化、環境文化などを包摂する地域文化こそが、観光文化といえるだろう」（北川編、二〇〇八、六五頁）という形で、一定の結びとしてみた。

また、観光文化を「サプライサイド（観光産業）から商品として提供されるものとしてではなく、余暇・観光の主体である住民・市民生活のなかから創られるものである」（河野、二〇〇四、八一頁）とする指摘も明解である。

（3）　観光とは地域文化の創造である

右に引用した足助町発のこの言葉は、まさに「観光文化」の一面を的確に表現しているといえるだろう。一面という表現を採ったのは、もちろんこの言葉が意味するところは、「観光文化」のみを的確に表現していることで終始してはいないということである。すなわち、そこに住まう人々の主体的な営為に基づいた地域文化の着実な創造と継承（この時点では多くの場合必ずしも、狭義の観光を意識したり、目論んだりはしていないに違いない）こそが、引いては結果として、観光のまなざしに持続する形で堪えうるものになるということであり、堪えた結果として、もたらされた文化交流の刺激が、地域文化を新たな創造に導くということである。ここで新たに創造された地域文化こそが、観光文化にほかならない。

そのように考えたときに、京都というひとつのコスモロジーは、「観光とは地域文化の創造である」という命題のいわばプロトタイプとなるものではないだろうか。極論すれば、七九四（延暦《えんりゃく》一三）年に始まる京都のまちづくりは、決して観光立都を意識したものではなかったが、京に住まう人々の暮らしの安心立命を願って、多様な形で建立・形成された神社仏閣などの有形の、あるいは祭礼や習俗という無形の、時として「京都ならでは」と呼称されるような地域資源・文化資源を守り継承してきた。

一例を挙げてみよう。起源をたどれば、八六九年（貞観一一）に端を発する祇園祭も疫病からまちを守るための神事であり、決して来訪者の満足を目論んだイヴェントではなかった。しかし、応仁の乱などによる中断はあったものの、今日まで町衆によって継承された強さがあるゆえに、確固たる地域文化として観光のまなざしに堪え、さらには新たな京都の観光文化の担い手となりえているのではないだろうか。

京都の観光文化を考えるという行為は、設けられた観光施設や観光スポットについて考察すること、あるいは、どうすればより多くの観光客をさらに誘致することができるかという方策を練ることなどに大きなウェイトが割かれるものではない。

一〇〇〇年以上もの間、わが国の都であり続け、その後も百数十年に渡って、その存在を抜きにしては学問や芸術をはじめとするわが国の文化の諸相について考えることができないまちであり続け、さらには革新的なベンチャーから勃興し日本、そして世界を代表するような企業をいくつも生んだまちでもある京都。

その文化的バックグラウンドの奥深さについて、それを支えた人々のエートスに十二分に配慮しつつ、通時的かつ共時的な視点から考察することこそが、京都の観光文化を考察するうえで核に据えられなければならない、大きな課題なのではないだろうか。

2 「おこしやすプラン21」と「美感都市」

（1）「京都・観光文化検定試験」前夜

京都の観光文化という表現を採れば、読者の方々の多くには、あるいは書店でこの本を手に取っておられる多くの方々は、京都商工会議所によって二〇〇四（平成一六）年に始まった「京都・観光文化検定試験」（以下、「京都検定」）が先ずは念頭に浮かんでくるのではないかと思う。もちろん、これについては後述するつもりではあるが、この検定が実施される前提として、京都市による観光政策と京都商工会議所のまちづくりのための目標設定があったことを忘れてはならない。

京都市は二〇〇一（平成一三）年一月に策定した「京都市基本計画」で示された観光振興政策を具体的に展開していくために、前期五年間の行動計画として「京都市観光振興推進計画――おこしやすプラン21」を併せ公にした（後期五年間の継続計画については「新京都市観光振興推進計画―― ゆとり うるおい 新おこしやすプラン21」として、二〇〇六年一月に策定されており、さらにこれに続くものとして、二〇一〇年には「未来・京都観光振興計画2010^{+5}」が策定された）。

京都商工会議所（以下、会議所）では、二〇〇一（平成一三）年に村田純一が会頭に就任すると、「美感都市・京都」をまちづくりと産業振興のためのキーワードに掲げた。

前者は、年間の入洛観光客数を二〇一〇（平成二二）年には五〇〇〇万人にするという数値目標のみが、一般的には大きくクローズアップされている観が強いことは否定できない。しかし計画の基本理念は、観光を京都市の都市活力創造の基軸に位置づけ、まちづくり・交流・文化・経済がそれぞれ良好な関係性のなかで好循環し、相乗的な効果のなかで発展していくことを企図したものである。

後者については、村田が会頭在任時にそのフィロソフィーについて随所でコメントしてきた。すなわち美感都市の「美」とは、山紫水明という言葉に象徴されるような、美しい自然環境・風格ある建造物・情趣ある町並みなどのいわゆるハードウエアであり、「感」とは京都に住まう人々の品性・品格に基づくソフトウエアであるという。すなわち、美しく風格あるまちのなかで、心豊かに心根の温かい人々が住み、築き上げる魅力あるまち京都を、一つの目標に掲げたものといえるだろう。そして、産学公の連携に基づいた産業基盤の強化と京都ブランドの構築を通して、誇りをもって京都から日本の美しきものを発信していくことを、村田は強く念じていたのである。

(2) 「京都検定」誕生

「京都検定」の初回が実施されたのは、二〇〇四（平成一六）年一二月一二日のことであるが、この年に村田は会議所会頭に、一期目の任期を終え再任されている。その際の記者会見における所信表明（同年一一月九日）で彼は、「京都検定」を京都の文化・歴史を学ぶ機会を創出し、提供するものと位置づけ、京都観光の振興に対して、市民の参画と意識向上を図るものであると、その目的を述べている。

村田の真意をここから推し量るとすれば、文化の力を継承する見えない力（暗黙知）に対する、一定の危機感があったものと思われる。一二〇〇年の歴史と伝統のなかで育まれ継承されてきた有形・無形の文化の力は、確かに盤石なものにみえるかも知れない。しかし、「子が父の背中から、あるいは弟子が師の背中から学んできたような文化」を伝えていくことの重要性を、今こそあらためて確認する必要性があるのではないか。そしてそのうえで京都文化の後継者を、京都というまちが、育てていくべきではないか。

村田は、ほかならぬ京都に住まう人々にこそ、このことを京都に対する矜持とともに認識してもらいたかったのではないだろうか。

また「京都検定」誕生の数年位前より、市内の観光サーヴィス業全般に対して、批判の声が上がり始めていたという（井口、二〇〇八、一八頁）。こうした流れを受けて、会議所では会員に対して「京都ならではのおもてなし」をキーワードにして、京都観光におけるホスピタリティ向上のためのマナー講座等を実施していくことになる。しかしそれと同時に、いくら技術論としてのマナーに精通していても、自分たちのまちである京都について、よりよく知り認識できていなければいけないという認識が共有されていくことになった。前述したような、文化を継承するための力の意味について再確認することが、そしてそれを梃子にしながら人材を育成していくことこそが、実は観光振興の本質において重要な役割を果たすのだということが再認識された、というのはいい過ぎであろうか。

そしてその再確認が、「京都検定」誕生の原動力となったものと考えたい。

（3）　国の光を観《しめ》す公式テキストブック

いうまでもないことではあるが、「京都検定」は実務的な資格を認定する試験ではない。したがって合格したことによってなんらかの資格やそれに伴う直截的な利益や便益を受けることができるわけでもない。そこは例えば、総合旅行業務取扱管理者試験（日本旅行業協会：JATA）や国内旅行業務取扱管理者試験（全国旅行業協会：ANTA）と旅行業務取扱主任者との関係性とは大きく違う点である。

筆者は別の著作のなかで、「観光学」と「観光業学」の差異について論じたことがある（井口編、二〇〇八、七頁）。後者が主として「観光業学」に立脚する資格付与のための検定試験であるとしたら、「京都検定」はあくまでも「観光学」に依って立つ教養と教育を視野に置いた「地域学検定」であり、結果としてそれが観光を業とする部分にも活きてくることを目的としている（ちなみに京都市内のあるタクシー会社では、社命に近い形で運転手が受験したことで話題になったことがある。先に記した「市内の観光サーヴィス業全般」に対する不満の声の一つには、タクシー運転手に対するそれもあったというが、企業環境に素早く対応するところは京都の企業らしいところである)。

二〇〇四(平成一六)年八月に販売開始された公式テキストブックは、いろいろな意味で話題を呼んだものであるが、京都の歴史を叙述することを大きな柱にしながら、このまちがその歴史のなかで、山紫水明の自然環境とともに織りなし形成し、継承してきた有形無形の多様な文化資源を検証し、そして顕彰し示すことに編集の力点が置かれている。

人材育成については上述したが、これを目的の視野に入れながら地域の文化資源を示し、検証していく行為は、まさに「観光」の本質をついたものである。

いわれ尽くしているかとは思うが、中国の古典『易経』の一節「観国之光」に起源をもつ「観光」とは、すなわち「国(地域・まち)」の有形無形の文化資源をかけがえのない「光」としてとらえ、これを「観(示)して」、心を込めて「観つめ」学ぶことである。こうした知的交流を通して、人材は地域のなかで見出され育てられていく。こうした営為を、同書は「努力発国光」としたためている。「努力」して「国(地域・まち)」のなかに存在する「光(有能な人材)」を発掘して、育てるべきというわけである。

二〇〇六(平成一八)年三月に、京都新聞出版センターより『歴史都市・京都から学ぶ――ジュニア日本文化検定テキストブック』が上梓され、同年一一月に第一回「ジュニア京都検定」が行われたのも、「京都検定」がもたらせた文化的波及効果であり、教育・人材育成面に大きな期待が寄せられる。

「京都検定」が「京都・観光検定」ではなく、「京都・観光文化検定」であることの意味を、今一度問うておきたい。

固有価値という概念がある。文化経済学が主として依拠する価値論である。その価値論の詳細については、今では多くの文献で触れられているのでここでは詳述はしない（例えば、池上、二〇〇三）。「京都・観光文化検定」が問う京都の文化資源は多様であるが、一つひとつを確認することは、京都の固有価値を検証する作業にほかならない。

地域における固有価値とは、その本質においては普遍的なものであるといえるだろう。そしてその固有価値を活かしていくことで、地域文化は活性化され再創造や新たな創造の舞台に立つ。当然ながら、そこから新たな固有価値が創出されることもあるだろう。一方で経年変化のなかで、表舞台では見出し難いものとなり、ともすればその灯が消えたかにみえる地域文化の諸相もあるに違いない。しかし、それらは本当に雲散霧消のごとく消滅してしまったのであろうか。「不易流行」という、俳聖・松尾芭蕉が晩年に提起した理念に通じるものを内在させているのが、まさに地域文化に他ならないと筆者は感じている（右に引いた『易経』が「不易流行」の思想の嚆矢の一つとされていることは、興味深い）。

3 不易なる変容

江戸後期の陽明学者であり文人でもあった頼山陽（一七八〇〜一八三二）は、その寓居（書斎）を「山紫水明處」と名づけた（上京区東三本木に現存）。

歴史家である林屋辰三郎はかつてそのことについて、「実に京都への讃辞でもあるわけで、古代から幕末を経て現代まで一貫して通用するといってよい」と記した（林屋、一九六二、九頁）。頼山陽以降、京都の代名詞ともいえるこの言葉が広く人口に膾炙していったのだとしたら、言葉自体の歴史は決して古いものではない。しかし、林屋による一二〇〇年、「一貫して通用する」言葉であるという指摘に対して、異論を挟む人はほとんどいないのでは

図序-1　三条大橋と弥次・喜多象

（出所）　筆者撮影。

ないだろうか。そして、あるいは、ゆえにこの言葉を修辞的に使うことを許容していただきたいと思うが……。すなわち、「山紫水明」とは単に都市をめぐる自然環境の表現のみではなく、それによって育まれた社会・経済的環境や歴史・文化的環境、そして人と人との関係性・紐帯としての人的環境（社会関係資本）、まちのエートスなどを含意する概念ととらえてみたい。

新しいものを求めて変容を重ねていくことを、あるいは変容の場となることを京都というまちはしばしば繰り返し経験してきた。そしてそのたびに、「山紫水明」であることの意味を再確認し、まちのアイデンティティを固持してきたのではないだろうか。そしてまた時に応じては、「山紫水明」が有する不易なる暗黙知の部分が、変容の在り方を軌道修正し、京都文化のなかに存する人々の矜持を保持してきたのかもしれない。

北川宗忠は、現代を「観光文化の創造の過程には、伝統文化や自然環境の破壊といった問題が必ず登場するが、住民にとって住みやすいまちづくりと、観光客など来訪する人々が訪れやすいまちづくりの創造のなかで、現代観光の意義を認知していく体制が必要な時代である」（北川、二〇〇四、五頁）と称している。

京都の大衆観光化は、三条大橋たもとに立つ「弥次・喜多」像（図序-1）が象徴するように、江戸時代に始まったといえるかもしれない。蛇足ではあるが「弥次・喜多」とは、江戸・文化文政の時代に洛陽の紙価を高めた十返舎一九（一七六五～一八三一）の戯作本『東海道中膝栗毛』の主人公二人（栃面屋弥次郎兵衛と、その居候の喜多八）である。江戸を出立した二人が、東海道を上って伊勢参りを果たし、その終結点の三条大橋に到着したときの安堵感と、そしてこれから展開されるであろう京・大坂の旅への期待感とが混和された表情がよく表現されているようだ。ちなみに、京都観光土産の定番中の定番である八ツ橋を知らない人はいないだろうが、例えば井筒八ツ橋本舗の創業は、一八〇五（文化二）年であり「弥次・喜多」と同時代であることは興味深い（なお、最も古いとされる八ツ橋の製造業者は「本家西尾八ツ橋」であり、元禄年間に当たる一六八七年に創業されたという）。

その後京都には、現代に至るまでまちを時として翻弄するかのように、多くの観光客が集まり、そして散じている。

北川がいう「伝統文化や自然環境」といった「山紫水明」性の破壊の危機も、観光化のなかでいく度となく経験してきたはずである。それを乗り越えてきたのが、京都の「まちづくりの創造」であり、「山紫水明」性を墨守しようとする暗黙知としての京都のエートスが、その創造の力となって、観光文化を軌道修正してきたのである。それゆえにいえることであるが、変わらずに変わるという（これを「不易なる変容」と呼んでみよう）文化の側面を読み取ることが、京都の観光文化を玩味するための大きな秘訣なのではないだろうか。

参考文献

井口貢（二〇〇八）「文化政策の視点からの京都観光論――京都・観光文化検定試験を糸口に」井口貢編『入門　文化政策』ミネルヴァ書房。

井口貢編（二〇〇八）『観光学への扉』学芸出版社。

池上惇（二〇〇三）『文化と固有価値の経済学』岩波書店。

北川宗忠（二〇〇四）「新しい時代の観光と文化」北川宗忠編『観光文化論』ミネルヴァ書房。

北川宗忠編（二〇〇八）『観光・旅行用語辞典』ミネルヴァ書房。

京都新聞開発編（二〇〇六）『歴史都市・京都から学ぶ――ジュニア日本文化検定テキストブック』京都新聞出版センター。

河野健男（二〇〇四）「国内観光と文化」北川宗忠編『観光文化論』ミネルヴァ書房。

林屋辰三郎（一九六二）『京都』岩波書店（岩波新書　緑版）。

森谷尅久監修・京都商工会議所編（二〇〇四）『京都・観光文化検定試験　公式テキストブック』（二〇〇五年に改訂版）。

宮本常一（一九七五）『私の日本地図　14　京都』同友舘。

山下晋司（一九九七）「観光文化」長谷政弘編『観光学辞典』同文舘。

第Ⅰ部

歴史と伝統

――〝憧れ〟の創造

第一章　京都観光の魅力——見る観光から知る観光へ

堤　勇二

1　京都観光の実態

（1）ある日の清水寺

そもそも京都の社寺を訪れる人々は、例えば寺院であれば、今自分がいるお寺の宗旨《しゅうし》、つまりそこが仏教の何宗を奉じるお寺であるかご存じない方が多い。このことはその人の訪問理由が参拝ではなく、拝観の要素が強いことを示しているのだが、参拝か拝観か、つまり宗教的行為か観光的行為かということは非常にデリケートな問題を含んでおり、その目的が何かということは一概にはいえない。このことはまた別の火薬庫をあけてしまうことにつながるため、ここでは立ち止まらず先に歩を進めよう。

桜も終わった晩春のある一日、数多い京都の観光スポットにあって極めつけの名所の地位を不動のものとする清《きよ》水寺《みずでら》を訪れた。訪問の目的が桜でも紅葉でもなく、本尊の特別公開も行われていない、つまりごくごく日常の清水寺の姿をみる人々がどのような拝観の仕方をしているのかをみたかったからである。

ちなみに清水寺は「北法相宗《きたほっそうしゅう》」という宗旨を奉じる寺院で、この宗旨を奉じる寺院はほかにない。こういう寺院を「一寺一宗《いちじいっしゅう》」の寺院という。この寺には年間約五〇〇万人という人が訪れる。この数字は尋常な数ではない。

図1－1　清水寺仁王門下の狛犬

（出所）　筆者撮影。

たとえば二〇〇八（平成二〇）年にもっとも多くの観覧者が訪れた美術館・博物館の企画展は東京国立博物館で開催された「大薬師寺《だいやくしじ》展《てん》」で、六七日間に七九万四九〇九人という入場者数を記録している（『美術の窓』二〇〇九年二月号・生活の友社）。一日平均約一万一八六四人である。しかし、一日平均の入場者数でいえば毎年不動の一位は毎年一回行われる「正倉院展《しょうそういんてん》」で、一七日間の会期中、平均一万五〇〇〇人が訪れる。この混雑振りは訪れた人なら誰しも思い当たると思われるが、およそ美術品を鑑賞するという次元ではない。

清水寺は毎日、一年三六五日ほぼこの正倉院に匹敵する人々を迎え続けている。一年で五〇〇万人ということは一日平均約一万三七〇〇人。この数字が尋常でないことがおわかりいただけたであろう。

（2）　清水寺拝観のパターン

さて、ではこの清水寺を訪れる人々の行動パターンはどのようなものであろうか。本当は二年坂、三年坂（産寧《さんねい》坂《ざか》）と呼ばれる坂からすでに清水寺の参詣は始まっているのであるが、茶碗坂《ちゃわんざか》や清水坂《きよみずざか》から入る人々のために省略し、境内にはいる手前にある新善光寺堂《しんぜんこうじどう》の如意輪観音《にょいりんかんのん》や首振《くびふ》り地蔵なども必見の価値があるが、ここでは断念し、仁王門《におうもん》石段下の狛犬《こまいぬ》前から始める（図1－1）。

ほとんどの人はこの狛犬に足をとめない。狛犬というものは神社の本殿を守るものであり、それがなぜこの寺の門前に置かれているのか、しかも通常の狛犬は片方が口を開け、片方が口を閉じているのが一般的であるのに、どうしてここの狛犬は両方口を開けているのか。少しでもおかしい、何故だろうと思う気持ちがあれば、その時点でこの寺の成り立ちについて、一歩踏み込んだことになる。しかし多くの人はこの存在すら気にもとめない。

この狛犬は清水寺本堂裏の高台に鎮座する地主神社《じしゅじんじゃ》の狛犬である。この神社はかつて清水寺の鎮守社《ちんじゅしゃ》であったが、現在は独立してお寺と別々の道を歩んでいる。元は青銅製で第二次世界大戦の激化に伴う窮乏から軍に拠出させられたあとに、信者らが寄進したもので、当時の住職大西良慶和上《おおにしりょうけいわじょう》が石造ならば拠出させられることはなかろうと、東大寺南大門《なんだいもん》裏の両方阿口《あぐち》の狛犬を参考に作らせたものである。

図1-2　鹿間塚

（出所）筆者撮影。

たった一つの狛犬にすら秘められた逸話と多くの思いが込められている。数百年間同じ場所で多くの人を迎え入れ続ける寺院や神社には、一つとして意味なく置かれているものはない。それを知ってみるのと、知らずにただ通り過ぎるのとではまったく雲泥の差なのである。

（3）清水寺の成り立ち

さて、狛犬を顧みず仁王門へあがる人々は、石段脇の鐘楼《しょうろう》にちらっと一瞥《いちべつ》を送り、京都市内屈指の巨像である仁王像すらみることなく、そのまま随求堂《ずいぐどう》へと歩を進める。この鐘楼に吊られた鐘は近年新しいものと替えられたが、元の鐘は宝物館でみることができる。問題はこの鐘楼の西側の盛り土である。ここを「鹿間塚《しかまづか》」（図1-2）という。

現在清水寺が建つ場所は、奈良の小島寺《こじまでら》にいた賢心《けんじん》、後の延鎮上人《えんちんしょうにん》が夢のお告げを受けてここにたどり着き、この地で長年修行を続けていた行叡居士《ぎょうえいこじ》と遭遇した場所で、居士から観音様の力を封じ込めた霊木《れいぼく》を授かり、その木で千手観音《せんじゅかんのん》を彫って安置したのを始まりとする寺である。

その翌々年、出産を控えた妻に滋養を与えるべく、この地に鹿狩りに訪れた坂上田村麻呂《さかのうえのたむらまろ》が延鎮上人と出会い、殺生の非を諭され改心して観音信仰に帰依《きえ》し、仏殿を建てて十一面千手観音を祀ったのが起こりとされており、ここはその時田村麻呂が殺した鹿を埋めたとされる場所なのである。現在清水寺では行叡居士を開基《かいき》、延鎮上人を開《かい》山《さん》、田村麻呂を大本願《だいほんがん》と位置づけているが、この場所こそ京都屈指の名所の成り立ちに関わるゆかりを残す極めて大事なところなのである。

一七八〇（安永九）年に刊行された秋里籬島《あきさとりとう》の「都名所図会《みやこめいしょずえ》」には鐘楼の傍らに大きく盛り上げられた塚が描かれ、田村麻呂が仏殿を建立して観音像を安置しようとしたが、険峻《けんしゅん》な地勢《ちせい》に難儀していたところ、大勢の鹿が現れ、一夜にして地を踏み固めて平地となした奇瑞《きずい》が紹介され、鹿間塚の由来とされている。

江戸時代に一世を風靡した案内書にはきちんとその由来が紹介され、注意を促してこの寺の由緒がわかるように作られている。

もちろんこれらは伝承の上に成り立つものであり、恐らくこの地を掘り返しても鹿の骨は出てこないかもしれない。しかし、そのような事物がその寺によって大切に残され、数百年間伝えられていることが大事なのである。そしてそれを知ってこの寺を訪れるということが必要なのである。

長々と故事来歴《こじらいれき》を紹介してきたが、まだ実は最初の石段を登ったところである。多くの人々はここまで数分とかからず通り過ぎる。その後人々は随求堂から三重塔、西門《さいもん》、経蔵《きょうぞう》、田村堂《たむらどう》、轟橋《とどろきばし》、朝倉堂《あさくらどう》を順に通り過ぎ、目的地清水の舞台へとたどり着く。

そこまでの間に、知ってみると本当に楽しめるほんの一例を挙げれば、隋求堂屋根妻部《つまぶ》の鏝絵《こてえ》（図1－3）、三重塔の四隅の鬼瓦のうち一つだけ置かれる龍の瓦（図1－4）、西門の見事な彫刻、梟《ふくろう》の手水鉢《ちょうずばち》（図1－5）といったたくさんの事物がある。これらを知らずに通り過ぎるのは実に残念でもったいない。

人々は名高い舞台からの眺めを楽しみ、写真を撮り、本堂はぐるっと一回りしただけで次の目的地地主神社へと歩を進める。ここでも本堂外陣《げじん》の巨大絵馬《えま》の一群、秘仏で拝観できない代わりに用意された本尊のお前立《まえだ》ちや懸仏《かけぼとけ》など、目の前にあるのに立ち止まらない人々のなんと多いことか。さきほど仁王門の石段を上ってからここまで要した時間は約一〇分。もし私が人を案内したとしたら、ここまで優に一時間はかかる。この一〇分と一時間の差は大きい。

図1－3　隋求堂屋根妻部の鏝絵

（出所）　筆者撮影。

図1－4　三重塔の龍の瓦

（出所）　筆者撮影。

図1－5　梟の手水鉢

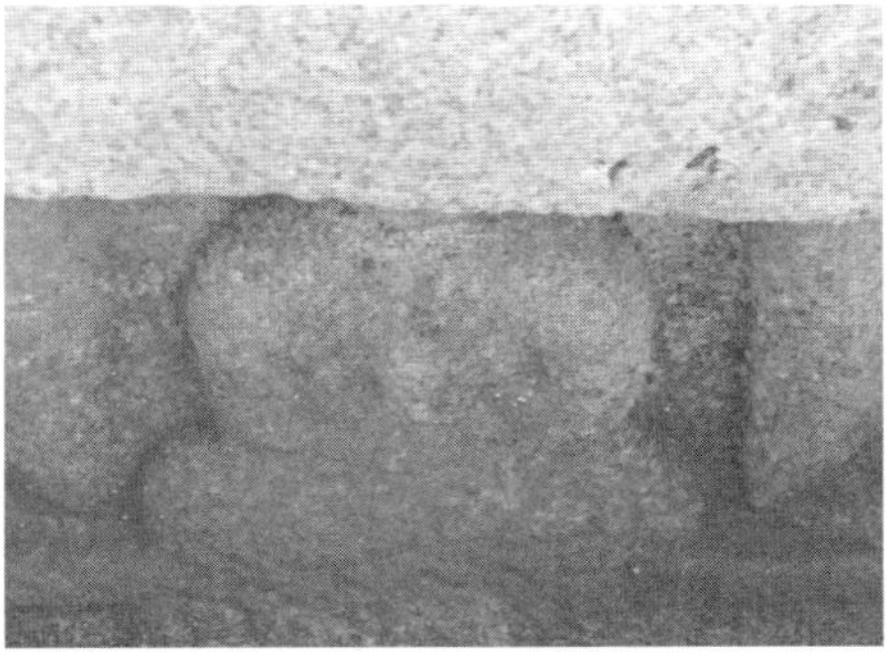

（出所）　筆者撮影。

図1-6　『京童』

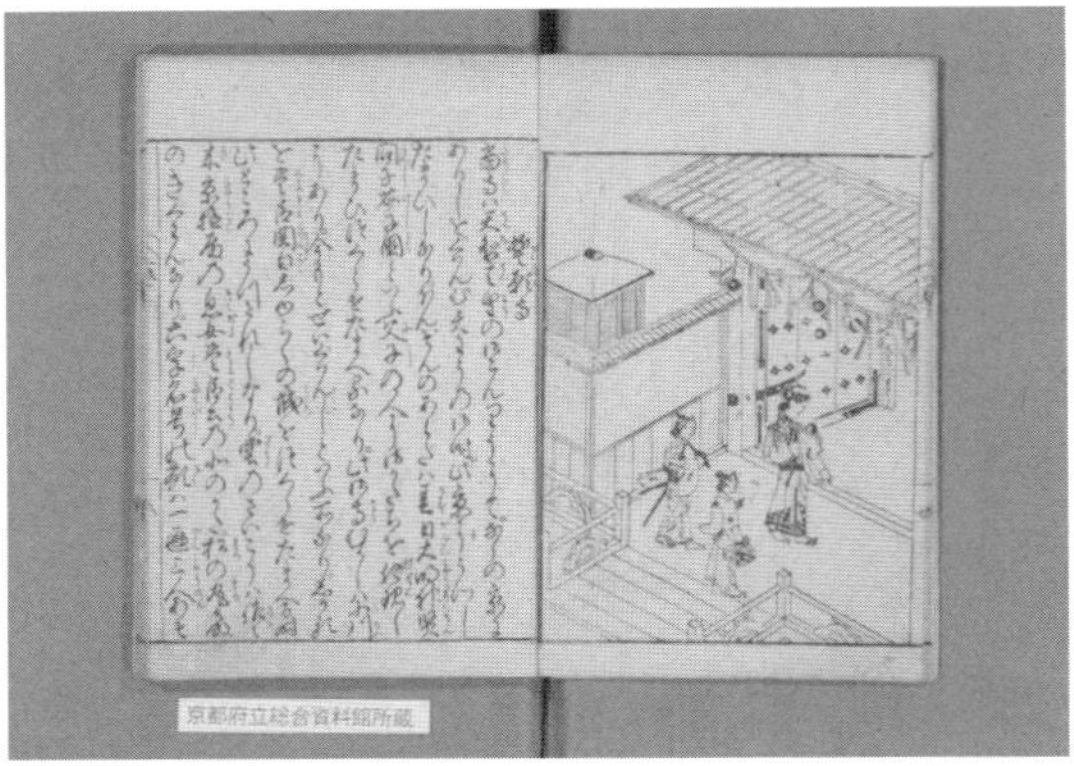

（出所）　京都府立総合資料館所蔵。

あまりに残念なため、ここで一度清水寺拝観は中断して、残りは文末で再び述べることとしよう。

2　京都観光と観光案内

（1）　京都観光の案内書

現在京都は年間五〇〇〇万人の観光客を迎える日本最大の観光都市である。しかし京都が観光都市としてその名を轟かせ始めたのは江戸時代になってからのことである。

京都が日本の都、首都であった期間は七九四（延暦《えんりゃく》一三）年から一八六八（慶応《けいおう》四）年までの一〇七四年間だが、京都が名実ともにわが国の政治経済の中心であった間は、それほど多くの人々がこの地を観光に訪れていたわけではない。政治や経済の中心ということはそのまま政権の舞台ということであり、その座をめぐって多くの戦乱、争乱の舞台となるわけで、花見や物見遊山《ものみゆさん》どころでない時期も多かった。

それが徳川の世の中となり、実質的に政治の舞台が江戸に移り、政治的には安定した世相のなかで多くの人々が京都見物を楽しめるようになる。

京都観光に関する最初の本格的なガイド、案内本が出版されたのは一六五八（明暦《みょうれき》四）年のことである。中川喜《なかがわき》雲《うん》によって書かれ『京童《きょうわらべ》』と題されたこのガイド本（図1-6）は、利発な子供が洛中洛外の名所旧跡八七ヶ所を

図1－7　『日次紀事』

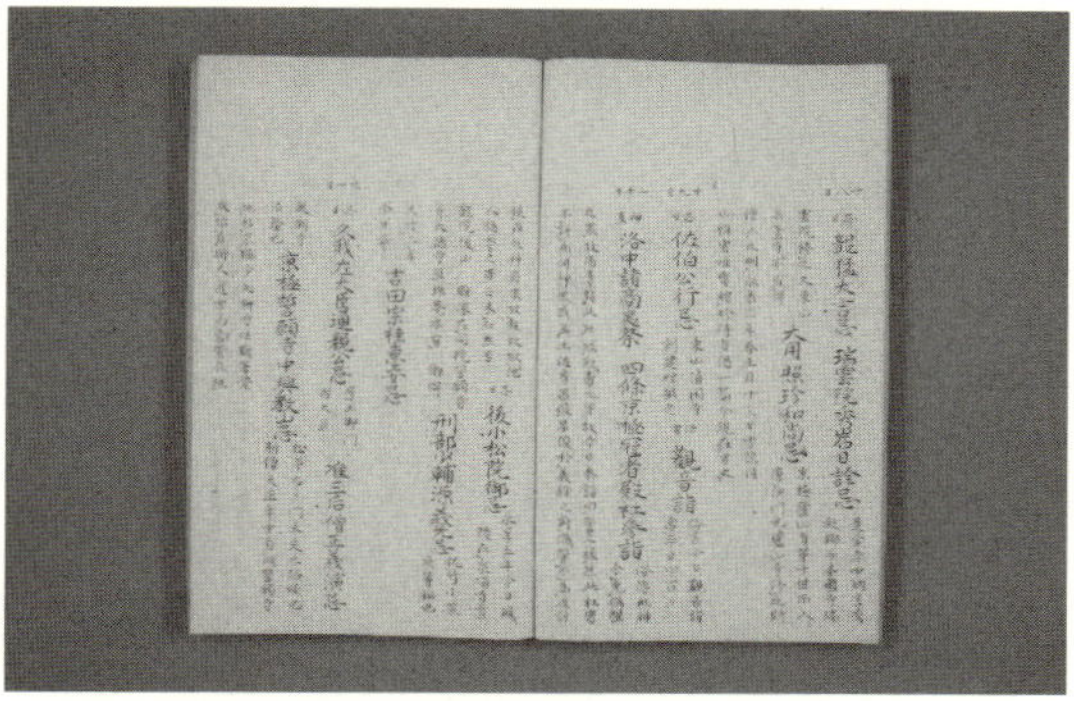

（出所）　京都府立総合資料館所蔵。

案内するという設定だが、この書にはじまり、以後毎年のように京都案内の本が出版されている。

経済の舞台が「天下の台所」といわれた大坂に移る寛文《かんぶん》・延宝《えんぽう》のころになると、さらにバラエティに富み、より広範囲な内容をもった案内書が刊行される。一六七六（延宝四）年に出された黒川道祐《くろかわどうゆう》の『日次紀事《ひなみきじ》』（図1－7）などはその好例である。元日から大晦日まで、その日に行われる祭事や行事、また貴族や公家の忌日までも紹介したもので、民間の行事、生活、言語、風俗まで解説しているのが最大の特長であり価値なのだが、残念ながらこの本は発刊後まもなく廃刊となっている。今日その板本《はんぽん》が二部わずかに残っているが、二部とも八二ヶ所にわたって墨引きされている。最初は墨引きして出されたが、それでも手ぬるいとされたのか発禁となった。

この発禁の理由は明らかではないが、墨引きされた箇所のほとんどは上賀茂《かみがも》神社《じんじゃ》、松尾大社《まつのおたいしゃ》、貴船神社《きふねじんじゃ》の神事に関する記事であり、この事情を推測することは京都の神社の成り立ちや渡来系氏族《とらいけいしぞく》と朝廷のかかわりにまでその矛先を向けることになり、極めてデリケートな問題を含むこととなるため、ここでは立ち止まらず、さらに先に歩を進める。

一六八六（貞享《じょうきょう》三）年には初の本格的地誌《ちし》『雍州府志《ようしゅうふし》』（図1－8）が同じく黒川道祐によって刊行されている。雍州とは古代中国の州の名前であるが、長安《ちょうあん》を含む州であったため、首都京都を含む山城国《やましろのくに》の雅称《がしょう》となったもので、京都を形勝《けいしょう》、風俗、山川、土産《どさん》、神社、寺院、古跡などに分類してそれぞれの成り立ちや特長を論じたもので、著者の道祐は安芸出身の医者であったが故実にも通じており、本書は道祐による実地の

図1－8　『雍州府志』

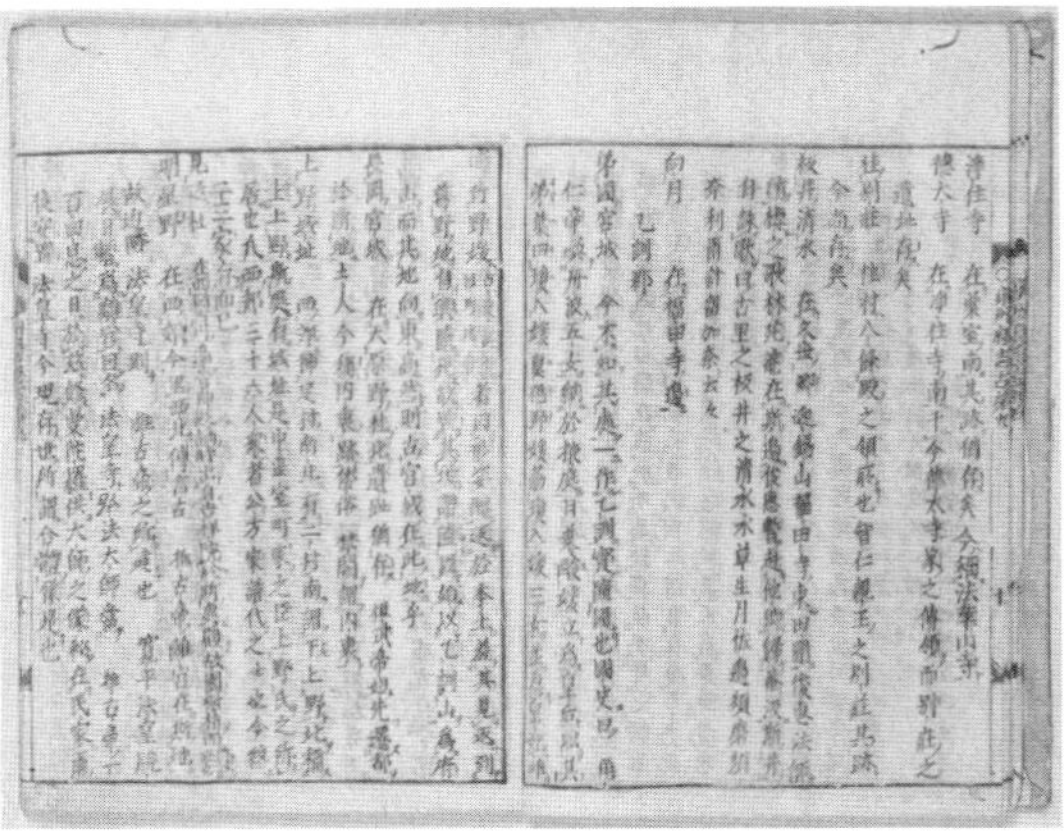

（出所）　京都府立総合資料館所蔵。

図1－9　『日本永代蔵』

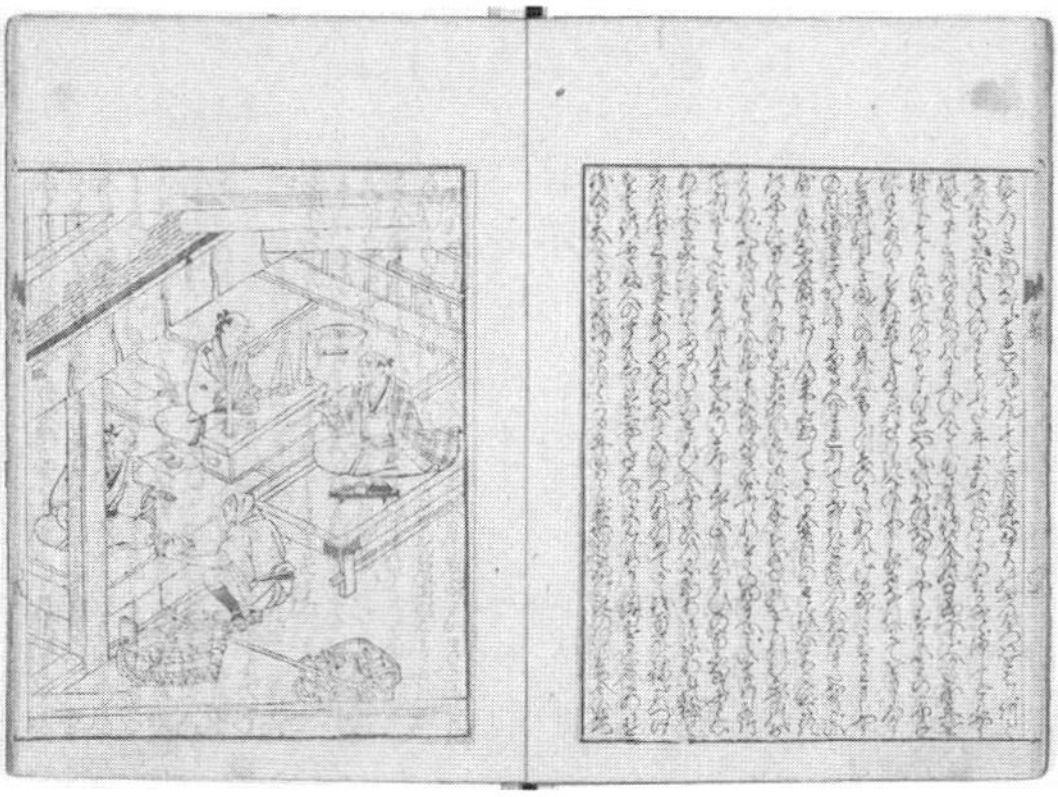

（出所）　京都府立総合資料館所蔵。

検分と古典の研究を基に論じられ、この本の価値は、三百数十年を経てなお第一級の資料であることがそれを示している。これ以後多く出版される京都地誌研究の魁《さきがけ》となった。

（2）京文化への憧れ

政治、経済の中心地としての地位を江戸、大坂に明け渡しながらも、京都が都としての地位を不動のものとさせ、多くの人々の憧れの地であり続けた理由は、京都が文化の都として、また工芸、芸能の都としてそのスキルに磨きをかけて他地域の追随を許さない最高の水準を維持し続けていたからである。

『雍州府志』が刊行された二年後の一六八八（貞享五）年、井原西鶴《いはらさいかく》によって書かれた名作『日本永代蔵《にほんえいたいぐら》』（図1-9）にはもろもろの芸道にのめり込むあまり身代を失う堺の町人が登場する。この町人が打ち込んだ諸芸とは、平野仲庵《ひらのちゅうあん》の書道、金森宗和《かなもりそうわ》の茶の湯、元政上人《げんせいしょうにん》の詩文、西山宗因《にしやまそういん》門下の連俳《れんぱい》、小畠吉右衛門《こばたきちえもん》の能、生田与右衛門《いくたよえもん》の鼓、伊藤仁斎《いとうじんさい》の古学《こがく》、飛鳥井《あすかい》家の蹴鞠《けまり》、八橋検校《やつはしけんぎょう》の琵琶、宇治嘉太夫《うじよしだゆう》の浄瑠璃《じょうるり》といった諸学である。おわかりであろうか、これらはすべて京都の芸であり、京都の人々である。当時、何かを知ろうとしたり、何かを身につけようとした場合、常にその視点の先には京都があり、京都をおいてその要求に応えてくれる場所はなかったのである。

それは芸道だけではない。身を飾る衣裳、摂取する食物、住まいする住居、衣食住のすべてにわたって京都が生んだ技術は、今なおその輝きを放ち続ける。毎年一〇月に行われる京都三大祭の一つ「時代祭《じだいまつり》」に着用される衣裳は、ほぼ当時の技術をもって作られている。奈良時代から明治時代までの装束《しょうぞく》を再現できる技術が京都にはあるのである。

さらに茶の湯の発達は料理を芸術の領域に乗せ、他の追随を許さない京菓子の伝統を生んだ。そして茶の湯が目的とする「もてなしの心」は四〇〇年の時を超えて今なお京都の精神文化を支えるコンセプトであり続ける。

図1-10　『宝永花洛細見図』

（出所）　京都府立総合資料館所蔵。

図1-11　『山州名跡志』

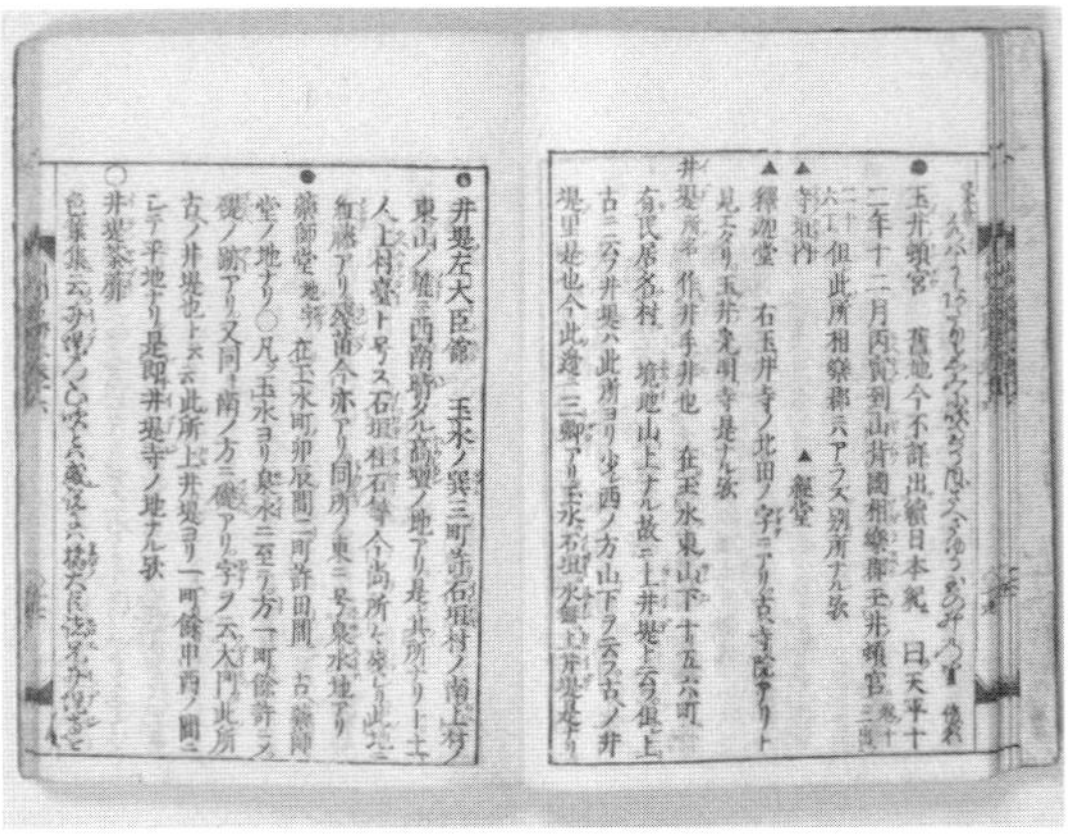

（出所）　京都府立総合資料館所蔵。

（3）　絵入りガイドの出版

世紀が変わって一八世紀になると、その後の京都案内書を先取りするようなガイドが出版される。一七〇四（宝永《ほうえい》元）年に「洛《らく》陽絵本所《ようえほんどころ》」を名乗る金屋平右衛門《かなやへいえもん》から出された『宝永花洛細見《ほうえいからくさいけん》図《ず》』（図1-10）である。それまで地誌や名所解説は多く出されていたが、「みて楽しむ」本がなかったため、刊行するにあたって改めて京洛の神社仏閣や雪月花の名所旧跡を実地に検分し、その建物の形容から建つ方角まで正確に写し出し、故事来歴や年中行事までを一五巻の絵本としてまとめたもので、以後の絵入り案内書の嚆矢といえよう。

さらに地誌の分野も充実し、現在までその内容が引用されることの多い『山州名跡志《さんしゅうめいせきし》』（図1-11）や『山州名勝志《さんしゅうめいしょうし》』が相次いで刊行されたのが一七一一（正徳《しょうとく》元）年のこと。それ以後この世紀に出された本は概ね文章中心の、息長く店頭に並べられる研究書的内容のものが多かった。

（4）　都名所図会の誕生

こうした京都案内本がもつ二つの側面、『雍州府志』や『山州名跡志』がもつ故事来歴や祭事行事の研究書的性格と『花洛細見図』がもつビジュアルな絵画的側面の二つを合わせもつ驚異的なベストセラーがついに登場する。それが一七八〇（安永九）年に刊行された『都名所図会』である。

秋里籬島が文章を書き、挿絵を大坂の竹原春湖斎《たけはらしゅんこさい》に依頼して書林吉野屋為八《しょりんよしのやためはち》から刊行したもので、特に春湖斎の挿絵は西洋の透視遠近画法《とうしえんきんがほう》（パースペクティブ）を取り入れた「浮絵《うきえ》」と呼ばれる絵画で、画面手前の景色が浮いてみえることから名づけられたもの。春湖斎はこの画法を取り入れつつ写実性も重視し、この挿絵によって読者はいながらにして京都見物ができたかのような錯覚すら覚えた。さらにこの絵の価値はその写実性にあり、本書の刊行後まもなく京都は大火に見舞われ、多くの社寺住宅が焼失するのであるが、その再建にこの絵が大いに役立った。それほどに真実の姿を写した絵だったのである。

図1－12　『都名所図会拾遺』

（出所）　筆者撮影。

さらにその売れ行きは凄まじいものであったようで、瞬く間に数千部が売れたという。初版部数は多くて五〇〇部が相場であった時代に瞬く間の数千部とは尋常な数字ではない。その売れ行きのさまを滝沢馬琴《たきざわばきん》は「製本にいとまなく、摺本《すりほん》に表紙と縅糸《おどしいと》を添へて売渡せしとなり」（「異聞雑稿《いぶんざつこう》」）と書いている。次から次に購買者が現れるため、本の本文紙と表紙とそれを綴じる糸をセットで販売しているのである。つまり自分で製本をしてくれということである。この売れ行きに書林は、一七九七（天明《てんめい》七）年続編として『都名所図会拾《みやこめいしょずえしゅう》遺《い》』（図1－12）五巻五冊を刊行した。

（5）　名所絵ブームとご当地検定ブーム

この正続名所図会の刊行は、京都のみならず全国に一大観光ブームを巻き起こした。本書の刊行を契機として各地の観光名所で名所

図1-13　「伊勢参宮名所図会」

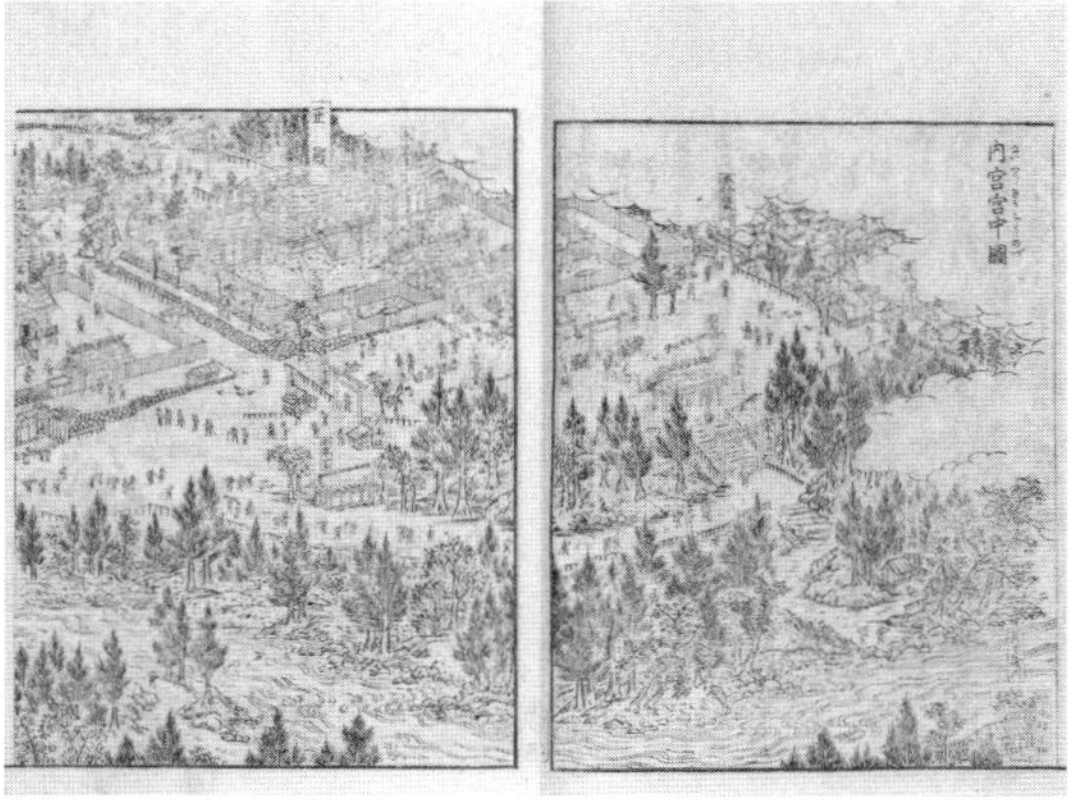

（出所）　筆者撮影。

図1-14　京都検定公式テキストブック

（出所）　筆者撮影。

図会の刊行が行われ、拾遺の発売から幕末までの間に、実に二八点の名所図会が生まれている。一例を挙げれば「江戸名所図会」「厳島《いつくしま》図会」「金毘羅《こんぴら》参詣《さんけい》名所図会」「善光寺《ぜんこうじ》名所図会」「伊勢《いせ》参宮《さんくう》名所図会」（図1-13）といった具合である。

この現象は近年の京都検定が巻き起こしたご当地《とうち》検定ブームとまさに重なる。二〇〇四（平成一六）年に京都商工会議所が主催した「京都・観光文化検定試験」いわゆる「京都検定」は予想外の人気を博し、全国にご当地検定ブームを引き起こした。

この試験に合わせて発売された『京都・観光文化検定試験公式テキストブック』（図1-14）は、京都関係書籍の販売部数上限八〇〇〇部という実績を大きく上回り、初版五〇〇〇部は一ヶ月もたたずに完売、京都市内の書店だけではあるが、当時爆発的なメガヒットを記録していたハリー・ポッターシリーズを抑え、七週連続一位を記録し、本の配達が待てず書店販売員が版元《はんもと》に本を直接取りに来るという異例の事態となった。

当初テキストの予想販売部数を五〇〇〇部、検定試験の受験者数を一〇〇〇人としていた想定は大きく外れ、第一回受験者総数九八〇一人、第二回は一万二六六二人、第三回も一万二九九人という数字を記録した。

これを契機として全国にご当地検定ブームが起こり、各地で競って検定試験が立ち上げられた。これらの検定は一時相当数に上ったが、栄枯盛衰も激しく二〇〇九（平成二〇）年四月時点で全国に三六種類を数えている。これも名所図会にならって一例を挙げれば「道産子《どさんこ》検定」「ナマハゲ伝導士《でんどうし》検定」「東京シティガイド検定」「明石《あかし》タコ検定」「萩ものしり検定」「長崎検定」などなどである。

3　見る観光から知る観光へ

（1）京都文化の重層性

京都は常に観光ブームの火つけ役であり、新しい観光の形を提供し続けている。

わが国の多くの人々は京都という都市に和風文化の水準を求め、日本という国の存在価値を重ねている。

京都を訪れる人々の目的の多くは、日本の四季のモデルともいえる花鳥風月《かちょうふうげつ》の自然と建築、庭園、美術といった文化財にあると思われる。京都は三方を山に囲まれ、鴨川《かもがわ》、桂川《かつらがわ》、宇治川《うじがわ》という三川に区切られ、地下には琵琶湖に匹敵する水がめを有する水の都であり、同時に京都御苑《ぎょえん》を中心とし、二つの離宮と一つの城郭、および一四五ヶ所の陵墓、二〇〇〇を数える寺社とその境内地、五〇を超える大学や短大のキャンパス地、二九〇〇ヘクタールを超える歴史的風土特別保存地区などが守る緑の都でもある。

文化財という観点からいっても京都は質、量いずれにおいても頂点に君臨する。国宝・重文に指定された建造物の数はダントツで一位であり、工芸品も同様である。数こそ東京国立博物館を擁する東京にわずかに及ばないが、京都の凄みは工芸品の現物とそれを作る技術の同居にこそある。

こういった観光資源とスキルを背景に京都は観光都市の頂点に君臨し続ける。一九五六（昭和三一）年に制定され、現在もなお生き続ける京都市の市民憲章は五つの項目から成っているが、その五番目は「旅行者の歓迎」である。京都市自身が観光都市であることを標榜し、それを誇りとしている。

千年という長きにわたり一国の首都であり続け、数々の文化を産んできた京都を理解するには歴史や地理の知識だけでは不十分である。京都は過去のまちではない。一四〇万人を超える人々が生きて活動するまちである。そこでは日々新たな歴史と文化が創造されているのである。

寺社の一つ、茶の湯の一杯、料理の一膳、酒の一滴、着物の一着などなど、それらすべてが美しく確かな技術と深く高度な教養の重なりからできている。一つひとつの観光資源が数多くの伝統文化、伝統工芸の積み重ねの上に成り立っているのである。薄氷のように淡く宝石のように美しい、薄絹のような層が幾重にも重なっているのである。

京都を理解するには歴史や宗教の知識に加え、有職故実《ゆうそくこじつ》の来歴、歌道や茶道など諸道の習得、能、狂言など諸芸の理解、衣食住を作る諸技術の目利き、花鳥風月など自然に対する深い愛着といった多くの見識が不可欠である。それらすべてを保持しなければ京都は理解できないとはいわないが、そういうことに意識をおき、習得しようとする努力が、知らなかった京都の魅力を再発見することにつながる。京都の文化はそれだけの厚みを持ち、京都の風物はそれだけの高みを持って幾多の観光客を迎え続けているのである。

（2）世界遺産の意味と京都検定の役割

一九九五（平成六）年、京都・滋賀の文化財として一七の社寺城郭がユネスコ世界遺産の文化遺産に登録された。これはそれらの社寺やお城が単に日本だけのものではなく、人類の遺産として保護し、後世に残さなければならない世界の宝と認定されたことを意味する。

図1－15　忠僕茶屋

（出所）　筆者撮影。

図1－16　西門下の広場

（出所）　筆者撮影。

図1-17　成就院へ通じる坂道

（出所）　筆者撮影。

冒頭の清水寺拝観に戻ろう。

音羽《おとわ》の滝で喉《のど》を潤した人々は、懸崖《けんがい》作りの舞台の豪快な木組みを横目でみながら、二つの茶屋（図1-15）の脇を通り過ぎ、西門下の広場（図1-16）を経て再び仁王門の下に戻る。そして多くの人が成就院《じょうじゅいん》へ通じる坂道（図1-17）を上ることなく、そのまま清水門前の坂を下りる。ここまでにも実に多くの素晴らしい事物や旧跡が見過ごされている。それは文字通り枚挙にいとまがないほどである。最初にこの仁王門を潜ってから再びここへ戻るまでおよそ三〇分も費やしただろうか。

これは決して特殊な例ではなく、清水寺を訪れる人々のおおかたの行動パターンである。もし私が人を案内するとすれば、同じコースをたどるのに少なくとも二時間はかかる。清水寺境内をある程度隈なく案内するなら、早くても三時間は優にかかるであろう。それはそれぞれの建物の見所や中身、さまざまな景物の故事来歴、寺宝事物の意味や由緒などを説明するのにそれくらいかかるためである。

しかしそれらを知ってみるのと、知らずに素通りするのでは大きな違いがある。清水寺は世界遺産である。人類の遺産、世界の宝と評価され、位置づけられたものが三〇分で果たして拝観できるであろうか。

一日に一〇ヶ所の社寺を回ったと自慢するよりも、一つの社寺を一〇通りの方向からみて理解することのほうが大切ではないだろうか。もう京都の観光は単に「みる」だけの観光から、理解し「知る」観光へシフトすべきである。「通り過ぎる」観光から、「立ち止まり」考える観光へと方向を変換すべきである。

京都はそれに十二分に応える無限の資源を有しているし、それらを守り伝える人々はどのような質問にも答えられるだけの十分な知識を有するためのスキルアップに余念がない。京都検定の目的もそこにある。

京都検定は単なる日本史検定とは違う。いま生きて活動する京都という都市を「見る」ためのものではなく、「知る」ための知識を習得する試験なのである。

図1-18　京都観光神社

（出所）筆者撮影。

（3）観光神社

一九六九（昭和四四）年、京都の観光産業に従事する人々が集まって京都御苑の宗像《むなかた》神社境内にある社殿が建立された。その名も「京都観光神社」（図1-18）。社殿の傍らに建てられた創建の由来を伝える石碑には「京都観光神社奉賛会」となっているが、具体的に創建にかかわった人々は社殿を囲む石の玉垣《たまがき》に刻まれている。ホテルや旅館の組合、料理や菓子の組合、漬物や土産物の組合など観光に関わる組合の人々が相集い、京都の観光産業の発展と京都を訪れる観光客の安全と充実を祈念し、桜と紅葉で最も混雑する毎年四月の第一日曜に春祭《はるまつり》、十一月の第一日曜に秋祭《あきまつり》が行われ、多くの観光従事者が参拝に訪れる。

この神社の祭神は猿《さる》田彦《たひこ》大神《のおおかみ》。かつて神武天皇の東征にあたりその道を開き、道を案内したとされる神で、京都観光の安全と発展を祈念する神社の祭神として甚だふさわしいといわねばならない。

この神社の創建を始めとして、観光都市京都で観光に携わる人々の意識は極めて高い。それはこの都市に誇りをもち、この都市を訪れる人々を自信をもって迎え入れているためである。京都を訪れる人々には是非このことも知ってもらいたいと思う。京都を愛することはそのままこの国を愛することにつながるのである。

追記

本稿を脱稿したのは今から三年ほど前のことであり、経年により追加変更しなければいけない内容を多く含んでいる。また極めて未熟な考察につき誠にお恥ずかしい限りであるが、あえて現時点で加工することを避け、このまま掲載することとした。

京都の世界遺産については、本稿脱稿後、「祇園祭の山鉾巡行行事」が文化遺産に登録されたり、また昨年（平成二十三年）は陽明文庫が所蔵する藤原道長自筆の「御堂関白記」が世界の記憶として「慶長遣欧使節関係資料」とともに世界記録遺産登録に推薦されることが決定した。

いまではほぼ定着した感のある世界遺産であるが、京都という都市はこれまで世界遺産登録を含め「外からの権威付け」に対し、最初は往々にして積極的とはいえない淡白な取り組みを行っていた気がする。日本国内の価値基準である国宝や重要文化財、あるいは名勝や史跡という指定に関しても、いまさら国に価値を認めてもらわなくとも、すでにその価値を知って千年守り続けてきたという自負があり、この傾向は概ね「認めてあげましょう」という打診に対し、同じようであったと思える。

しかし、一旦その指定を受け入れるや、今度はその権威を観光資源として利用する巧みさにかけてはほかの都市の追随を許さないしたたかさがあることも京都の特徴であろう。我が国最高の観光地として同じく千数百年生き続けてきた、いわば修羅場を潜り抜けてきたノウハウの蓄積がなせるわざといえるかもしれない。このノウハウとしたたかさを併せもつ京都こそ、これからの時代への新しい観光資源要素を提供する使命をもっているともいえる。たとえ建物は新しくとも、そこに伝えられてきた歴史は数百年の時を超えて守り続けられており、それがたとえば町名や地名として残され、生きた伝承としてそこに住む現在の人々の生活の中に深く入り込んで生き続けている。こういう事例は多い。

死と再生を繰り返す日本の神道観に裏づけられた式年遷宮によって常に二〇年しか経年しない伊勢神宮の建物群などが、そのことによってこそその技術の伝承を可能にしてきたにもかかわらず、その価値を正当に評価されにくいことからもわかるように、京都という現役の観光都市、つまりそこに毎日新しく再生する人々の営みのうえに成り立つ生きた観光資源をもつ都市こそが、その資源の真の価値を評価できる新しい基準を提供しなければならない使命をもつといえよう。茶道文化のような総合性をもった文化を創造してきた京都は、「見立て」や「やつし」といった独自の価値基準をも生み出した。現役の歴史都市京都の独自性はこの総合性にある。あらゆる異分野の文化を巧みにリンクさせ、その複合性を包含した「総合文化」を評価できる価値基準の創造こそ、京都しかなしえないことではなかろうか。

第二章　京の文化財——建造物の保存と活用

笠井　敏光

1　日本の文化財保護政策

（1）目　的

日本における文化財の保護政策については、一九五〇（昭和二五）年制定の「文化財保護法」に記されている。そして、この法律の目的として、第一条に「文化財を保存し、且つ、その活用を図り、もって国民の文化的向上に資するとともに、世界文化の進歩に貢献すること」とある。つまり、文化財の保護は、保存と活用によってはじめてその目的が達せられるのであるが、これまでは、保存を重視し、その活用が十分に図られてこなかったといえよう。

その反省にたち、文化財を現在の生活に活かし、将来に伝える方法が問われている。ここでは、政策全般の問題点と京（京都市）の特質について、建造物の保存と活用を軸に考えてみたい。

（2）歴　史

文化財保護と社会状況とは連動しており、その変化に対応するために法整備が図られ、文化財保護政策が進められてきた。当時の社会状況と文化財との関係性を時代を追って概観したい。

①明治初めには、脱亜入欧と廃仏毀釈によって仏像などの散逸、海外への流出が進み、寺社が荒廃した。その対処として、一八七一（明治四）年に「古《こ》器《き》旧《きゅう》物《ぶつ》保《ほ》存《ぞん》方《かた》」が出された。

②明治末から大正初めには、国土開発・工業化などの近代化が進んだ。そのため、一八九七（明治三〇）年には「古社寺保存法」、一九一九（大正八）年には「史蹟名勝天然記念物保存法」が決められた。

③昭和初めには、経済不況の影響によって美術品などの散逸・流出が著しくなり、一九二九（昭和四）年には「国宝保存法」、一九三三（昭和八）年には「重要美術品等ノ保存ニ関スル法律」が制定された。

④大戦後は、社会経済の混乱のため、物品が流出するとともに、一九四九（昭和二四）年の法隆寺金堂壁画の焼失を契機に、これまでの国宝・重要美術品や史蹟名勝天然記念物などの法律を統合する画期的な「文化財保護法」が一九五〇（昭和二五）年にまとめられた。

⑤一九六五（昭和四〇）年以降の経済成長期には、土地の開発が進んだ。そのため、一九六八（昭和四三）年には文化庁が発足し、文化財保護審議会が設置された。また、一九七五（昭和五〇）年の改正法では、「埋蔵文化財に関する制度の整備」や「伝統的建造物群保存地区制度の創設」がなされた。

⑥バブル崩壊以降には、指定制度を補完するものとして、一九九六（平成八）年に「文化財登録制度の創設」がされ、また、二〇〇五（平成一七）年には保護対象の拡大として「文化的景観」と「民俗技術」が追加された。

以上の画期は、各時代の変換点であるとともに、社会の変化、特に景気と連動し、文化財に大きな影響を及ぼしたことを知ることができる。つまり、②や⑤などの好景気の場合、土地が開発されるため、不動産に関する文化財である史跡名勝天然記念物や埋蔵文化財が危機的な状態に陥り、その対策として法整備がされた。一方、①③④⑥など不況の場合、モノの散逸・流出が著しく、そのために法が改定されたものといえよう。

（3）体　系

文化財の価値は、相対的なものである。時間軸では、例えば建造物の場合、昭和四〇年代までに指定されていたものは、古代のものすべてと、中世の重要なものに限られていた。その後、近世・近代へと拡大され、一九九六（平成八）年には「登録有形文化財」として五〇年を経過したものまでその対象となった。また、空間軸では、文化財周辺の景観や文化財単体ではなく広域で保存しようと設定された伝統的建造物群などがある。文化財の範囲や対象は、時代や人の認識によって変化し、時間的にも空間的にも拡大する方向にある。

その結果、現在の日本の文化財保護体系は、次の通りである（中村、一九九九）。

①有形文化財：建造物、絵画、彫刻、工芸品、書跡、典籍、古文書その他の有形の文化的所産で、我が国にとって歴史上又は芸術上価値の高いもの並びに考古資料及びその他の学術上価値の高い歴史資料。「建造物」以外のものを総称して「美術工芸品」と呼ぶ。

②無形文化財：演劇、音楽、工芸技術その他の無形の文化的所産で我が国にとって歴史上又は芸術上価値の高いもの。これは人間の「わざ」そのもので、「わざ」を体得した個人又は団体によって体現されるもの。

③民俗文化財：衣食住、生業、信仰、年中行事等に関する風俗慣習、民俗芸能（無形の民俗文化財）、地域において伝承されてきた生活や生産に関する鉄・木材等を用いた用具、用品等の製作技術である民俗技術、これらに用いられる衣服、器具、家屋その他の物件（有形の民俗文化財）で我が国民の生活の推移の理解のため欠くことのできな

いもの。

④記念物：貝塚、古墳、都城跡、城跡、旧宅その他の遺跡で我が国にとって歴史上又は学術上価値の高いもの（史跡）、庭園、橋梁、峡谷、海浜、山岳その他の名勝地で我が国にとって芸術上又は観賞上価値の高いもの（名勝）、動物、植物、及び地質鉱物で我が国にとって学術上価値の高いもの（天然記念物）。

⑤文化的景観：地域における人々の生活又は生業及び当該地域の風土により形成された景観地で我が国民の生活又は生業の理解のため欠くことのできないもの。棚田、里山等、人と自然との関わりの中で作り出された景観。

⑥伝統的建造物群：城下町、宿場町、門前町など、周囲の環境と一体をなして歴史的風致を形成している伝統的な建造物群で価値の高いもの。

⑦埋蔵文化財：土地に埋蔵されている文化財。

⑧文化財の保存技術：文化財の保存に必要な材料制作、修理・修復の技術等。

2　京の文化財――建造物を中心に

（1）概　要

京都市内には、二〇〇九（平成二一）年四月現在、国の指定・登録文化財が二四六四件、京都府の指定・登録文化財が一五五件、京都市の指定・登録文化財が四六九件で、合計三〇八八件を数えることができる。その内訳を、種別ごとにみていく。

有形文化財のうち建造物は、国宝（四〇件）・重要文化財（二〇一件）・国登録（二六三件）・京都府指定（四三件）・京都府登録（六件）・京都市指定（六八件）・京都市登録（二四件）の六四五件である。種類別では、社寺（三〇七件）・町屋（一五件）・民家（一八件）・近代洋風（二〇件）・近代和風（五件）・登録（二六三件）・その他（一七件）に分けることができる。特に社寺の割合が高く、国宝三九件は全国国宝建造物（二一四件）の一八％、重要文化財一七一件は全国重要文化財建造物（二三四四件）の七％を占める。

美術工芸品は、国宝（一六九件）・重要文化財（一六三九件）・国登録（一件）・京都府指定（八五件）・京都市指定（二七七件）・京都市登録（三八件）の二一一〇件である。種類別では、絵画（五九二件）・彫刻（三九三件）・工芸品（二二四件）・書籍典籍（五一二件）・古文書（三三九件）・考古資料（三六件）・歴史資料（三四件）となる。全国に占める割合は、国宝（二〇％）・重要文化財（一六％）である。

無形文化財は、国（一一件）・京都府指定（八件）の一九件である。国の無形文化財は、いわゆる人間国宝といわれる重要無形文化財保持者個人と保持団体があるが、京都市の場合、すべて個人である。全国に占める割合は、一〇％である。

民俗文化財は、有形と無形に分かれる。有形民俗文化財は、国の重要有形民俗文化財（三件）・京都府指定（一件）・京都市指定（八件）・京都市登録（三件）の一五件である。無形民俗文化財は、国の重要無形民俗文化財（六件）・京都府指定（一件）・京都府登録（二件）・京都市登録（五一件）の六〇件である。無形民俗文化財は、さらに風俗習慣と民俗芸能に分かれる。

記念物は、史跡・名勝・天然記念物に分かれる。史跡は、国特別史跡（三件）・国史跡（四八件）・京都府指定（三件）・京都市指定（一四件）・京都市登録（一二件）の八〇件である。名勝は、国特別名勝（九件）・国名勝（三五件）・京都府指定（一件）・京都市指定（二七件）・京都市登録（三件）の七五件である。天然記念物は、国天然記念物（六件）・京都府指定（二件）・京都市指定（二五件）・京都市登録（一〇件）の四三件である。

伝統的建造物群としては、国の重要伝統的建造物群保存地区四件を数えることができる。選定保存技術は、国選定（個人一八件・団体七件）・京都府選定（団体二件）の二七件である。文化財環境保全地区は、京都府（一件）・京都市（九件）の一〇件である。

以下に、京（京都市）の建造物のうち、伝統的建造物群保存地区、登録有形文化財、京都市指定・登録文化財について述べる。

（2）伝統的建造物群保存地区

戦後の開発によって、日本の伝統的な建物や町並みの破壊が進み、昭和四〇年代には各地で市民による保存運動などが始まった。これに対応すべく市町村が独自に条例等を制定し、都市計画と連携しながら歴史的な集落や町並みを保存、整備を行うとともに一般に広く活用しようとするものである。

伝統的建造物群（伝建）は、文化財保護法により「周囲の環境と一体をなして歴史的風致を形成している伝統的な建造物群で価値の高いもの」である。これらを含む歴史的なまとまりをもつ地区を、伝統的建造物群保存地区（伝建地区）とし、国は市町村の申出によって、国にとって特に価値が高いと判断されるものを重要伝統的建造物群保存地区（重伝建）に選定する。

京都市では、一九七二（昭和四七）年に「京都市市街地景観条例」を制定し、特別保全修景地区に指定することで独自に対策を行ってきたが、一九七五（昭和五〇）年の文化財保護法改正にともなう伝建地区制度によって、産寧坂地区と祇園新橋地区を一九七六（昭和五一）年に伝建地区に指定し、さらに嵯峨鳥居本地区（一九七九（昭和五四）年指定）と上賀茂地区（一九八八（昭和六三）年指定）を加え、現在は上記四地区（一四・九ha）が重伝建に選定されている。

①産寧坂地区

この地区は、京都市の東部、東山山麓に所在する清水寺や祇園社の門前町として始まり、高台寺などの社寺建築物、産寧坂などの石畳、江戸時代から大正時代までの町家などが優れた歴史的風致を形成している。当地区の伝統的建造物は全体の約六五％で、時代ごとの特徴ある建築様式をみることができる。

さらに、外観や地形によって五つの区域に細分することが可能である。まず、産寧坂から二年坂まではむしこ造り町家や二階建町家が並び、二年坂から京都神社までは数奇屋風の変形町家、二年坂から高台寺までは町家や社寺建造物などが混在し、高台寺から円山公園までは塔頭群と土塀が連なり、石塀小路の区域は石畳に沿って和風住宅が並んでいる。

②祇園新橋地区

鴨川の東、祇園社に接して開かれた茶屋町で、芝居や芸能と結びつき、遊興の地として発展してきた。当地区には、江戸時代末からの洗練された町家が並び、美しい白川や白川通の石畳などと一体となった優れた景観を形成している。地区内の建造物は約七五戸で、このうち伝統的建造物は約七〇％を占め、本二階建町家茶屋様式で統一されている。

さらに、白川との関係によって二つの区域に分けることができる。新橋通に面する区域は茶屋様式の正面が軒を連ね、白川沿いの地区は茶屋の裏側をみせる川端茶屋様式の建物が並んでいる。

③嵯峨鳥居本地区

京都市右京区の嵯峨野に所在し、愛宕詣の門前町として栄え、愛宕街道沿いには、江戸時代末から農家、町家、茶店などが並んでいる。現存する建造物のうち、伝統的建造物は約五〇％である。

地区内は、化野念仏寺の上下で二つの区域に分かれる。愛宕神社に近い上地区は、かやぶき農家風が多く、下地区は格子のあるむしこ造りや平家建ての町家風建物が多い。また、建物の周辺はもみじ等の樹木によって美しい自然景観と一体となっている。

地区内には、「京都市嵯峨鳥居本町並み保存館」があり、明治時代初めに建てられた民家を外観だけでなく、建物内もみることができる。

④上賀茂地区

上賀茂神社に仕える神官の屋敷が並ぶ社家町で、明神川にかかる土橋、土塀、門、社家、庭などが一体となって江戸時代に形成された。地区内の建造物は五二戸で、このうち伝統的建造物は約六三％である。

伝統的建造物は、社家と町家に分けることができる。社家の主屋は切妻平屋建てで妻入りと平入りがある。町家は平入りで、つし二階が基本である。また、明神川から敷地内の池に水を取り入れ、再び川に返す景観が美しい。

（3）　登録有形文化財

文化財の登録制度は、指定制度を補完するもので、その文化財としての価値を考え、保存および活用のための措置が必要とされるものを文化財登録原簿に登録することができるというものである。

建造物の登録には、築後五〇年を経過したもので、①国土の歴史的景観に寄与しているもの、②造形の規範となっているもの、③再現することが容易でないものが基準となる。

この制度は、指定制度のように建物の改造や現状を変更することは基本的に認められないのに対して、その規制は緩やかで、目的に合わせた改造や活用も可能である。

京都市においても多くの歴史的建造物が残されているにもかかわらず、従来の指定制度だけではその保護対象とするには大きな限界があった。対象範囲の広さ、緩やかな規制といった点においても登録制度は有効である。

主なものをいくつか紹介しよう（京都市、一九九九）。

南座は江戸時代の芝居小屋として建てられ、現在の建物は、一九二九（昭和四）年に竣工したもので、外観は歴史的な意匠を残すために唐破風や瓦屋根が用いられ、国土の歴史的景観に寄与しているとして登録されている。

レストラン菊水は、北座のあった場所に建てられた西洋料理店で、現在の建物は一九二六（大正一五）年のもので、外観は大正期の自由なデザインが採用され、内部は当初の雰囲気を残し、造形の規範になっている。

旧京都中央電話局上分局は、一九二三（大正一二）年に建てられた鉄筋コンクリート造の電話局建築で、ドイツ民家風のデザインと瓦葺が採用されている。廃局後は、史料館などを経て、現在はスーパーとスポーツクラブとして空間が再生されている。

ＳＡＣＲＡ（旧不動貯金銀行京都支店）は、一九一六（大正五）年頃の建築で、建物は煉瓦造で屋根は銅板葺、外観はルネサンス様式である。現在は、当初の内装を損なうことなくテナントビルとして利用されている。

祇園閣は、大倉喜八郎の道楽建築の一つで、一九二七（昭和二）年に建てられた。山鉾をまねた外観は伊東忠太の設計で、独自のデザインであり、再現することが容易でないものとして登録された。

エンマ（旧村井銀行祇園支店）は、タバコ王として知られる村井吉兵衛が起こした銀行の支店で、一九二四（大正一三）年に建てられた。閉店後は、他の銀行、レストランを経て、現在はブティックとして使用されている。外観はよく保存されているが、内部は大きく改変が加えられている。

順正清水店（旧松風嘉定邸）は、義歯王として知られた松風嘉定の旧邸で、一九一四（大正三）年に武田五一の設計によって建てられた。洋館であるが、瓦屋根に鴟尾を載せている。現在は、湯豆腐店として利用されている。

（4）　京都市指定・登録文化財

京都市内には、国・京都府の指定・登録文化財も多いが、京都市の指定・登録文化財が四六九件あることは、特筆に価する。そのうち、建造物は九二件である。京都市では、一九八二（昭和五七）年四月に施行された京都市文化財保護条例に基づき、毎年計画的に文化財の指定・登録が行われ、定期的に冊子が刊行されている。

建造物の主なものを紹介しよう（京都市、二〇〇三）。

神社では、御霊社様式特有の下御霊神社、熊野系社殿の新熊野神社、切妻造の社殿をもつ六孫王神社、神明造の日向大神宮、古い絵馬堂である北野天満宮絵馬所、江戸時代後期の複合社殿の粟田神社、宇佐八幡宮を勧請した平岡八幡宮、式内社の飛鳥田神社などがある。

寺院では、浄土宗の檀王法林寺、西国巡礼札所である行願寺、黄檗宗を代表する浄住寺、日蓮宗の涌泉寺、臨済宗の尼門である霊鑑寺、真言宗の勧修寺、天台宗門跡寺院の毘沙門堂、延暦寺別院の勝林院、日蓮宗旧一致派の本山である立本寺、浄土真宗本願寺派の西養寺、天台宗の二尊院、日蓮宗本堂を残す満願寺、禅宗様の特徴がみられる天寧寺、北野社の神宮寺である観音寺、臨済宗南禅寺の境外塔頭である光雲寺などがある。

その他のものとして、平安遷都一一〇〇年記念事業として一八九五（明治二八）年に竣工した平安神宮、同志社の創立者新島襄の旧宅、事業家村井吉兵衛の別荘として建てられた長楽館、武田五一設計の旧毎日新聞社京都支局、現在京都市考古資料館として利用されている旧西陣織物館、ＪＲ西日本の梅小路蒸気機関車館に移築された旧二条駅舎、祇園祭のときに放下鉾と渡廊がかけられる小結棚町会所、新撰組の屯所であった八木家住宅、島原の置屋である輪違屋、建築年代が明らかなお茶屋建築である下里家住宅などがある。

3　建造物の保存と活用

（1）京の現状

京都市域で四地域が選定されている伝統的建造物群保存地区では、その地域によって保存と活用の方策が大きく異なる。産寧坂地区は町家建築の多くが店舗、祇園新橋地区は茶屋建築が茶屋・店舗、嵯峨鳥居本地区は農家・町家様式の住宅と店舗が散在し、上賀茂地区は社家と町家に活用されている。

登録有形文化財の建造物は、外観（ファサード）が重視され、その規制も緩やかなので、内部の活用は自由である。建築当初の目的とは異なったレストランやブティック、飲食店などの店舗に利用されることが多い。

京都市指定・登録文化財の建造物のうち、神社・寺院は本来の機能を果たしているが、その他のものは文化性を活かして利用されている。新島襄旧宅や新撰組ゆかりの八木家は、建物自体の一般公開と解説案内がされている。また島原の輪違屋は、置屋・揚屋として現在も営業している。円山公園内の長楽館は、ホテル・レストランとして、旧毎日新聞社京都支局は、店舗・貸しギャラリーとして利用されている。

（2）建造物の保存と活用

これまでのように建物の外観（ファサード）を、町を歩く人々にみせるだけの活用ではなく、建物の歴史や機能を理解したうえで、現在の人が積極的に利用して、地域の人たちの集いや交流の場の提供、新しい文化の創造につながる活用が望まれる。文化活動を行い、文化を発信する文化遺産でありたい。かつての人が行った文化活動によって創造され、継承されてきた文化遺産であるから、人々にそれらを戻すことこそ文化遺産の機能といえる。すでに役割を終えたものではなく、その価値を評価し、再び息を吹き込み、再生させて人々に還元する「文化循環システム」の構築が求められる。

みるだけの文化遺産ではなく、文化遺産を利用して、地域における場の提供と新しい文化の創造を行うことは、現在の文化施設にも通じることであるから、文化遺産としての建造物を文化施設として位置づけ、方策を検討することは有効である。

建造物所有者の将来への不安は大きいものがある。建物の保存のために公有化や法人化を検討されることが多いが、個人の住宅は代々の家族が構築し、継承してきた文化的な遺産である。個人の所有物として存続させることが基本である。そのためには、保存にあたっての管理・材料・技術・経費・後継者などが必要となってくる。また、文化財単体ではなく、地域の資源や文化環境として位置づけることが必要である。例えば、イタリアやフランスの空家型保存に対して、イギリスの生活型保存が参考になろう。ＨＨＡ（ヒストリック・ハウジズ・アソシエーション）と呼ばれる組織は、条件付課税免除や公益信託を勝ち取り、家屋を維持するためのコンサルタントを行っている。日本でも個人が所有権を維持したまま連合体をつくり、法人化し、所属する建物の維持管理・公開活用を行うトラスト（信託）機構の構築が検討されている。

建物内部の公開にあたっても、みる視点がなければ得るものは少ない。建築の歴史や様式、伝統的生活などを知らなければ、何もみていないに等しい。建物の歴史や建築の特徴などを学習するシステムが不可欠である。その折に解説の方法や資料の作成に工夫が必要となる。建物としての有形な価値だけではなく、家や家族のなかには無形の価値が存在している。住人の意識や心をどのように伝えるのか。伝えたいのは建物だけではない。建物のなかにある家の物語・伝承・文化・歴史・生活などの価値をいかにして発見し、評価し、還元するかが問われている。

また、伝統的建造物群保存地区や登録有形文化財は外観を中心とする景観保全であった。外観さえ残せば、なかがどのように利用されようが、その価値は減少しないのであろうか。その地域性・歴史性・時代性を忘れた活用は価値を減少させるのではないか。地域の文化をインキュベートする器としての役割を重視したい。また、建物には生活とともに変化する可変性と歴史性がある。外観や構造をみせるだけではなく、家の伝統や文化を発展継承させる動きのある動態保存としての活用が望まれる。

さらに、重要文化財の空間的拡大を図ったものが伝統的建造物群保存地区で、時間的拡大を図ったものが登録有形文化財といえる。規制と自由度、単体か集合体か、建物全体か外観のみか、などに違いがあり、それらの違いが活用やまちづくりにどのような影響を与えるのかを注意しなければいけない。

文化的価値の一つで、本質的で、最も客観的に特定しやすい歴史的価値をみいだし、建物として機能していた時点だけでなく、その後の経過、現在、そして未来への流れ全体に注目する必要がある。その機能は建物だけでなく、生活・文化・ひと・共同体・運動・情報など多方面にわたり、それらの消滅しかけていたものを再生させる運動である。歴史学的な手法によって、当時の歴史的環境を明らかにし、それを地域社会のアイデンティティとして新たなコミュニティを形成する。

そして、「再生運動」を今後も住民の意思として継続し続けるためには何が必要か。現状に甘んじることなく、固有価値のなかから新しい価値を発見し、醸成させ、市民に還元することによって文化をさらに上昇させることができる「文化循環システム」の構築が求められる。そのためには、文化遺産を具体的・総体的にとらえ、それらの連関性を明らかにするための文化遺産マネジメントの手法が有効である。

（3）文化を活かしたまちづくり

文化財は、人々の意識と精神を具現化したものであり、みえないものをみえるものに変化させた残存物である。

そして個人における記憶と同じようなもので、日本人であることを意識し、蘇らせるために不可欠なものである。歴史・伝統・宗教・人生などを学ぶときの基本資源であり、自ら拠ってたつ基盤といい換えることができよう。そして、文化財は、一般的なものはなく、常に特殊で、意味と関係性をもっており、本物（真正性）と唯一性も兼ね備えている。

文化とは、人の営みのすべてを指すが、その過程を復元してみよう。

人は思考の上、行動に移し、その結果が文化となる。そのうち後世まで残ったものが文化財である。文化財は、この時点で本来の機能や役割を失っていることが多い。そしてこのまま放置すると消滅する運命にある。そこで再生させ、活用することが求められる。

活用は、文化財を活かし、人に還元することであり、このことによって文化はループ状に向上する。これを「文化的循環」と呼ぶことにしよう。この循環こそ、文化財保護法が目的とする「文化的向上」に資することができる。文化財をはじめとする文化資本を活かして、さらに文化的な価値を高め、将来に継承することこそ必要である。私たちが、その価値を見出す作業である学習を継続し、それを実践、行動することがまちづくりにほかならない。

参考文献

石澤良昭編（一九九五）『文化遺産の保存と環境』朝倉書店。
大河直躬編（一九九七）『歴史的遺産の保存・活用とまちづくり』学芸出版社。
荻野昌弘編（二〇〇二）『文化遺産の社会学』新曜社。
川村恒明他（二〇〇二）『文化財政策概論』東海大学出版会。
京都市（一九九九）『歴史的建造物の保存と活用』。
京都市（二〇〇一）『京都・建築データブック二一』。

京都市（二〇〇三）『京の礎――京都市指定・登録文化財集』。
中村賢二郎（一九九九）『文化財保護制度概説』ぎょうせい。
文化庁（一九九七）『文化財保護法改正のポイント』ぎょうせい。
文化庁（一九九八）『文化財建造物活用への取組み』。

第三章　京都の伝統音楽——奏でる人々・鳴り響く空間

南　里実

1　都の音色

（1）都の音楽へのアプローチ

鳴り響くとすぐさま消え行く音楽は、建築や絵画のような有形の文化とは異なり、いにしえの京の人々にどのように演奏され、どのような音色を響かせていたのかを知ることは難しい。しかし、残された楽器や楽譜、演奏の記録のほか、音楽を素材とした絵画や物語から当時の音楽風景を想像することは可能である。

本章では、京都を舞台とする文学作品や、音楽的営みがなされた空間、音楽とかかわる人々などに着目しながら、都の音色にアプローチしてみたい。

まず、京都の音楽史の流れをおおまかに区分しておこう。音楽史や音楽ジャンルの区分にはさまざまな考え方があるが、次のような枠組みで分類を行っておくと、多少なりと把握がしやすくなる。その時代に発祥した、あるいは盛んに行われた音楽や、音楽をめぐる環境の変化をとらえた五部立ての区分である（京都文化博物館、二〇〇二）。

プロローグ：自然発生的な音楽の時代。歌と、コト・フエなど楽器の登場

第一部：儀式・祭礼の音楽が中心となる平安時代。宮中での雅楽、寺院での声明など
第二部：たしなみの音楽が中心の平安〜室町時代。公家による遊びや武家による猿楽愛好
第三部：市井の音楽が盛んな江戸時代。現代へ直接つながる諸種目確立
エピローグ：文明開化による西洋音楽の流入。江戸幕府崩壊による芸能者らの社会的基盤の変化

都の音楽に限らず、日本の伝統音楽は、多様な種目の音楽が共存してきたことを特色とする。例えば、三味線を用いる音楽だけでも、長唄や清元、常磐津や地歌など、いく種類もの音楽が誕生し現代に継承されている。新しい音楽的営みが成立しても、それ以前に発祥した種目は消滅せず、まるで八百万《やおよろず》の神が共存するかのように、相互の交流も行いながら普及・継承されてきたのである（平野、一九八八）。

本節では、まず文学作品を通してざっくばらんにいくつかの音世界に耳を傾けてみよう。なお、文中に数々の楽器や音楽種目の名称があがるが、それぞれの詳細な説明は行わず、また京都の多彩な伝統音楽のすべてを扱うこともできない。よって本章を手がかりに、参考文献を通して、また実際の演奏にも触れてより深く音楽の世界を探求していただければ幸いである。

（2）『源氏物語』の音楽世界

都の音楽へのアプローチは平安時代から始めよう。

この時代を代表する音楽文化といえば儀式・祭礼での音楽、すなわち雅楽である（区分第一部）。雅楽は、飛鳥・奈良時代以降、大陸より輸入された音楽をも含むが、律令政治から摂関政治への移行に伴い、国風のきめ細かさを特徴とする音楽へと変化を遂げた。担い手は、内裏に設けられた楽所（がくそ）に属する楽人たちで、いわば職業

音楽家であり、限られた数の楽家が父子相伝で技を伝えた。

雅楽のほかに、平安朝には貴族らがプライベートで楽しんだり、教養として習得する管絃や舞楽などの「遊び」も盛んに行われており、その様子は『源氏物語』を手がかりに想像することが可能である。同物語は、平安朝前期の、外来の文化を日本的に消化する時代の貴族生活を写しており（吉川編、一九八九）、音楽についていえば、大陸から輸入された音楽が日本古来の音楽と融合する時代にあたる（区分第二部）。

『源氏物語』といえば「紅葉賀」の次のシーンは有名であろう。清涼殿の前庭で行われた試楽（楽舞の予行演習）で源氏と頭中将が舞楽「青海波」を舞う。庭に設けられた舞台の下手で、篳篥と横笛が四〇人の奏者により奏でられると「…ものの音どもにあひたる松風、〈まことの深山おろし〉と聞えて吹きまよひ、色〻に散りかふ木の葉の中より、青海波の輝き出でたるさま、いと恐ろしきまで見ゆ」。音色と松風が渾然と解け合い、紅葉が散り交うなかに源氏が現れるが、その様子が恐ろしいまでの美的感動を伴って眺められている。

「常夏」の巻には、光源氏が玉蔓に和琴についてのレクチャーを行う場面が描かれる。「秋の夜、月影すゞしきほど、いと奥深くはあらで、蟲の声にかき鳴らし合はせたる程、けぢかく今めかしき、物の音なり」。秋の夜、虫の音に合わせるように和琴を奏でることは親しみやすく、今風の演奏であると源氏は音楽の理想を語る。源氏は、六条京極に、四季の趣向を凝らした東南（春）、西南（夏）、東北（秋）、西北（冬）の四町からなる六条院を造営したが、ここでは笙や琵琶、箏などの楽器を用いた演奏会がたびたび催されていた（「若菜　下」）。

（3）仮名草子・浮世草子の描く音楽

時代が下り、江戸時代（区分第三部）の音楽はどのように楽しまれていたのか、庶民のための読み物として綴られた仮名草子や浮世草子にその様子を探ってみよう。

徳川幕府の成立後、社会の安寧を謳歌する人々は、京をはじめ全国の名所見物に興じるようになり、京・大坂と江戸をつなぐ東海道は、交通の要路として注目を浴びるようになる。そのような時代の流行に着目して、名所記が書かれるようになった。

一六二一（元和七）年頃記された仮名草子に『竹斎』がある。主人公は、都の生活に絶望し、諸国行脚を志す竹斎という藪医者で、京の見納めにと、三条大橋や祇園、寺町など名所を訪れる。北野の社に立ち寄ってみると、酒宴がにぎやかに催されており、群衆のなかでは遊女が三味線や鼓弓、綾竹（両端に房をつけた細い竹。こきりこ）をならし、検校（盲人の音楽家）が三味線組歌を奏で、また能役者らの鼓や笛による囃子も聞こえ、舞が舞われていた。北野の社は、さながら野外ライブ会場である。

また、元禄期ごろ（一七世紀後半～一八世紀初頭）の庶民を描いた井原西鶴の浮世草子には、都市の人々が、芸能を鑑賞するのみならず、積極的に諸芸に打ち込む様子が描かれている。近世は、町人らが諸芸の師匠について芸事を嗜む「遊芸」という文化享受のスタイルが盛んに行われていた時代であった（守屋、一九七九）。

『西鶴織留』（巻一「津の國のかくれ里」）に登場する伊丹の醸造家の息子は、京の超一流の師匠らについて芸事を嗜んでいるが、その内容が幅広い。音楽関係に限ってみても謡・囃子、琵琶、琴、小歌、浄瑠璃と多岐に渡り、その器用さが周囲の人々の賞賛を得ている。また『日本永代蔵』（巻六「見立て養子が利發」）に登場する京の室町の息子も、「謡は三百五十番覚」えたほか、小歌や浄瑠璃にも堪能である。ただし、この二人はともに渡世に疎く、室町の息子は商売もせずに、ついには財産をすべて失うという始末。これは極端な例であるとしても、当時は、この二人のように芸事にふける人物が少なくなかったようだ。

（4）　谷崎の聴覚世界

江戸時代を通じて多様な種目が展開した日本音楽の世界であるが、明治維新後の西洋化の文化政策や生活様式の変化などにより、そのリズムやメロディーは人々の生活から乖離していく（区分・エピローグ）。

それでも、伝統的な音楽を味わう人々が京都から姿を消したわけではない。谷崎潤一郎が一九四九（昭和二四）年に発表した随筆『月と狂言師』には、「閑雅な地域に世を侘びながら、なほそのかみの嗜みを捨てずにゐる」人々が集い、風流を味わう十五夜の宴の様子が描かれている。

戦後、京都に移り住んだ谷崎が、月見を兼ねた狂言と小舞の会に招かれた。会場は、南禅寺の塔頭《たっちゅう》・金地院内にある邸宅で、集ったのは、谷崎の知人らと、京都の狂言界を担う茂山家の狂言師たちであった。

この宴の列席者らはみな、尺八の名手であったり、仕舞（能の舞の一部分）や鼓、地歌三味線に凝る婦人、狂言を嗜む老女など素人ながら諸芸に通じている者ばかり。迎える邸宅の主人も狂言小舞を舞ってみせ、その三人の息子たちも小学生ながら狂言を演じるという具合である。

それぞれが諸芸を披露するうち、月の出の間もなくという時分になると、座に連なる人々は、月にまつわる狂言歌謡や謡曲を次から次へと謡い継ぎながら月を待つ。やがて山の彼方の空が明るくなり、「千両役者が登場するよう」月が顔を出した。趣味や知識を共有する人々の、深い連帯感や美的な同感が、十五夜の月にも通じたかのような一夜であった。

2　鳴り響く空間へのまなざし

（1）音楽と空間

源氏らによる「遊び」、近世町人の遊芸、そして谷崎が興じた月見の宴。それぞれの音楽はどのような空間で鳴り響いていたのであろう。

『源氏物語』で「青海波」の試楽が行われるのは、清涼殿の前庭。和琴のレクチャーや演奏会が行われるのは六条院。ともに源氏らにとっては暮らしを営むプライベートな空間である。それは、平安朝の貴族らによる管絃や舞楽が音楽の素人による「遊び」であるためであり、そのための空間は、私《わたくし》の領域内である居住空間の一画に用意される。いわば日常の暮らしのなかで、紅葉を散らす風や月、虫の音と通じ合うことを理想として楽器を奏で、四季それぞれの美しさを感じつつ演奏会を催していたのである。

自然の美しさと、音楽や舞の美しさとを区別することなく受け取る音楽鑑賞の仕方は、極めて日本らしい享受の仕方で、音だけを聴くという西洋式の態度とは異なるといわれている（吉川編、一九八九、六八頁）。さらに、美しさを感じるにとどまらず、自ら奏でる音を通じて環境と「協奏」（佐野、一九九八）することを目指すかのような美的態度もうかがい知れよう。しかも日常の住居空間において、そのような音楽的感性が発揮されていることが注目される。

近世の遊芸についてはどうか。謡に興じたり、琵琶や箏《こと》を奏でるのは、主に町家内部の座敷であった。京町家は元禄期にその定型が整ったとされ、社交・交際のために利用する座敷を設けたことが文化史の視点からも着目されているが、その社交の手段として、遊芸は有効な趣味として機能した（守屋、一九八〇）。

一七世紀後半、商工業の発展により三都（京、大坂、江戸）などの人口が増加し、町人たちには経済的・時間的な余裕が生まれた。守屋によれば、そのような社会的背景の下、都市に暮らす人々は社交の場から疎外されないため、多様な遊芸を身につけなければならなかったという。都市の人々に共通の趣味として享受される茶の湯や連歌などの諸芸があり、そのなかに、西鶴の描く町人らが夢中になった謡や小歌といった音楽種目が含まれていたのである。このような音楽は、都市の人々が交際するためのいわば媒体であった。

谷崎の描く月見の宴が催された邸も居住空間であることは共通している。この邸は南禅寺塔頭の金地院内にあり、狂言や小舞が演じられたのはその内部にある数十畳の広間であった。桃山城内の毘沙門堂を座敷風に造り替えたというその特殊性がかえって、舞台や楽屋を設けるのに都合が良く「普通の邸宅ではちょっとこう云う訳には行くまい」と谷崎は本文で語っている。邸主家族にとってその広間は生活世界のなかにあり、よってこの宴も、日常から乖離した出来事ではない。住居の一空間が、自然や他者を含む広い意味での環境と「協奏」する場として機能しているという意味においては、源氏や近世の町人らと極めて似通ったスタイルの音楽の楽しみ方であった。

（2）空間による音楽区分

京都においては、しかし、住居内で奏でる音楽のみが誕生し継承されてきたのではない。竹斎が見物した北野の社でのライブなどをはじめ、住居以外にも音楽空間は存在した。

日本音楽については、〈非劇場音楽〉と〈劇場音楽〉という分類がなされることがある（国立劇場事業部、一九七四）。これは音楽が享受される空間とかかわる分類で、演劇や舞踊と深く関わる音楽、すなわち劇場音楽が誕生し、隆盛した近世の音楽分類に適応される。非劇場音楽に分類される音楽とは、箏や琵琶、三味線、尺八などを用いる、純粋に音楽を鑑賞するための音楽であり、箏曲《そうきょく》や地歌、小歌、歌祭文などがある。一方、劇場音楽は、劇場の舞台構造や劇・舞踊の内容と深く関連する総合芸術における音楽で、文楽の義太夫、歌舞伎における常磐津や清元、長唄などがある。

ただ、非劇場音楽に分類される種目に劇場で用いられる曲があったり、その逆のケースもある。また、舞台と非劇場のどちらにおいても演奏される種目もある。例えば能楽（能・狂言）の場合は、能楽の声楽部分である謡や器楽パートである囃子などは舞台芸能である能楽から離れ、座敷で楽しまれることも多いため非劇場音楽であるともいえる、といった具合である。

（3）京都の劇場音楽・非劇場音楽

この分類に従って、京都の音楽文化を眺めてみれば何がみえてくるだろうか。時代を横断してアプローチしてみる。

源氏らの「遊び」や町人らの遊芸、谷崎らの宴のいずれもが非劇場音楽に属するのは、享受される場が劇場でないという点で、また名の挙がる楽器や種目の上でも明らかである。

さらにいえば、住居内であることから、これらの種目は座敷音楽と呼ぶこともできよう。なぜなら非劇場という場合は神社の境内なども指すことになり、生活空間のなかで行われる音楽享受の様態、例えば、素人が芸事の師匠について音楽を稽古するという音楽享受の態度を言い表すには座敷音楽という名称が適当であろう。京の座敷は先に触れたように社交の場であり、また日常的な接客に加え、祝儀や不祝儀などの家の行事や、稽古事が行われるなど子女の教養的訓練の場でもあった（中村、一九九四、三二頁）。

一般に座敷にまつわる歌舞と言えば、花街におけるお茶屋の座敷での舞や音曲が思い起こされる。実際、花街の座敷は、現在でも伝統的な邦楽や舞踊の重要な享受の場であり、芸舞妓らが京の伝統文化の継承者であることは広

図3-1　虫の音

（出所）　上村松園画　松伯美術館所蔵。
三味線，箏が座敷で楽しまれる様子を画いた日本画。三味線を奏でるのは座頭（僧形の盲人）で，女性たちは，三味線と虫の音の協奏に聴き入っているかのようである。

く知られているが（太田ほか編、二〇〇九）、京の音楽享受のスタイルが花街に限られたことではないことはこれまで述べてきたとおりである。よって、京都における音楽文化の振興を考えると、町家の座敷は重要な音楽空間としての活用が考えられ、音楽を身近な文化として享受するのに適した場の一つとなる。

次に、都における劇場音楽の歴史を振り返ってみる。『竹斎』で描かれた京の名所に描かれた北野の社は、室町時代より勧進能の興行（寺社や橋・道路等の補修費を募るための能の催し）が行われたり、茶屋が並んだりと興行地として栄えていた。また五条河原界隈も、五条大橋から伏見へ続く街道が幹線道となっていたこともあり、賑わいのある一画であったといわれている。しかし、一七世紀初頭の徳川幕府による芸能統制政策により、京にあった七ヶ所の櫓が四条河原に集められ、当地が唯一の劇場街として認可されることとなった（守屋、一九七九）。

四条河原はその後、人形操りや歌舞伎が上演されおおいに賑う。その当時に活躍した人物として、宇治嘉太夫がいるが、嘉太夫（後に加賀掾）は当時の京都で人気を博した浄瑠璃の語り手で、彼の語る浄瑠璃は嘉太夫節と呼ばれた。京風の伝統的な語り口で、当時の都の人々に高く評価されたのであるが、嘉太夫節の系統はその後継承されることはなかった。嘉太夫はまた、浄瑠璃の稽古本を刊行して市井の人々の間に浄瑠璃を普及させるほか、四条河原に宇治座という芝居小屋を所有するなど、太夫としての活躍以外にも功績がある。また、上方歌舞伎界に名を馳せた坂田藤十郎や浄瑠璃作家の近松門左衛門の活躍も同じ頃で、四条河原界隈は賑わいをみせた。しかし、度重なる火災や藤十郎後の歌舞伎界の沈滞という事情により、四条河原の芝居小屋は元禄期を絶頂期に衰退。江戸時代末期には南北に二軒が残るのみとなって明治維新を迎えることになった。

現在の京都では、歌舞伎上演のために建設されている劇場は南座と、京都造形芸術大学内の春秋座の二軒のみであり、またそれらの劇場で鑑賞する歌舞伎音楽、すなわち長唄や清元、常磐津などは江戸で誕生した劇場音楽である。このような実情をふまえると、京都では、劇場音楽文化の芽が十分に育まれることはなかったと言えるかもしれない。元禄期以降、歌舞伎のような芝居は衰退しても、寺社の境内で行う宮地芝居や、単発的な興行が認められた小芝居は洛中の各所で行われていたが（守屋、一九七九）、どのような音楽が奏でられたのかは不明である。よって、空間という視座から京都の音楽文化を考察すると、劇場音楽に比して非劇場音楽、中でも座敷音楽の文化が多彩に展開し継承されてきたことに、その特徴の一側面が認められると考える。

3　時代と協奏する音楽

（1）検校の功績

再び『竹斎』の北野の社を訪ね、今度は音楽を奏でた人々に着目してみよう。

> 又ある方を見てあれば…（中略）…石村検校参りつつ、歌の調子をあげにけり。…（中略）…又有る方を見てみれば、囃子の音ぞ聞えける。役者の衆はたれたれぞ、鼓打ちには又次郎…（中略）…。謡の太夫はどれどれぞ。おいゑの金春や…（中略）…、春道しんどうふくわう他…（中略）…。

原文中に名のみえる石村検校（?～一六四二）とは、三味線組歌と呼ばれる最古の三味線歌曲を作曲した人物で、検校とは個人の名ではなく、職屋敷に属する盲人の最高位の官職名である。室町時代以降、盲人らは「當道《とうどう》」という治外法権的な職業団体を組織し、平家琵琶のほか三味線や箏、鍼灸・按摩などの専門家として活動したが、職屋敷は、その當道に所属する盲人らを統轄管理する官庁であり、京都（仏光寺通東洞院東入ル）にあった。官位は検校のほか、別当、勾当《こうとう》、座頭があり、さらに細分化された位階が設定されていた。

京都の音楽文化の歴史を振り返れば、検校らの功績は極めて大きい。例をあげれば、京の銘菓との縁でもその名が知られる八橋検校（一六一四～八五）は、われわれが今日耳にする箏曲、すなわち〝お琴〟の創始者であり、中学校の音楽教科書でも紹介される「六段」などを作曲したと言われている。同じく箏曲の生田流を創設した生田検校（一六五六～一七一五）は、それまでは別の種目に属する楽器として扱われていた三味線と箏を合奏するという演奏形態を生み出し、箏の演奏手法を拡張したり箏爪の形状を変えるなど工夫を行った。三味線では、石村検校以降、柳川検校（?～一六八〇）が「柳川流」を創始し、柳川三味線あるいは京三味線と呼ばれる三味線を用いた地歌の流れの始祖となった。柳川流は京都で長年育まれることになり、「京都の響き」（津田、一九九八）を象徴する代表的な音楽となる。

また、地歌・箏曲には「京もの」あるいは「京風手事物」と呼ばれる曲種もある。八重崎検校（一七七六ごろ～一八四八）らが、既存の三味線曲に合奏用の箏の旋律を手付（作曲）した曲で、現在でも演奏されることが多く、聞

図３-２　京羽二重大全（文化増補）

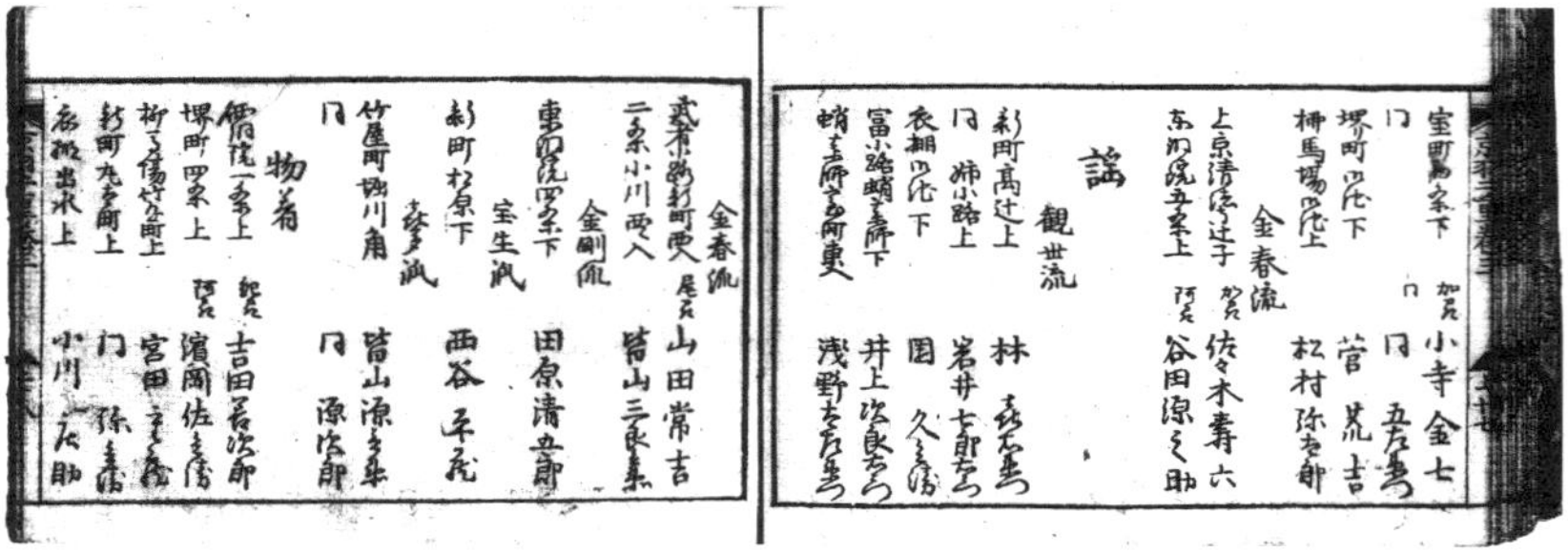

（出所）　京都府立総合資料館所蔵。
江戸時代の，京都の総合的地誌。職業文化人らの名前と居住地も記されており，「武者小路新町西入」など，現代の京都でも馴染みのある通りのあちこちに，諸芸に携わる師匠や職人らが居住していたことが分かる。

き手は限られているものの静かなロングヒットを続けている。

一八七一（明治四）年、太政官命により當道は廃止され検校は特権を失し、職屋敷も解体。その後、検校らにより後継団体が設立され、現在では、社団法人京都當道会が京都の三味線・箏・胡弓の伝承普及活動を行っている。ただ、音楽ホールで演奏される機会が増えるにつれ、柳川三味線と比べ、より大きくはっきりとした音色を奏でる九州三味線が用いられる機会が増えるなど、京の伝統的な響きもその美的性質を変化させつつある。

（2）「鼓打ち」や「謡の太夫」

北野の杜では「囃子の音」も聞こえてきた。奏でるのは「鼓打ち」たちで、「謡の太夫」らもそろっている。彼らは能楽（当時は猿楽と呼ばれていた）にたずさわる役者たちであった。

能楽は、シルクロードを経由して日本に伝わった散楽《さんがく》などの芸能を母体とする芸能で、滑稽味あふれる寸劇や、宗教行事での呪術的パフォーマンスなどを行う時代を経て「能」という演劇として確立された。

一三七四年、時の将軍・足利義満は、観阿弥（一三三三～八四）が今熊野で催した猿楽能を見物する。その折、観阿弥の子で当時一二歳の世阿弥（一三六三?〜一四四三?）の美しさに魅了され、それ以後、観阿弥・世阿弥親子を庇護するようになった。観阿弥は、興福寺など大和の寺社に属する結崎座（のちの観世座）を率いていたが、室町幕府とのつながりを確かなものとし、京への進出を果たす。大和にはほかにも外山《とび》（宝生座）・坂戸（金剛座）・円満井（金春座）があった。

江戸時代に、能楽は幕府の式楽（公式の音楽）となり、大和の四座と、新たに誕生した喜多流の能役者らは幕府の「お抱え」となり、いわば能役者らは国家公務員となったのである。その一方で、幕府には雇用されない能役者が京に居住し、その数は一七世紀末頃で、四座一流の役者が一〇七人に対し、京に居住する役者は二五三人であったという（法政大学能楽研究所編、一九八〇）。

京の能楽史は、手猿楽の活躍なしには語れない。手猿楽とは、素人でありながら半ば職業的に演能を行う者たちで、主に禁裏（御所）で、公家を相手に能や素謡（能の謡のみを奏する）を演じていた。謡についていえば、室町時代後期には、公家社会において謡を謡えることが教養として必要とされていたようで（表、一九五七）、江戸時代初期になれば、謡や囃子を習いたいという趣味・嗜好が町衆の間にも広がった。そのため謡や囃子を教授する「師匠」という職業が成立し、京では、謡の教授のみを業とした京観世五軒家と呼ばれる家々も誕生する。また、室町時代に武家や公家の間で催されていた謡講（謡を愛好する人々が座敷に集まり謡を楽しむ催し）も、庶民の間で盛んに行われるようになった。浮世草子に描かれる息子たちは、このような文化的背景のもと遊芸にふけっていたのである。

しかし、幕府の崩壊により能楽師らは活動の基盤を失し、京においても能楽界は沈滞した。しかし、一八七二（明治五）年には今出川御門の桂宮邸での演能を行うなど、禁裏での活動を再開。役者の数が足らなかったため、素人も交えての上演であったという（野々村、一九三一）が、そのような動きが可能であったのは、江戸の統制下に入らず独自の活動を続けてきた京の能役者らの歴史があってこそであろう。また、戦後の混乱を切り抜け盛況な時代を迎えたのも、謡や囃子を習う素人弟子たちが能楽堂へ足を運び、観客として能楽を支えたからという事情がある。

能楽を上演する劇場である能楽堂にも触れておこう。京都市には、公益社団法人能楽協会サイト（www.nohgaku.or.jp/）に紹介されているだけで五軒の能楽堂があり、現在では、他ジャンルの実演芸術が上演されたり、修学旅行生をはじめとした観光客へのレクチャープログラムが実施されるなど、能楽の普及のみならず京都の文化振興においても機能を果たしている。歴史を通して京の生活文化に浸透した能楽が、無形・有形の両側面において新たな文化の創造に大きく貢献することが今後ますます期待される。

（3）協奏する音楽

以上、文学作品の描写を手がかりに京の音楽シーンを気ままに旅してみたが、そのなかで発見できたことを四点にまとめおく。

一点目は、音楽に携わる人々について。時代や社会的階層にかかわらず、京のおおぜいの人々は音楽や舞踊を楽しみたいと欲する文化の積極的な消費者であったということである。その需要に応えうる検校や能役者らといった職業的音楽家は文化の生産者ということになるが、京の人々は単なる消費にとどまってはおらず、自らも技芸を習得することを通して文化的教養や美的感性を育んだ。さらに職業的音楽家らをさまざまな側面で支えたという点でパトロネージの面においても貢献していたといえる。

二点目は、文化の積極的な消費活動が社交の手段としても機能していたということである。社会的な立場や年齢によるのではない、趣味や嗜好を同じくする者同士によるコミュニケーションの中核に文化があった。現代のインターネット上におけるコミュニティも、何らかの共感を軸に多彩な人々が集うが、そのような交際が仮想空間ではなく、都という現実界で身体の交わりをもって成立していた。

三点目は、音楽の空間とかかわる事柄について。素人や玄人、公家や役者、都市に集う多様な町人など、多彩な職業や立場、階層の人々が交わりながら場を共有し、音楽を創造するという文化的行為が、座敷などの日常の空間を主な舞台として実施されていた。音楽を享受することは、人々の日常の中における出来事であった。

四点目は、音楽的営みを通して、その場に居合わせる人々のみならず、虫の音や秋の月など自然界の事象をも含む環境との協奏が目指されていたということである。音楽は鳴り響きの美しさを味わうだけの表象ではなく、誰かと、何かと交感するための媒体であった。

音楽という芸術は、どこの国、どの地域で生まれた音楽であっても、その土地の言葉や生活様式などと密接に結びついている（團・小泉、一九七六）。京都の伝統音楽もその通りで、山紫水明と称される風土や京言葉など、京都ならではの環境のなかで生まれ、育まれてきた。また、時代時代の人々によりに歌われ、奏でられはじめてこの世に鳴り響く無形の文化であり、よって博物館に展示される文化財などとは異なり、演奏される空間や享受する人々の好尚、享受能力により、時代に協奏するかのように変化をしながら伝承される。そのため京都の伝統音楽は、現在も進化の途上にあるといえよう。

音楽を支えるシステム――本章での話題について言えば當道の仕組みや式楽の制度など――も、普及や伝承の方法についてだけでなく、音楽の質そのものに深く影響を与えることを見逃してはならない。現在、音楽をめぐる社会的制度に関する動きとしては、二〇〇八年一二月より導入された新しい公益法人制度が挙げられる。伝統音楽の継承者らは現在、社団法人・財団法人として団体を組織・運営している場合が多く、新制度化での団体の目的や意義をあらためて問いながら公益性の高い活動を行うべく試行錯誤を重ねているが、公共の利益や公共性を目指す活動は、表現の分かりやすさや大衆性といった側面を強調することになりがちである。そのような方向性は、音楽の美的洗練や芸術性の高度化といった動きとバランスを保ち得るのか。

また著作権制度や情報・ネットワーク技術の進化なども、伝統音楽の世界に少なからず影響を及ぼすことになろう。さらに、グローバルなネットワークでつながった世界の人々が京都の伝統音楽と協奏することになれば、京の響きの固有性は新たな音色やリズムへと進化するかもしれない。音楽は常に時代と共にある。

参考文献

太田達・平竹耕三編著（二〇〇九）『京の花街　ひと・わざ・まち』日本評論社。

表章「〝うたい〟（謡）考」（一九五七）『文学』一九五七年九月号、『能楽史新考（一）』（わんや書店、一九七九）に所収。

吉川英史編（一九八九）『日本音楽文化史』創元社。

京都文化博物館（二〇〇二）『都の音色――京洛音楽文化の歴史展』京都文化博物館。

熊倉功夫編（一九九三）『日本の近世11　伝統芸能の展開』中央公論社。

藝能史研究會編（一九八一～九〇）『日本芸能史　1～7』法政大学出版局。

国立劇場事業部（一九七四）国立劇場芸能鑑賞講座『日本の音楽〈歴史と理論〉』。

佐野清彦（一九九八）『音の文化誌――東西比較文化考〈増補〉』雄山閣。

谷崎潤一郎「月と狂言師」『中央公論』一九四九年一月号。

團伊玖磨・小泉文夫（一九七六）『日本音楽の再発見』講談社。

津田道子（一九九八）『京都の響き　柳川三味線（京都當道会叢書Ⅰ）』社団法人京都當道会。

中川真（一九九二）『平安京　音の宇宙』平凡社。

中村昌生（一九九四）『京の町家』河原書店。

野田壽雄校註（一九六二）『仮名草子集　下』朝日新聞社。

野々村戒三（一九三一）『能楽古今記』春陽堂。

平野健次「日本において音楽とは何か」（一九八八）岩波講座『日本の音楽・アジアの音楽　第1巻（概念の形成）』岩波書店。

文藝春秋編（二〇〇八）『源氏物語の京都案内』文藝春秋。

法政大学能楽研究所編（一九八〇）『能之訓蒙図彙〈能楽資料集成10〉』わんや書店。

守屋毅（一九七九）『京の芸能』中央公論社。

守屋毅（一九八〇）『京の町人　近世都市生活史』教育社。

守屋毅（一九九二）『近世芸能文化史の研究』弘文堂。

第四章　京都のまちの景観——その歴史と地域の力

木村　裕

1　地域景観を形成するもの

(1)　地域社会の変化と景観

地域社会の景観論議については、二〇〇七（平成一九）年九月から施行された京都市の新景観政策をはじめ、全国各地で新たな動きがさまざまの形で出てきている。また、文化財保護法が規定する重要文化的景観については、近江八幡の水郷（滋賀県、二〇〇六〔平成一八〕年一月）や一関本寺の農村景観（岩手県、二〇〇六〔平成一八〕年七月）、蕨野の棚田（佐賀県、二〇〇八〔平成二〇〕年七月）、四万十川流域の文化的景観（高知県、二〇〇九〔平成二一〕年二月）などが選定されているが、このほか地域住民の日常生活や生業と深く結びついた地域の景観の維持についても各地で取組みが開始されてきている。そのような取組みが始まってきた背景には、地球環境への問題意識の高まりとともに、人々が生活し、生業を営む舞台となる地域社会の重要性、町内会や集落などの地域共同体、すなわちコミュニティが持つ多様な機能の必要性が再認識され始めたことも影響している。そして、地域社会の景観には、その地域社会がコミュニティとしての機能を発揮しているかどうかが如実に示されるのである。

地域社会の変化は、高度経済成長時代の農山村地域から都市部への人口流出という量的な変化にとどまらず、地域社会の質的な変化をもたらした。その過程で、人口が減少する農山村・漁村では、それまで人の手をかけて保全されてきた自然環境の維持が困難となり荒廃していった。一方、コミュニティが共同で維持してきた共有の財産、例えば生産や生活の基盤となる道路・水路・池沼や、地域文化の拠り所となる寺社・祠も維持されなくなって失われる。それと同時に、コミュニティの共同の作業、すなわち生産や生活の維持に必要な共有財の保全・管理作業や、地域の伝統行事や祭の催行、さらに冠婚葬祭などの相互支援の機能も失われてきた。そしてそれらのものが折り重なり、その結果、集落の姿や景観が失われていった。

一方、人口が集中する都市部では、自然環境を浸食しながら無計画に過密状態となり町並みは破壊されていく。そして中心部が飽和状態となると市街地のスプロール化が始まり、さらに周辺の丘陵や山裾部などの自然環境も破壊しながら、同時に生活環境としては不十分な住宅地が形成されていくことが多かった。また、新たに拡大した住宅地では共有の財産や共同の業務というものは少なく、コミュニティとしての一体性は必ずしも強くはない。コミュニティ機能が発揮されないと、良好な住環境の形成は期待できず無規律な町並みとなりやすいのである。また、生活スタイルの個別化の影響もあって、地域社会としての結びつきや、そこにおける人間関係は期待しにくいものとなる。これらの結果、古い町並みは失われる一方、地域としてのまとまった景観も形成されないという状況が生み出されてきた。

（2）　地域社会が機能することによって景観が形成される

このように中山間地域の農山村・漁村および都市部を通じて、戦後の経済成長の過程においては、地域の景観が失われ、あるいはまとまった地域の景観が形成されることとはならなかった。この経過を顧みると、地域の景観とはどのように形成されるのかを把握することができる。端的にいえば、地域のまとまりのある景観が形成されるかどうかは、コミュニティがその地域的なまとまりを背景に、その機能を発揮できているかどうかである。コミュニティ機能が発揮できていれば、地域社会の基盤となる共有財の維持保全がされる。さらに生産や生活の背景をなす森林や河川・水路、道路の保全や整備も行われる。その場合には地域の人々の共同業務が成立しているのである。共同業務が成立するような地域としてのまとまりがあれば、相互扶助関係や文化的活動も発生し、それらが世代を経て継承されれば、伝統行事や風習となり、さらには祭事として継承されるようになる。文化財保護法では、文化的景観とは「地域における人々の生活又は生業及び当該地域の風土により形成された景観地」としているが、同様に、自然環境、風土、生活や生業が一体となって地域の景観をなし、それらは集落や町内会のようなコミュニティがその機能を発揮していることによって保全もされ、新たな景観の要素も加えられることによって地域の景観は形成されているのである。

2　京都のまちの景観特性——歴史性、地域特性、自治の力

（1）京都のまちの特異性

京都のまちは、時々の変遷はあるものの、日本において政治・経済・宗教・文化の中枢を長きにわたって担ってきた。このため、まちの至る所に、さまざまな時代の足跡を残してきている。すなわちその時代における事件・事象の人物像、そこに繰り広げられる人間模様、その舞台となる地勢や時節との関連性、そしてその当事者の思いや感覚などをたどることのできる場所が多数ある。もちろん、このようなことは京都だけでなく、日本全国どの地域においても大なり小なりありえるのだが、京都はその長い歴史のなかで、多くの歴史的遺産や文化財とともに、それにまつわる史実が多数残されてきている点においては、特異性の高い都市であるといえる。それは過去からの積

み重ねだけでなく、現代に生きる都市としても、伝統産業と先端産業のものづくりや、学術と芸術の振興においても活力を発揮してきているまちであり、それらを反映して新たな景観の要素も付け加えられることにより、京都のまちの個性は豊かになってきている。すなわち京都の景観は、歴史性と現代性を併せもつ。さらに、一定のまとまりのある地域ごとの特性が組み合わさり、それらがつながりをもつことによって、京都のまち全体の景観が形成されているのである。

もちろん、京都のまちも、戦後の経済成長の影響を受け、開発の波が押し寄せたのであるが、長年にわたって培われた自治の力、それは祇園祭の催行や、まちづくりのルールを定めた町式目、明治の初期に地域の力を基に建設された六四校の小学校などに示されているものであり、これを背景に、その被害に歯止めがかけられてきた。このため、京都のまちの景観は、今も歴史性・文化性と自然環境を保持し続けているのであり、この点においても特異性を持つといえる。

（2）和歌に見る京都の景観——広沢池

さて、京都の自然と季節感、歴史性、生活などを一体的に表現するものとして、数多く詠まれた和歌がある。この和歌を糸口に、京都の景観に直接触れてみる。

広沢の　池のつつみの　柳かげ　緑も深く　春雨ぞふる
（藤原為家、風雅和歌集）

広沢池（図4-1）は京都市右京区嵯峨野にある周囲約一・三キロメートルの池。観月の名所で知られ、月と池、水面に映る月、山影などを舟を浮かべて楽しむことが旧来から続けられている。北側に遍照寺山という美形の小山を擁し、その西側には約四〇ヘクタールの北嵯峨の田園地帯が広がり、今も稲作が続けられており、稲穂たなびく景観が維持されている。さらにその西側に三筆の嵯峨天皇（七八六～八四二）の離宮であった大覚寺と大沢池がある。

藤原為家（一一九八～一二七五）は、定家の子で、続後撰集、続古今集を撰出。嵯峨の山荘に住み、内裏のある市中に通っていた。その道すがら、広沢池の堤を通ったときの感慨を詠んだもの。時期は、桜も散り、青々としていた柳もその色を濃くしてきたころで、春雨によって、その緑もしっとりとしている。ゆく春を惜しみつつ、緑を深めてきた風情を楽しんでいるようである。そして、為家が詠んだ景色と同様のものを、今日においても楽しむことができるのである。

図4－1　広沢池

（出所）　筆者撮影。

京都市も高度経済成長の時代に、宅地開発が進められ、田畑や山裾の改変が進められたが、広沢池のようになお多くの景観が昔の姿をとどめながら維持されるためには、開発の波に抗して維持された人々の日常生活・生業の営みと、それを支える景観制度があった。京都市内では、一九三〇（昭和五）年から風致地区制度によって景観の規制が行われてきている。現在の風致地区制度では、宅地等の開発を行うときに、建物の高さ、建ぺい率、敷地境界からの建物の後退距離、緑地率、さらに形態・意匠の規制を行っている。これにより建物規模とデザインを規制し、空間的ゆとりの確保と自然環境との調和が図られている。それに加えて、広沢池から北嵯峨の田園地帯には、景色を凍結的に保存するために、歴史的風土特別保存地区という指定を行い、土地の改変等を原則禁止とする規制が行われている。

図４－２　鴨川の景色

（出所）　筆者撮影。

この規制は、京都市における多くの景観規制のなかで最も厳しい制限であり、現在、京都市内では、大文字山などの「五山の送り火」の山々なども歴史的風土保存地区に指定されている。そしてこの制度により、広沢池や遍照寺山の姿は開発にさらされることなく維持されるとともに、その西側に広がる田園地帯では農村風景が維持されているのである。広沢池を中心として広がる景観は、歴史性と文化性を持ち、そこにおいて人々の日常生活と生業が繰り広げられながら、景観制度を支えとして成立してきていることが読み取れる。

（3）和歌に見る京都の景観――鴨川

おほぬさや　麻のゆうしで　うちなびき　みそぎ涼しき　賀茂のかはかぜ

（進子内親王、新拾遺和歌集）

進子内親王は、一四世紀の歌人。和歌は、「夏越の祓え」という旧暦六月晦日（新暦では八月一〇日頃）に行われる大祓の神事とそれが行われる鴨川（図４－２）（通常、高野川が合流する出町柳以北の河川を「賀茂川」、出町柳以南を「鴨川」として呼称している）を詠んでいる。「夏越の祓え」は、夏の盛りの時期に、体も疲れ食中毒の発生も多いころ、鴨川に流れる水で身を清め、夏のけがれを洗い落とすという年中行事である。また鴨川は、京都市の北部の山地を源流とし、京都盆地の東側を流れる河川で、市街地のなかを流れており、今日においても住民の憩いの場所であり、夏の風物詩といえる納涼床という形で昔から飲食なども楽しむ場所であった。また、京都盆地は三方を山に囲まれ、南に開けた扇状地であり、南北の高低差が大きく、このため鴨川は急流河川で、平安時代後期の一二世紀に白河法皇が「天下三不如意」としてあげた一つが鴨川の氾濫であった。つまり、増水すると京のまちに大きな被害をもたらす河川でもあったのである。

和歌は、鴨川べりに、大きな玉串（おほぬさ）が立てられていて、それには麻を裂いて作った飾り（ゆうしで）が垂らされ、それが川風になびいている情景と、詠み人も周囲の人々も身を清めるとともに、川風を全身に受けて気持ちも洗われ清々しい気分を楽しんでいる情景である。現在は、鴨川べりで子ども達は川遊びを楽しみ、堤の遊歩道も整備されていてウォーキングやジョギングをする人も多い。夜になると若い人たちのデートコースにもなる。このように様変わりしながら、人々が集まり、水に親しみ、鴨川を中心とした景色や川風も楽しむことは、今日まで続いてきている。

鴨川に関する規制については京都府と京都市が役割分担を行っている。京都府は河川管理者として、災害発生の防止や清流の保持などの河川環境の管理と保全を行ってきている。二〇〇七（平成一九）年には京都府鴨川条例を制定して、鴨川の河川環境を安心・安全で良好かつ快適なものとする施策を実施している。一方、京都市は景観の規制を行っており、河川内に対して京都市風致地区条例が適用されている。このため、河川内での構築物等に対しては、その高さとともに素材や色彩などの形態・意匠の規制を行っている。さらに河川に連続する市街地の町並みについては、京都市市街地景観整備条例により岸辺型美観地区の指定を行っている。美観地区制度は、一九七二（昭和四七）年から、趣のある町並みを形成している市街地や高層の建造物の構成美を持つ市街地の景観の維持・向上を図るための制度で、屋根や軒庇の形状、壁面の色彩、付属設備の形態等のデザインの規制を行ってきた。さらに二〇〇七（平成一九）年の新景観政策の施行により、美観地区の類型化を行って地域特性を明確にし、鴨川沿岸については岸辺型美観地区に規定したのである。岸辺型美観地区とは、良好な水辺の空間と調和した建物等が建ち並び、趣のある岸辺の景観を形成している地区としている。これらの条例がその役割を果たしながら、河川とその周辺の町並みそれぞれの風情が守られてきている。

河川の景観は、四季の変化もその構成要素にしている。また、多くの河川は人々の憩いや遊びの場でもあり、川のすぐ近くで生活と生業が営まれている。鴨川も同様で、年中行事や風習も展開される場所であり、それらによって鴨川の景観は形成されており、その景観の維持には人々の日常的な営為が欠かせない。

3　京都のまちの景観規制

（1）景観規制の組み立て

京都市は盆地形であり、三方を山に囲まれ、南に向けて開けており、鴨川と桂川の東西にある河川が南北に流れ、南部地域で合流し淀川へとつながっている。盆地内の中心部が市街地となっており、その最も中心部が「歴史的都心」として京町家が残されているとともに、商業施設等が集積し繁華街が形成されている。その中心部から、三方の山並みに向かって、その山裾までの間に歴史的遺産や神社仏閣が点在するとともに、住宅地があり、歴史的都心を包む形で「歴史的市街地」が形成されている。そして、三方の山並みに近づきながら歴史的市街地の外縁部に住宅地が広がっており、ここにおいては樹木等により自然環境が豊かとなっている。一方、南部に向けては、京都市のあらたな経済活動の地域として商工業施設の集積が期待されている地域である。このため、南部地域の一部においては、今後のまちづくりの進展に合わせて景観規制を行うこととしている。

この京都盆地の骨格に合わせて、景観規制が組み立てられている。結論からいえば、面的な色塗りのできる下地の規制をベースに、地域の特性を維持し増進させる規制をスポット的に上乗せすることによって景観規制が成り立っているといえる。本章では、下地となっている規制を「下地規制」、地域によって上乗せされている規制を「地域特性規制」と呼ぶことにする。なお、建物の高さも景観形成に影響を及ぼすが、市街地のほぼ全域に高度地区の規制がかけられており、エリアごとに一〇、一二、一五、二〇、二五、三〇メートルの高さ規制が行われている。これに加えて、「地域特性規制」で解説する風致地区制度、眺望景観保全制度もそれぞれの趣旨で高さ規制を行っている。

（2）下地規制について（主要なもの）

ア　歴史的都心部および歴史的市街地の規制

a　美観地区（景観法に規定する景観地区のこと。京都市市街地景観整備条例に規定。以下同じ）

歴史的市街地にあって、京町家や近代洋風建築が残されていたり、世界遺産等の周辺の地域などの趣のある町並みを形成している地域。また、高層の建物が構成美を示す地域など。屋根の色彩、外壁の材料や色彩、門・塀・生け垣等のデザイン基準を設けている。五〇地域、二三五四ヘクタール。

b　美観形成地区（京都市市街地景観整備条例）

歴史的市街地にあって、美観地区に接する幹線道路沿道や眺望景観の視点場のある通りなどで、新たに良好な市街地景観の創出を図る地域。美観地区と同様のデザイン基準を設けている。一〇地域、一〇七七ヘクタール。

イ　歴史的市街地の外縁部などの規制

a　建造物修景地区（京都市市街地景観整備条例）

歴史的市街地の外縁部にあって、良好な市街地景観の形成と向上を図る地域。美観地区等よりもゆるやかな規制であるが、屋根の色彩、外壁の色彩、門・塀などの基準を設けている。一六地域、八五八一ha。

ウ　三方の山々及びその内縁部と山裾などの規制

a　風致地区（京都市風致地区条例）

緑豊かな山々と歴史的資産からなる景観及び、山裾にまで広がる緑豊かな住宅地を保全するもの。建築物の高さ、建ぺい率、敷地境界からの後退距離、緑地率の規制や、屋根の形状・色彩、外壁の色彩などのデザイン基準を設けている。一七地区、一万七九三八ha。

b　自然風景保全地区（京都市自然風景保全条例）

市街地からその背景として眺望される緑豊かな山並みを保全するもの。建築物等の高さや残存させる緑地の割合などの規制を行っている。二万五七八〇ha。

（3）地域特性規制について（主要なもの）

ア　歴史的都心部および歴史的市街地の規制

a　伝統的建造物群保存地区（文化財保護法）

伝統的建造物群およびこれと一体をなす環境を保存するために市町村が指定するもの。このうち特に価値の高いものについて、重要伝統的建造物群保存地区として国が選定し、京都市では、産寧坂、祇園新橋、嵯峨鳥居本、上賀茂の四地区、一五haが指定されている。

b　歴史的景観保全修景地区（京都市市街地景観整備条例）

歴史遺産型美観地区にあって、歴史的景観を形成している建造物群があり、景観を保全し修景する必要のある地域。祇園町南、祇園縄手・新門前、上京小川の三地区、一五haを指定。

c　界わい景観整備地区（京都市市街地景観整備条例）

歴史遺産型美観地区にあって、地域色豊かな賑わいのある景観がまとまって形成されている地域。上賀茂郷、上京北野、千両ヶ辻、三条通、本願寺・東寺、西京樫原、伏見南浜の七地区、一四五haを指定。

イ　三方の山々およびその内縁部と山裾などの規制

a　歴史的風土保存地区（古都における歴史的風土の保存に関する特別措置法）

三方の山並みや裾野等の地域で、歴史的に意義が高く、景観上も重要な地域。一四地域、八五一三ha。そのなかで特に重要な地域が歴史的風土特別保存地区で、醍醐、修学院、大文字、清水、寂光院、三千院、上賀茂、金閣寺、嵯峨野、嵐山など二四地区、二、八六一haを指定。

b　眺望景観保全地域（京都市眺望景観創生条例）

二〇〇七年施行の新景観政策のなかで導入された制度。眺望や借景の保全・創出を図るため、境内・通り・水辺・庭園から・山並みへ・「しるし」へ・見晴らし・見下ろしの七種の眺めとして、三八箇所、四万二二四六haを指定。特に境内の眺めについては、京都市内の世界遺産一四箇所および御所・離宮を指定している。また、「しるし」への眺めについては、送り火の焚かれる五山に対し、送り火が建物等によって隠れないよう、建物等の最高部に対して標高規制を行っている。

4　京都のまちづくりの力

（1）まちづくりのルール――「町式目」について

地域の景観が形成されるためには、「1」で述べたように、地域社会がコミュニティとしての機能を発揮していること、いい換えれば、自治機能が発揮されているかどうかが重要であり、その機能が発揮されれば、地域社会がまとまりをもち、良好な景観が形成される条件ができる。それに加えて、景観形成を進めるためには、その地域のルールが共有されることが必要となってくる。

その点で、京町家景観の形成経過は、そのことを如実に語っている。伝統的木造建築である京町家の特徴は、通りに面して軒を連ねて立ち並び、外観としては瓦屋根、大戸・格子戸・出格子、土壁などで構成されていること、間取りでは、うなぎの寝床といわれるように奥行きが長く、そのなかに通り庭、続き間、坪庭、奥庭をもっていることなどである。また技術的には、畳や建具の寸法が統一されたこともあり、これらの結果、建築意匠に一体感が保たれ、それぞれの建物が通りに面して連なることにより京町家景観が形成されている。そしてこの景観形成のために大きな役割を果たしたものが、江戸時代に定められていた「町式目」や「町定」と呼ばれるまちづくりのルールであった。京都の通りは碁盤の目状に張りめぐらされているが、東西および南北の各通りで区切られる一つひとつの通り部分において、通りを挟んだ両側部分からなら両側町というコミュニティが形成されていた。このコミュニティにおいては、警護、防火、塵芥・し尿処理、清掃などが共同で処理されており、そのルールとして「町式目」などがあったのである。その「町式目」には、特に火災対策として、瓦屋根や蔵等により建築的な対策を規定する一方で、町ごとに職種を制限することや、またみせ棚の設置などの建物のデザインを規定するものもあった。

すなわち、「町式目」とは、各町内で、身近な生活空間の管理や町の運営を円滑にするため、町独自の規律として定められたもので、これにより防災・治安などの生活上の課題を解決していたのである。京町家景観は、両側町というコミュニティにおいて、「町式目」というルールをもつことによって育てられてきたといえる。

（2）「古都における歴史的風土の保存に関する特別措置法」の成立経過

「古都における歴史的風土の保存に関する特別措置法」は、通称として古都保存法と呼ばれている。この古都保存法は、一九六六年に施行されたものであるが、その時代背景として、五〇年代後半から全国的に都市周辺の丘陵地や山裾において開発行為が激しくなり、宅地開発の波は、京都や奈良、鎌倉の古都にも及ぶようになっていた。奈良では、若草山に温泉郷ができ、旧東大寺の境内にホテル建設の申請が出され、鎌倉では鶴岡八幡宮の裏山で宅地開発の動きが出ていた。また、京都においては、仁和寺（後に世界遺産に登録された）の南側に連なる双ヶ岡の開発問題が起きていた。双ヶ岡は、一四世紀前半に兼好法師が徒然草を書いた場所として知られているが、一九六四（昭和三九）年に土地購入者がホテル建設構想を明らかにしたため、地元住民から反対運動が起こったのである。京都市は、歴史的自然景観を守るため、強力な罰則と国の土地買い上げ制度を内容とする特別立法の必要性を訴えていたが、同様の開発問題が起きていた奈良市、鎌倉市との協力態勢ができ、立法化の動きは活発化して、古都を守れという文化人をはじめとした国民世論の盛り上がりを背景に、古都保存法が成立したのであった。現在、京都市、奈良市、鎌倉市のほかに、奈良県では天理市、橿原市、桜井市、斑鳩町、明日香村、神奈川県逗子市、滋賀県大津市の合計一〇市町村が古都に指定されている。

開発の波が及んだ古都は、世論を背景に法律が制定され、それを支えに景観が守られているのである。

上記のような経過があったにもかかわらず、都心部をはじめとして京町家は減少を続けてきており、取り壊された京町家の隣にマンション等の高層建築物が増え続けてきた。また、世界遺産をはじめとする歴史的資産が市街地から山裾にかけて多数存在するが、そのたたずまいと調和しない中層の建築物が立てられてきた。これに加え、違反案件も多い広告物のコントロールも強く求められていたのである。さらに、高層建築物、中層建築物等により、三方の山並みに対する眺めも悪化してきており、そのままでは「五山の送り火」への眺めも大きく阻害されることが危惧される状況となってきていた。

（3）京都の景観の新たな危機と町衆の気概

この新たな危機的状況に対し、二〇〇二（平成一四）年に日本建築学会が、「京都の都市景観の再生に関する提言」を行い、歴史・社会・自然との関わりから京都の景観特性を把握するとともに、全国一律の法律・制度の適用では京都の景観は守れないことを指摘した。国においては、二〇〇四（平成一六）年に景観法が制定され、地域固有の特性を踏まえ地域の取組みを促す仕組みが構築された。こうした動向を背景に、京都市では二〇〇五（平成一七）年に「時を超え光り輝く京都の景観づくり審議会」が設置され、翌年に答申が出され、京都市では新景観政策に取り組むことになったのである。二〇〇七（平成一九）年三月に条例制定及び改正を行い、同年九月から施行された新景観政策は、①建築物の高さ規制の引き下げ、②地域特性に応じた建築物のデザイン規制の明確化、③眺望景観・借景を保全する制度の導入、④屋外広告物規制の強化、⑤京町家等の歴史的建造物の保全を柱としている。

新制度の導入にあたっては、業界やマンション居住者から急激な変化を心配する声も寄せられ、条例を審議する京都市議会の論議も活発に行われたが、市民の基本的な考え方は、二〇〇七（平成一九）年二月に京都新聞が行った電話世論調査結果に示されていた。「京都らしい景観を守る必要があると思うか」に対し、必要がある五三・六％、ある程度必要がある四二・三％、「建築物の高さや色や形などのデザイン、屋外広告物の規制を強化することに賛成か。」に対し、賛成三八・一％、どちらかといえば賛成四四・八％という結果が出た。

京都の景観に関しての論争は、先に取りあげた双ヶ岡開発問題（一九六四〈昭和三九〉）、同年の京都タワー建設、一九九〇年代初めの京都ホテル改築及び後半の京都駅ビル建設があるが、地域特性を生かした取組みとしては、市内各地で締結されている建築協定がある。これは地域固有の住環境の保全などを図るために地区住民が地区独自の建築制限を申し合わせるもので、歴史的都心部に位置するものとしては、姉小路界隈地区建築協定がある。先ず一九九五（平成七）年に地区内に分譲型マンション計画がもち上がり、その反対運動が起きるなかで、「姉小路界隈を考える会」が設立され、反対運動を続けた結果、翌年計画は白紙撤回されたのであった。この地区は京都市役所からすぐ近くの南西に位置するところで、姉小路の東西の通りをはさんで両側に京町家が今もなお多数残されている。会では、二〇〇二（平成一四）年に界隈のまちづくりの基本方針として、「姉小路界隈式目（平成版）」を策定し、さらに二〇〇四（平成一六）年に区域面積一・四ha、協定権利者八一人で「姉小路界隈地区建築協定」を締結し京都市の認可を得た。この建築協定では、建築物の高さは五階まで一八m以下とし、風俗店やカラオケボックス等の建築物を禁止することとしている。これらは、地域の特性をふまえ、関係する地域住民が主体的に取り組むものであり、まさに地域の自治機能を発揮しながら景観を守っている事例である。

京都のまちでは、各地域で歴史的かつ自然的景観が今日も優れて保存されてきているが、その一方で京都のまちも、多様な人々の活動が展開される舞台であるがゆえに、大切に守られてきた自然景観や町並みも、経済活動などの展開のなかで失われていく可能性を常にもっている。しかし、二〇〇七（平成一九）年の新景観政策の導入に当たっての世論調査での京都市民の静かな意思表示とともに、地域特性を生かして、多数の建築協定の締結が進められている。これらはやはり祇園祭をはじめとした祭を催行し、町式目を定めるなど、自治機能を発揮してきた京の町衆の伝統に通じるものである。景観は、コミュニティの機能、すなわち自治機能を背景に自主的なルールを策定し、法律や条例などの制度も活用しながら維持され形成されるものといえる。

参考文献

上田篤（二〇〇三）『都市と日本人』岩波新書。

上田篤・中村良夫・樋口忠夫編（二〇〇五）『地文学事始　日本人はどのように国土をつくったか』。

大江正章（二〇〇八）『地域の力』岩波新書。

田村明（二〇〇五）『まちづくりと景観』岩波新書。

中村良夫（一九八二）『風景学入門』中公新書。

樋口忠彦（一九九三）『日本の景観』ちくま学芸文庫。

松本章男（一九九二）『京都百人一首』大月書店。

松本章男（二〇〇三）『京都春夏秋冬』光村推古書院。

第五章　産業とまちづくりの展開——伝統産業を通じたまちづくり

滋野　浩毅

1　低迷する伝統産業

都市における産業やビジネスは、その集積が都市基盤を形成し、都市の性格や規模を形作るばかりでなく、その蓄積が都市文化を育み、そのことによって新しい産業やビジネスを創造し、都市再生がもたらされる。それゆえ、地域における産業の存在とその振興は、すなわちまちづくりにもつながっているといえる。

本章では、京都における伝統産業を活かしたまちづくりへの展開について述べていく。

「伝統産業」は、一九七四（昭和四九）年に制定・施行された「伝統的工芸品産業の振興に関する法律（伝産法）」によって初めて明確に定義されたものである。京都の伝統産業は、業種数、年間生産額、事業所数、従事者数等においても全国でもトップレベルにあるが、一九九〇年代以降、それらを取り巻く環境は厳しさを増し（図5-1、図5-2）、バブル経済崩壊による構造不況から脱却した二〇〇〇年代半ばにおいても、京都の伝統産業における業績の改善はさほど見られず、低迷傾向は依然として続いている。

しかし一方で、近年、特に若年層における「伝統産業」、「職人」、「和文化」、「ものづくり」といったことに関する関心の高まりや、京友禅の技術や意匠をモチーフにした「友禅アロハシャツ」や、和傘の構造特性や雰囲気を活

図５－１　西陣織総出荷金額

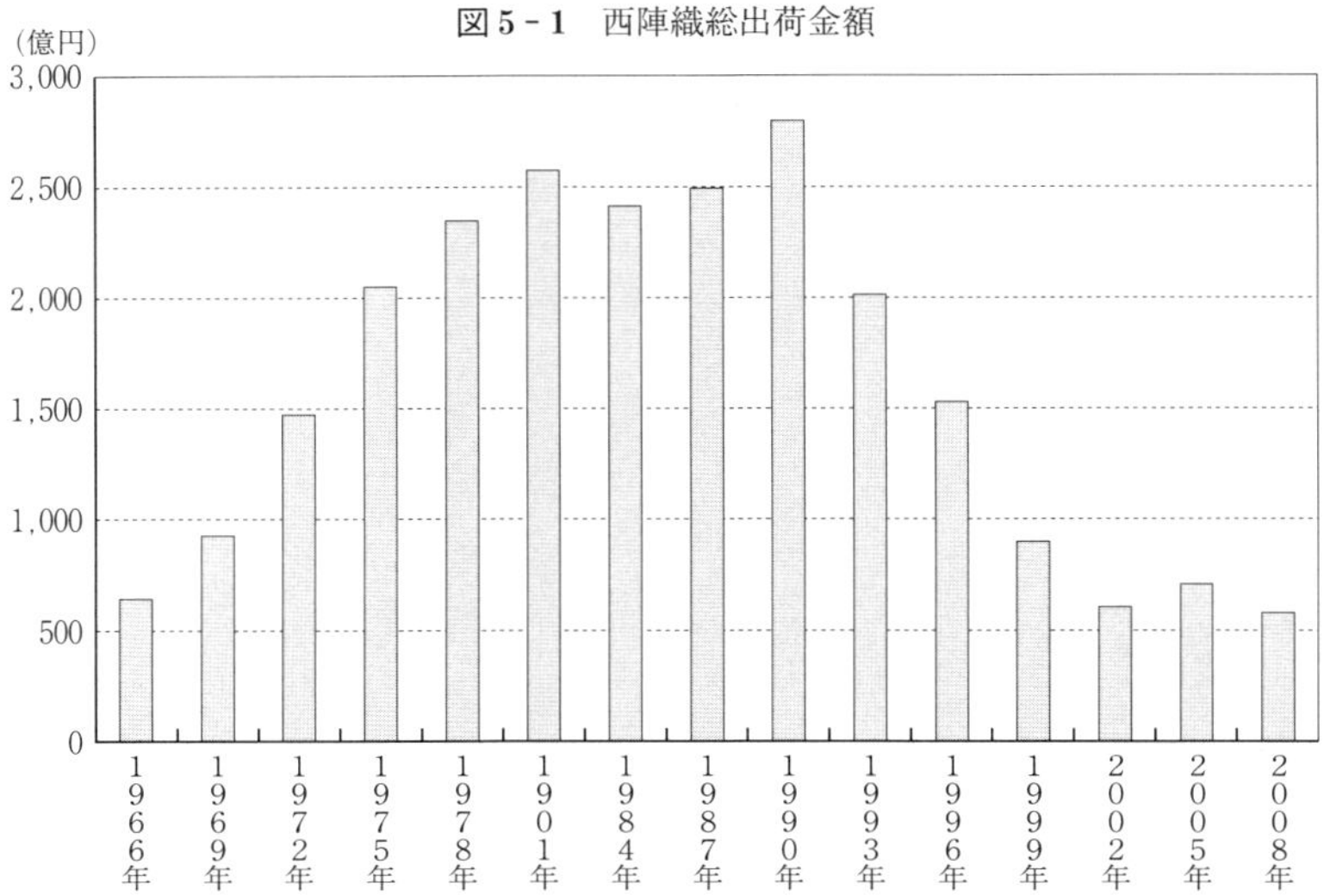

（出所）　京都市産業観光局（2010）より筆者作成。

図５－２　京友禅等加工技術別生産数量

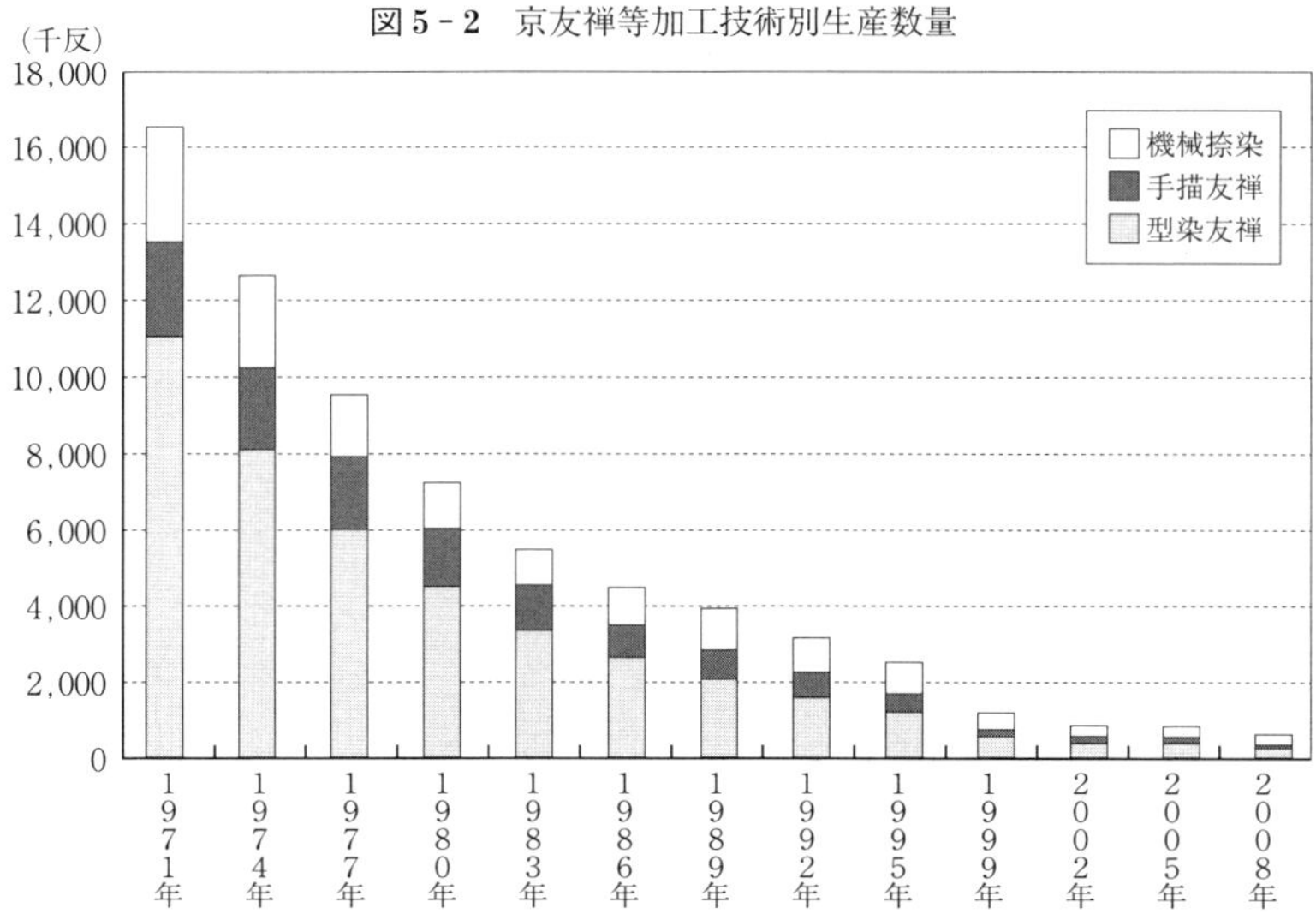

（出所）　京都市産業観光局（2010）より筆者作成。

かした照明器具の開発と販売、また保存状態やデザイン性に優れた古着の着物を巧みにコーディネートし、ブティック感覚で販売する「アンティーク着物ショップ」の増加等、伝統産業における新たな価値創造に向けた数々の取組みをみることができる。また、京都府は「京都府伝統と文化のものづくり産業振興条例」、京都市は「京都市伝統産業活性化推進条例」と伝統産業の振興に関する条例をそれぞれ二〇〇五（平成一七）年に制定しているが、いずれも、伝統産業のもつ「文化的価値」に着目し、それを以って伝統産業が地域や社会に対して、大きな役割を果たしていくことが明示されている。このように、衰退著しい京都の伝統産業において、これまで数多くの施策が講じられ、またニュービジネスのシーズとして活用されたり、極めて厳しい雇用環境、労働環境であるにもかかわらず職業としての選択をするのは、経済的価値以外の価値を見出しているからにほかならない。そのような観点からも、伝統産業の価値をまちづくりに展開していくことは大きな意義があると考える。

2 京都の伝統産業の特徴

本節では、京都の伝統産業の特徴を論じる。

京都では、古くは平安京成立後、貴族や朝廷の建物、社寺などの施設の造営、あるいは貴族上層階級の需要を満たす美術工芸品が発達した。鎌倉・室町・安土桃山期には、武家政権が公家の文化をモデルとして継承され、伝統としての美術工芸は保護されたことと、茶の湯が起こり、これまで為政者や宗教者のみのものであった美術工芸が、町人が新たな文化の担い手として登場した。さらに江戸時代には手工業品の生産拠点となり、京都で生産される製品は江戸時代より「京もの」と称され、他産地で作られるものとは差別化され、高級品として扱われてきた。

また京都には華道や茶道、能や狂言など伝統産業と密接な関係をもった伝統文化を伝える家元がおり、市場として伝統産業を支えるとともに、よき使い手として、目利きの役割も果たすとともに、その「消費者」としての役割を担っていた。つまり、寺院の本山や神社、これらの家元といった存在が京都の伝統産業の存続に寄与してきたといえる。

京都の伝統産業は、近代以降でいえば一九世紀末期の明治維新と東京奠都、二〇世紀中葉の太平洋戦争、そして二〇世紀末期のバブル経済崩壊と構造不況という大きな「逆風」を経験しているが、そのようななかにあっても平安京建都以降の宮廷や京都を形成する数多くの寺院・神社にとって無くてはならない衣・食・住にまつわるさまざまな用具を生み出してきた。京都市では現在、京都市伝統産業活性化推進条例に基づき、京都市伝統産業活性化審議会の答申を受けて「京都市の伝統産業」として七三品目（表5-1）を定めており、そのうち一七品目は経済産業省の伝統的工芸品産業としての指定を受けている。これまで述べてきたように、京都でこれだけ数多くの品目が生産されているのは、製造・流通に携わる事業者の集積と、華道、茶道、伝統芸能といった伝統文化の世界が「消費者」として存在し、それが大きな影響力をもってきたばかりでなく、それぞれの品目が単品として存在するのではなく、伝統芸能や建築等において、相互に影響し合う関係にあるからであるといえよう。

下平尾勲（一九九六）によると、京都の地場産業は、原料が豊富にあったからではなく、産業としての発展過程において、一定の生産技術、販売技術、経営技術を蓄積し、それを展開させて成長してきた「技術立地型」であり、また市場が地元にあったために発達した「市場立地型」であると位置づけている。つまり、京都の伝統産業である、西陣織や京友禅等の原料となる絹糸や、京焼・清水焼の原料である陶土を京都市近郊で産出したからその産業が発達したわけではなく、先に述べたように、古くから都として栄えたために技術が集積し、神社仏閣や伝統芸能の家元の需要があったために発達したものである。また、高度な需要に応えるためにその工程は細分化され、各工程が高い技術をもった分業によって成り立っている業種が多い。また、分業化した各工程の工房は、ある特定の地域に

表5-1　京都市の伝統産業（2005年12月制定，2007年12月「京たたみ」を追加）

●西陣織	◇■北山丸太	△京和傘
●京鹿の子絞	◇■京版画	△截金
●京友禅	京袋物	△嵯峨面
●京小紋	京すだれ	△尺八
●京くみひも	■京印章〈印刻〉	△三味線
●京繍	工芸菓子	△調べ緒
●京黒紋付染	■竹工芸	△茶筒
◇京房ひも・撚ひも	■造園	△提燈
●■京仏壇	清酒	△念珠玉
●■京仏具	薫香	△能面
●■京漆器	伝統建築	△花かんざし
●■京指物	△額看板	帆布製カバン
●■京焼・清水焼	△菓子木型	△伏見人形
●■京扇子	△かつら	△邦楽器絃
●■京うちわ	△金網細工	△矢
●■京石工芸品	△唐紙	△結納飾・水引工芸
●■京人形	△かるた	△和蠟燭
●■京表具	△きせる	△珠数
◇■京陶人形	△京瓦	■京菓子
◇■京都の金属工芸品	△京真田紐	京漬物
◇■京象嵌	△京足袋	京料理
◇■京刃物	△京つげぐし	△京こま
◇■京の神祇装束調度品	△京葛籠	◇京たたみ
◇京銘竹	△京丸うちわ	
◇■京の色紙短冊和本帖	△京弓	

（注）●経済産業大臣指定伝統的工芸品　◇京都府知事指定伝統工芸品　■京都市伝統工芸協議会業種　△京都市伝統産業連絡懇話会業種

（出所）京都市産業観光局伝統産業課、京都府染織・工芸課、京都伝統工芸協議会ホームページより筆者作成。

集積する傾向がある。こうした集積は、上京区西陣地域には西陣織、中京区の堀川通周辺には染物（京友禅、京小紋、京黒紋付染等）、東山区には京焼・清水焼、下京区西本願寺・東本願寺周辺には仏壇・仏具といった産地を形成するばかりでなく、そこにおいて住居を兼ねた工房に多くの職人が居住し、製造を行うなかで独特な景観や生活文化を生み出した。それは、アルフレッド・マーシャルが、特定地域へ集積した「地域化された産業」が、熟練の継承や、工程分業による機械の経済的利用、不況の相互緩和等をもたらしたり、技術のみならず知識の集積が「産業的雰囲気」をもたらす、と指摘したことが、京都の伝統産業産地においてみることができるのである。

3　京都の伝統産業産地におけるまちづくりへの取組

本節では、マーシャルの「地域化された産業」や「産業的雰囲気」の観点から、①「おいでやす染のまち本能」（京友禅）、②「京都・西陣鉾参通工芸展」（西陣織）を事例として取り上げ、伝統産業産地におけるまちづくりに向けた取組みについて論じる。

（1）京友禅産地における取組み「おいでやす染のまち本能」

京都市中京区本能学区は、かつて本能寺があった界隈の地域であり、東は西洞院通り、西は堀川通り、南は四条通り、北は三条通りに囲まれた地域である。またこの地域は、和装品の集散地として知られる室町に隣接しており、豊富な地下水を利用した京友禅をはじめとする染色業の発達した地域であり、かつては全戸の約七割が染色関連従事者であった。なお、染色業が衰退した現在においても、全戸の三分の一が染色関連従事者である。

本能学区における取組みが始まったきっかけは、一九九〇年代後半に学区内でマンション建設が相次いだことに始まる。一九九八年から、京都市、中京区とともに地域のまちづくりの在り方を考える場がもたれていた。そこで、当時の自治連合会会長が「本能学区では一反の白生地が着物になる（だけの京友禅の全ての工程を担う工房が存在する）」と発言したことに端を発する。当時地域住民たちは、学区内在住のマンション住民が増加するなかで、「職住一体」という地域における特色の喪失と、マンション建設によって新たに地域内に住むことになった住民が増加することによって起こりうる、地域コミュニティ意識の希薄化に危機感を募らせていた。そのなかで地域のあるべき姿を考えたとき、まず住民交流の促進、次に地域の特色を打ち出すことであり、「地域の特色」を打ち出す場合、本能学区は染色関連の工房が集積するということから「染のまち」を地域まちづくりのテーマとしたのである。

翌一九九九（平成一一）年八月には、地域のまちづくり組織としての「本能まちづくり委員会」が発足し、染色関連事業者とのネットワークのある西嶋直和氏が委員長に就任した。しかし、地域住民からの会費で運営される「地域のまちづくり活動」であり、染色関連従事者ばかりをクローズアップする合理性はない。そこで、委員会で地域資源を発見する調査を始めたころ、京都市の都心部における地域まちづくりのイベントをつなぐ「まちなかを歩く日」が開催されることになり、委員会でまずこの時期に合わせて「染のまち本能」をアピールするという意思決定がなされた。このようにして、第一回の「おいでやす染のまち本能」（以下「染のまち本能」と称す）が二〇〇〇（平成一二）年一一月に開催された。ここで、本能学区に位置する染色関連事業所の工房を公開して、来場者に見学してもらったり、元本能小学校を会場として、職人技の実演や体験を行った。

その後、毎年一一月の「まちなかを歩く日」の時と、二〇〇三（平成一五）年に制定された「京都市伝統産業の日」である春分の日の年二回開催となり現在に至る。

二〇〇二（平成一四）年、「京都市伝統産業の日」制定に先立って、「本能まちづくり委員会」は、京都市より企画協力の要請を受けた。六月には「本もの（本能ものづくり）推進会議」が発足し、「京都市伝統産業の日」に向けたアイデアを練り始めた。そして、翌二〇〇三（平成一五）年三月の「京都市伝統産業の日」第一回時に、地域内に京染の各工程を担う工房がすべてであるという特徴を活かし、オリジナルの着物を誂えることができる取組み「マイキモノプロデュース」が始まった。

その後、二〇〇六（平成一八）年には内閣官房都市再生本部の「都市再生モデル調査」に採択され、同年一一月より「本能に咲くのれんの華」と題し、日本の伝統色で染められたのれんを地域にある家の玄関に架け、のれんに染め抜かれた色名の漢字を見ながら伝統色とその呼び名を覚えることのできるスタンプラリーを開始した。このスタンプラリーは、地域の子どもたちや、元本能小学校の跡地にできた特別養護老人ホームをはじめ、多くの来場者に親しまれ、二〇〇七（平成一九）年には「第三回日本イベント大賞制作賞」（社団法人日本イベント産業振興協会主催）ならびにグッドデザイン賞をコミュニケーション部門で受賞している。

このようにして、年二回の「おいでやす染のまち本能」の知名度は高まり、公開工房や「マイキモノプロデュース」を楽しみに足を運ぶリピーターも多い。またイベント当日には、京都市内の大学で、まちづくりを学ぶゼミ生たちがイベントスタッフとして参加する光景も定着している。

一〇年間の実績を基に、着実な発展を遂げている「おいでやす染のまち本能」は、マンション建設の増加という地域における居住環境の変化が発端になっており、当初から「伝統産業」にフォーカスしたものではなかった。しかし、「地域の取組み」であることを第一義に置き、住民や学校との関係を重視したこと、もともと地域には染色関連の工房が数多く存在し、地域資源としての「染のまち」という認識の高まったことや、運営はボランタリーベースに徹したこと、そして、行政との協働やメディアへの露出によって信頼性を高めたのである。

また、利益を追求しないという方針のなかで、行政との関係を構築することによって財源を確保したり、小学校跡地に建設された特別養護老人ホームを併設する「本能館」を設計した建築士が、学区内に転居してきたことに伴い、「本能に咲くのれんの華」を手がけてくれるようになったり、大学のゼミ生たちが、自らの研究を兼ねてイベントの手伝いを継続して行う等、人材を活用している。このように地域資源としての「染」をキーワードに①信頼の積み重ね、②協働関係の構築、③人材活用を行ったこと、が成功の要因であるといえる。

（２）西陣織産地における取組み「鉾参通《ほこさんどおり》工芸展」

鉾参通工芸展（以下、「工芸展」と称す）は、二〇〇三（平成一五）年四月に始まり、以後、四月と一〇月の年二回開催されてきた。なお、二〇〇八（平成二〇）年からは一〇月のみとし、四月は「鉾参通共生展」に模様替えをしている。「鉾参通」とは、寺ノ内通と芦山寺通の間にある、東西約三五〇ｍの通りであったが、通りの名称が存在しなかった。そこで、地域の氏神にあたる今宮神社の祭礼に参列する三基の鉾と通りの突き当たりに存在する称念寺（通称「猫寺」）の参道であること、そして、通りに住居や工房・店舗等を構える人たちが「参加」するという意味を含め、「鉾参通」と名づけたという。

この地域で綜絖業（織機にかける経糸を引き上げる装置である「綜絖」に経糸を通していく工程）を営んでいる工芸展世話人代表の富坂儀一郎氏は、この催しを始めたきっかけを、一九九〇年代より加速した、「和装離れ」と不景気による西陣織産業の衰退にあるという。このような経営環境のなかで、西陣織を担う後継者が育たず、熟練の技術伝承が途絶えることを危惧し、職人、作家の工房に対して、多くの人に目を向けてもらう機会を作ろうと考えたのが、この「工芸展」である。

富坂氏は、もともと「ものづくり」に興味があり、「工芸展」を始める以前より、西陣織の裂地や道具を使った手作りの品物を、クラフト展等に出展し、販売していた。そこでの経験のなかから、自分なりのアイデアや集客方法、宣伝方法を習得し、自らが生活し、経済活動を行っている西陣地域でのイベント開催を思いついた。

西陣地域はわが国を代表する「織物のまち」として知られるが、その工程ごとに分業化した製造流通システムのため、製造物が直接消費者の手に渡ることはなく、そのほとんどが「織屋」や「産地問屋」といった、地域の製造卸や元卸業者に納入される。そのため、職人等製造者が消費者と直接対話を行う機会は極めて限定されている。そこで、部分的ではあれ、消費者と直接コミュニケーションをとることのほか、地域内にある西陣織以外の「ものづくり」に範囲を広げ、伝統産業、ものづくりに携わっている人すべてに出展対象を広げることで、来場者の幅広い関心に応えている。

「工芸展」は、富坂氏の「西陣に残る良いものを残していきたい」と思いで始めた、地域の文化と産業の魅力発信のための取組みである。西陣地域では、西陣夢まつり（西陣織協同組合主催。一九九五（平成七）年開始。毎年一〇月開催）、千両ヶ辻伝統文化祭（今出川通大宮南側一帯。二〇〇三（平成一五）年開始。九月の晴明神社の例祭に合わせ開催）といったイベントや織屋（西陣織の製造卸業）が中心となった大国町（浄福寺通五辻北側一帯）や西陣町家倶楽部（アーティスト・イン・レジデンスのためのプロジェクトとして一九九五（平成七）年に始まった「ネットワーク西陣」の活動を元に、西陣地域に残る町家の貸し手と借り手をつなぐネットワークとして一九九九（平成一一）年に発足）といったまちづくり組織が数多く存在する。そして、それぞれが協力して西陣地域を盛り上げていくことを目的とした「西陣文化村」構想があったが、目的の違うそれぞれの団体のすり合わせは困難であったため、まず自らの関心領域である「ものづくり」をテーマに始めたイベントが「工芸展」である。

「工芸展」は現在、「鉾参通」に在住する一五名の伝統産業等の職人や作家が自らの作品等を工房や店頭において展示即売し、来場者とコミュニケーションを取ることのできる機会となっている。また、ジャカード織機の柄を織り出すプログラムの役割をするパンチカード状のボール紙「紋紙」を用いた「紋紙灯」等によるライトアップ、近隣に位置する千本ゑんま堂に伝わる伝統芸能「大念仏狂言」、ミュージシャンや学生サークル等による楽器コンサートや踊りといったパフォーマンス等のイベントも同時に行っている。

富坂氏は、地域内の調整や、千両ヶ辻等、隣接する地域や同業者組合とのコミュニケーション、あるいはマスコミに対するPR等、極めて精力的に動いている。また財源は実行委員会の構成メンバーからの会費収入のみであり、同氏のネットワークと信頼関係により低予算でのイベント実施が実現している。また、「工芸展」を通じて生まれた、難病患者や障害をもつ人たちとの交流によって、その内容は継承させながら、「癒し」視点を入れたイベントが、先述の「鉾参通共生展」である。

富坂氏はまちづくりにおけるボランタリーな意識と「地域ぐるみ」の重要性を強調しているが、地域に愛着をもつ人が多い地域ゆえ、それを貢献意欲につなげたり、多様な主体の参加を促すことによって、多くの担い手を確保し、知恵を集約しながら事業を発展させていくことが、事業継続と知名度向上の鍵を握るといえる。

4 伝統産業の持つ「文化的価値」を活かす

以上、京都市域における二つの伝統産業産地における取組み事例をみてきたが、それぞれの共通項をまとめると以下のようになる。

①伝統産業における構造不況に直接的・間接的に起因するコミュニティレベルでの危機感が取組みの発端となっている。

伝統産業の生産低下に伴い、従事者の減少や後継者難といった問題が生じ、産地としての集積が失われつつあるなかで、コミュニティの再生を図ろうとしている取組みが見受けられる。

②地域における「伝統産業」がもつ固有価値を見出し、それを地域住民に知ってもらうとともに、これまで不得手であった「外に向けて発信」することを目的としている。

マスメディアの活用ばかりでなく、ネットワークを活用した情報発信を行っていることがわかるが、「情報発信」によって、これまでわかりにくかった伝統産業の製造工程や、「従事者の顔」等が伝わることによって、多くの人に関心をもってもらえるという結果につながっている。

③個別事業者の経済活動ではなく、地域におけるボランタリーベースの文化活動であるということを第一義とする姿勢を貫いており、金銭的インセンティブではない部分で、各主体の構成員がかかわり、地域コミュニティ等との良好な関係を構築しているのとともに、各組織において、イベントに対する財源支出に合理性を与えている。

④小学校から大学まで含め、「教育組織」を巻き込んでいる。あるいは協働で取り組んでいる。

本能学区の取組みは地元小学校ならびに大学ゼミ単位の参画、鉾参通工芸展は富坂氏の個人的ネットワークで集まった有志の大学生等とかかわり方は異なるものの、「将来の消費者」となりうる若年者が伝統産業に接する機会を与えている。

⑤試行錯誤しながらも、継続することによって、一定の知名度の獲得と成果を担保している。

また、単発のイベントに終始することなく、継続することによって、それが地域のまちづくり活動に還元されている。

このように、地域固有の文化としての伝統産業をテーマとした「まちづくりイベント」を行うことで、コミュニティの再生を図り、さらに外部から多くの人がその地域を訪れることで、地域の産業や地域そのものの魅力知ってもらい、そのような取組みが長期的にみて各々の経済活動にも好影響を与えることを意識している。すなわち、やや逆説的になるが、「産業政策によらない産業再生」を目指しているといえよう。

また、まちづくりへの取組みを継続することによって、地域住民、観光客そして地域の子どもやイベントにかかわった学生が、伝統産業のもつ固有価値に気づき、それらを大切であると認識する可能性がある。これは、産地における、伝統産業をテーマにした取組みによって、スロスビー（二〇〇一）がいう美学的、社会的、精神的、真正的といった文化的価値を認識したり、ボウモル＝ボウエン（一九六六）が指摘したように、伝統産業のもつブランド力や、産地固有の景観がもたらす地域への威信の付与（威光価値）、地域の子どもたちに対する教育価値、そして、将来世代への便益（遺贈価値）といった正の外部性をもたらしうるからである。ボウモルらは、「芸術・文化の持つ正の外部性」を述べたのであるが、衰退が著しくなった二〇〇〇年前後から、伝統産業をテーマとした「まちづくりイベント」が行われるようになったという事例からいえるのは、伝統産業は単なる製造業と異なり、芸術・文化的側面が強く、それ自身も文化的価値を兼ね備えているほか、工程ごとに分業化され、専門化した工房の集積がマーシャルのいう「産業的雰囲気」をもたらしていることである。それゆえ、担い手のみならず、地域住民の多くも「後世に伝えていくべきもの」と認識しているからであるといえる。

伝統産業の産地は生活空間を兼ねており、経済コミュニティと地域コミュニティの双方を形成している。つまり、一般の製造業と異なり文化的価値を多く含み、そこにおいて経済活動を行ったり、居住する人たちがそれを認識し、その価値をイベントという手段を通じて発信し始めている。伝統産業をテーマとしたまちづくりへの取組みが、中長期的には伝統産業の活性化にも好影響を与えうる。なぜならば、伝統産業がもつ文化的価値のなかには、マーシャルのいう「地域化された産業」がもたらす地域の産業や生活のなかにある文化や知恵、独特の景観といった「産業的雰囲気」も含まれ、それが従来からの住民や事業者、マンション建設等によって新たに移り住むようになった住民、観光客等の来訪者、地域の児童や生徒、研究としてフィールドワークに参加する学生といった若年者に対して、地域や産業に対する関心や愛着をもたらし、従来、伝統産業における従事者や購買者でなかった人たちが、将来的に伝統産業の新たな「生産者」や「消費者」となる可能性があるからである。

参考文献

青木圭介・滋野浩毅（二〇〇九）「都市の経済と産業」真山達志監修『入門都市政策』（財）大学コンソーシアム京都。

岩下伸朗（二〇〇八）『マーシャル経済学研究』ナカニシヤ出版。

京都市産業観光局（二〇一〇）『京都市の経済二〇一〇』。

下平尾勲（一九九六）『地場産業　地域からみた戦後日本経済分析』、新評論。

西口光博（二〇〇六）「京都府・市における伝統産業振興条例制定について」『京都産業学研究』第四号。

若林靖永（二〇〇六）「京都伝統産業の活性化のために」『地域開発』第五〇六号。

Baumol, William J. & Bowen, William G., *Performing Arts the Economic Dilemma*, New York ; Twentieth Century Fund, Inc. 1966.（池上淳、渡辺守章監訳〔一九九四〕『舞台芸術　芸術と経済のジレンマ』芸団協出版部）。

Marshall, A., *Industry and Trade*, 3 ed ed., 1920.（佐原貴臣訳〔一九二三〕『産業貿易論』東京宝文館）。

Marshall, A., *Principles of Economics*, ninth (variorum) edition, with annotations by C. W. Guillebaud Volume I, Text, London : Macmillan and Co., 1890.（馬場啓之助訳〔一九六六〕『経済学原理Ⅱ』東洋経済新報社）。

Throsby. David, *Economics and Culture, Cambridge ; Cambridge University Press, 2001.*（中谷武雄・後藤和子監訳〔二〇〇二〕『文化経済学入門』日本経済新聞社）。

本能まちづくり委員会ＨＰ（http://www.honnoh.net/）二〇〇九年一一月九日。

西陣鉾参通工芸展ＨＰ（http://www14.plala.or.jp/nishizin/hokosan.html）二〇〇九年一一月九日。

謝辞
今回事例として取り上げたまちづくりイベントの主催者である、本能まちづくり委員会、西陣鉾参通工芸展実行委員会の諸氏には、聞き取り調査において大変お世話になった。この場を借りて御礼申し上げる。

初出
滋野浩毅（二〇〇九）「地場産業、伝統産業が保有する文化的価値に関する考察――京都市域の伝統産業産地における取組事例をもとに」『文化経済学』第六巻三号を大幅改稿。

コラム

京都観光と地元金融機関の取組み

京都市を訪れた観光客数は二〇〇八(平成二〇)年は五〇二一万人で、前年に比べ七六万五〇〇〇人の増加(前年比一・五%増)となり、八年連続で過去最高記録を更新した。その経済波及効果は一兆二〇〇〇億円超とも推計されている。京都市が「観光客五〇〇〇万人構想」を宣言したのが二〇〇〇(平成一二)年のことであり、目標年次である二〇一〇年より二年早く、念願の「五〇〇〇万人観光都市」を実現したことになる。また、二〇〇八(平成二〇)年の外国人宿泊客数は、五年連続で過去最高記録を更新し、二〇〇三(平成一五)年に約四五万人であったものが、約九四万人(前年比一万人・一・一%増)と倍増した。第三次ジャポニズム、クールジャパンなどといわれるように、日本文化に対する関心が欧州で高まっていることから、日本文化の象徴である京都に大きな関心が寄せられているようである。

二〇〇九(平成二一)年は世界的な景気の低迷や新型インフルエンザの影響から、前年を三二一万人下回る四六九〇万人となったものの、二〇一〇(平成二二)年は四九五五万人となり、二〇〇八(平成二〇)年の水準をほぼ回復した。二〇〇八(平成二〇)年は紫式部が書いた源氏物語が記録で確認されてから一〇〇〇年にあたり、これを記念する「源氏物語千年紀」の一連のイベントが開催された。この記念事業の経済効果は京都府内だけでも一〇八七億円に上ると推計されている。記念事業は、二〇〇七(平成一九)年から二〇〇九(平成二一)年二月にかけ府内で一一三六件に上り、源氏物語の写本や美術品を集めた「千年紀展」(二〇〇八〔平成二〇〕年四〜六月)をはじめ錦織絵巻展、講演会、探訪ツアーなど多彩な催しで延べ四〇二万人を動員した。

これらの統計や報道をみる度に、今、京都観光は空前の賑わいをみせていると感じている。観光にゆとりや潤い、癒しなど、文化的・精神的な充足感が求められるなか、一二〇〇年の歴史を誇る京都には、人々を魅了する豊かな歴史・文化遺産があり、山紫水明の地として四季折々の表情がある。何よりも京都という地は多くの人々にとって、修学旅行や学生時代の淡い思い出とともに、当時の記憶を呼び覚まし再び誘う不思議な力をもっているのであろう。多くの人が記憶とともに時代を超えて共通に語り合える場所、それが京都である。

一方、経済・産業構造の大きな変化のなかで、時代を担う京都の基幹産業としての『観光産業』への期待は膨らむばかりである。そのような環境のなか、京都銀行では、観光都市京都・京都の地場産業への支援を拡充し、企業や大学、行政とも連携して、新たな観光ルートの企画や観光産業の活性化を探るお手伝いが少しでもできればとの思いで、二〇〇五(平成一七)年四月に法人部内に「観光支援室」を立ち上げた。

観光支援室の活動内容は、①京都観光につながるイベント・行事のPR活動のお手伝い、②観光産業にかかわる事業者の方に対する資金支援やビジネスサポート、③行政や観光協会などと連携した観光客誘致政策への参画、など観光産業の活性化をお手伝いさせていただき地域貢献につながる取組みを展開している。

具体的には、二〇〇五（平成一七）年一一月から、営業店に設置している大型ディスプレイで観光に関連したイベントや行事日程の事前放映を始めた。現在は五八ヶ店で放映している。各営業店のロビーで開催している「京都観光写真展」も、府外の広域店舗網も活かして一〇七ヶ店で継続して開催している。二〇一一（平成二三）年度は「京の庭園」「京都丹後・食の王国」「宇治茶歴史街道を巡る」などの六つのテーマにちなんだ観光地や史蹟・神社仏閣の写真を展示している。写真展を開く営業店には観光専用のパンフレットスタンドも設置しており、観光施設などから提供されたパンフレット・チラシを置いて情報を提供している。

二〇〇五（平成一七）年一二月から取り扱っている観光支援特別融資「賑わい」は二〇一一（平成二三）年三月末に三九一件・一三九億円の累計実行額となった。特別融資「賑わい」は融資額五億円以内で、事業の採算性やキャッシュフローを重視して担保面は弾力的に対応している。通常の事業性設備資金の融資期間は一〇年以内だが、「賑わい」は最長二〇年に、固定金利選択期間も最長一〇年に設定している（運転資金は七年以内）。旅館やホテル、飲食店、土産物屋、神社仏閣などの改装資金や運転資金での利用が多い。

かねてより京都銀行では、地元本店銀行として、「歴史都市・京都」の素晴らしさを再発見し、将来にわたってまもり育てていこうという趣旨から、一九八二（昭和五七）年より「I Love Kyoto キャンペーン」を展開しており、季節毎に「I Love Kyoto ポスター」を作成し営業店等に掲示している。また、祇園祭の山鉾巡行には新入行員がボランティアで参加している。

京都銀行の会長・柏原康夫は二〇〇四（平成一六）年六月に京都府観光連盟会長、二〇〇八（平成二〇）年六月には京都市観光協会会長に就任しており、地元経済界からは従来以上に当行の観光振興への取組み強化に期待を寄せていただいていると感じている。また、金融機関も競争激化の時代を迎え、地域の特色を活かした取組みが、今後、地域貢献としてどこまで浸透できるかも問われている。

京都の観光政策自身も観光客数の増加という量の追求から質の向上へ重点を変化させていくことが必要な時期を迎えている。観光客の人数を維持し一人当り消費額の増加を目指す取組みである。観光客数は順調に増加したが、一方でオンシーズンの交通渋滞問題が顕在化している。観光客の春・秋の集中から通年型観光への変化という課題については、「京都・花灯路」や「京の冬の旅、京の夏の旅」「京の七夕」等の企画により、効果が出てきている。今後もさまざまな施策・イベントが企画され、京都全体で京都観光を振興しようという動きが途絶えることはないと考えるが、何よりも京都本来の『心のこもったおもてなし』の質が低下していないか、を絶えず問いつづけることが必要である。弊行もささやかながらそのお手伝いをさせていただきたいと切に願っている。

（秋野　稔）

第Ⅱ部

くらしと文化

――そこに住まう人々

第六章　京町家と暮らし

小島富佐江

1　町家保全の意味

（1）今なぜ町家なのか

一〇年余り、町家がブームといわれ続けている。京都案内のなかには必ず京町家の紹介が入り、町家で営まれている飲食店、物販店の紹介が賑やかに掲載されている。あちこちで取り上げられ、町家店舗は瞬く間に増え、京都観光の欠かせないものとなっている。あれもこれも、町家といわれ、本来の姿からは程遠いものまでが当たり前のように町家として扱われている。繁盛するのはいいことではあるが、果たして、それが京都のあるべき姿だろうか。本来の町家の姿をもう一度見直すことにしたい。

第二次世界大戦後、京都の町中から木造の住宅がみるみる減少した。町家と呼ばれる伝統的な工法で建てられた家である。町家が滅失していく理由はさまざまあるが、一番に今の法律（建築基準法）に合っていないということがあげられる。町家はこの法律の外にあり、既存不適格な建物として存在している。存在は認めるが、同じような建物を新たに建てることはできないのである。なぜ？　という疑問が起こるだろうが、伝統的な工法が建築基準法に適合していないためである。材料にしても法律で認められた基準を示すことができなければだめなのである。新しい住宅については、多くの実験などから数値のデーターがいともたやすく求められ、住宅メーカーが次々と法律に適合した材料、技術を開発し、たちまちに日本中を席巻し、同じデザインの住宅を全国各地でみかけるようになった。

京都は第二次世界大戦時、戦災をほとんど受けなかった稀有なまちである。そのため戦前の木造住宅がほかの都市よりも圧倒的に多く残存している。現在の住宅総数のなかではほんの数%にしか過ぎないが、全国的にみれば木造の残存率は群を抜いている。戦前の建物が残ったということを、京都がどのように受け止めたかについては、残念ながらほかの都市と同じようにまちの繁栄ということから、次々と新しいものに建て替え、それまで整っていた町並みはあっという間にちぐはぐな統一感のないものに変貌した。

景観については敏感な京都ではあるが、日本の急成長時を迎えて、町並みの美しさよりも街の開発・発展が先行し、町並みが壊れていくことに対しての危機感はあまりなかったようである。多くの町家がビルに変わり、路地は消えていった。一九六〇年代の急成長、一九八〇年代のバブル期を超えてようやく落ち着きを取り戻しつつあるが、今も日々町家は消えていっている。

町家は都市型の住宅であり、商いの場でもあった。字のとおり、町中の家である。集住して暮らす都市にあってこその造りであるため、おのずと暮らし方にはその土地の気風が表れている。しかし、現代の住宅はどの土地にあってもほとんど同じ造りで、気候風土に合わせることなく、人工的に暑さ寒さを防ぎ、一年中を同じ環境で暮らすことに腐心している。

土地に似合った暮らし方をすることがだんだんと難しくなってきているが、建物が残っていれば、そこからかつての暮らし方を学ぶことができ、次の暮らしを考えることもできる。そのために町家の保全が必要とされている。古い建物を形だけで愛でると言うことではなく、それを今の時代に活かして使い続けることが、暮らしを継承することの意味である。

（2） 京町家とは

都市型の住宅。町中の家である。筆者のイメージとすれば、家の表に商いの場があり、奥に入ると家族が暮らしている場があるという家が町家の典型といえる。これは市街地のある地域ならあまり考え方に変わりはないだろう。職と住が同じ場にある環境、これが町家の並ぶ地域であった。職が大きくなっていくにつれ、住の部分がどんどんと侵食され、やがて住は別の場所へと移り、市街地は商業地区という区分ができ、かつての職住一体型の町家は減少し続けているのが現状である。

京都も他の都市同様に市街地のビル化が進み、町並みとしての町家をみることは難しくなっているが、つぶさに町中を歩いてみると、かろうじて町並みがかつてのままにあるところもみつかる。軒の深い、表側に手入れの行き届いた格子がはまっている家がある。昔から間口は大きくしないほうがいいということがいわれていたと聞くが、そのとおりにひっそりとたたずんでいる家が多い。間口にかけられる税金のためとも、お金がでていかないようにとも、いろいろなことが聞かれるが、目立たず、派手にせずということだったのだろう。奥に入るとその空間の豊かさに驚かされることが多い。うなぎの寝床といわれるが、実際に奥深く、間口に比べて、奥行きはその四～五倍は有に有るという家が多い。

町家の類型であるが、一九九四（平成六）年～一九九五（平成七）年に実施した町家の悉皆調査では、表の形状から「総（本）二階」、「中二階」、「平屋」、「仕舞屋」、「長屋」、「看板建築」という分け方をした。これは表からの区別であって、内部の建築様式については分類をしていない。これに間取りなどを聞いていくとおおよその形がみえてくる。

図６-１　外観調査における類型分類

①総二階 	二階の天井高が一階と同程度あり，明治末期から大正時代にかけてこの様式が完成する。 二階の窓は，木枠ガラス窓が一般的である。「本二階」ともいう。	⑤仕舞屋 	もともと，専用住宅として建築された，表に店舗を持たない町家である。 表の窓の開口部（出格子）などが小さいという特徴がある。
②中二階 	二階の天井が通常より低く，近世後期に完成し，明治時代の後期まで一般的に建築された町家の様式である。 二階の窓は虫籠窓が一般的である。「つし二階」ともいう。	⑥塀付き 	仕舞屋の中でも，特に裕福な商人の専用住宅として建築された。 表に高塀があり，建物が直接道に面していない。
③三階建て 	町家の要素を持つ三階建ての建物。	⑦看板建築 	京町家を近代的なビルに見えるように，建物の表を全面的に改修した様式で，特に戦後の高度経済成長期にこうした改修が施された。 外観は，いわゆる京町家とは大きく異なるが，京町家の外観に戻すことは比較的容易である。
④平屋 	町家の要素を持つ平屋建ての建物。	⑧その他	以上の①～⑦の類型にあてはまらない建物。

（出所）　京都市・京町家まちづくり調査。

図6-2　町家の間取り

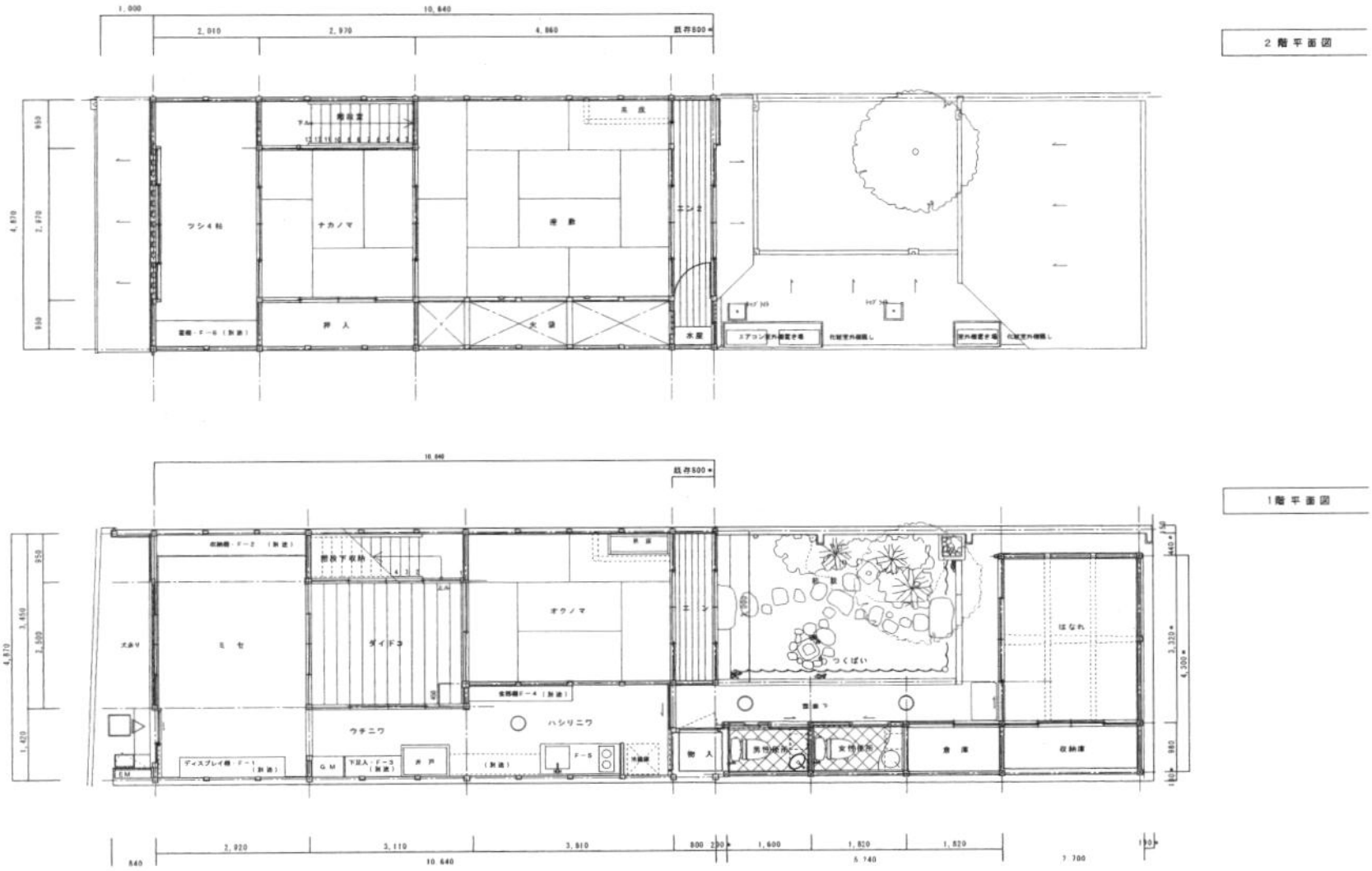

(出所)　京町家作事組（アトリエ RYO 作成）。

図6-3　町家の格子

(出所)　京町家作事組。

地域によっても形が少しずつかわり、かつての京都では、職種による地域性などが建物にも反映されていた。例えば、西陣では織屋建ちと呼ばれる、織物をおる機を置く場所を屋内に設けた建物が多くみられた。一方で、室町界隈には呉服の問屋が多く、接客のための場所が充実しているといった具合である。通り庭とよばれる表から奥まで続く土間空間の位置も地域によって変化がみられる。またよくいわれるのは、格子の種類である。「米屋格子」「炭屋格子」「糸屋格子」など職種によって、格子の寸法、材質も変えられていた。扱う商品によって、間取りにも変化がみられた。接客をする家、物だけを取り扱う家、手仕事の家、商いをしていない家、さまざまな表情をみせているのが町家である。

（3）町家と暮らし

「まるたけえびすにおしおいけ、あねさんろっかくたこにしき」京都のまち中の通り名を覚えるための歌がある。碁盤の目に整備された道はわかりやすく、通りを上る（北）下る（南）、西入る東入る、とすることで、たちまちに場所の特定ができてしまう便利なところである。町名をたずねられてもぴんとこないことが多く、○○上る、△△東入るといわれるほうがわかりやすい。昔からのまちであるため、中心部の移り変わりは激しいのかもしれないが、かつては移動があったとしても、中身だけで、建物の変化はあまりなかった。昭和三〇年代までは引越しが結構多かったと聞く。商売に関しても、栄枯盛衰、繁盛すれば中心部に移り、こころもとなくなると周辺に移動するという実にわかりやすい行動がみられたようである。もちろんその場所に何代もお店を構えているところも多くあるが、自分たちの身の丈にあった場所とふさわしい建物で商いをするのがあたりまえであった。住まいも家族の構成によって器を変えるということが多々あったと聞くし、持ち家よりも借家が圧倒的に多かった時代にはそのような移動が結構盛んにたやすく行われていたのかもしれない。中身にあわせて家を建て替えるという現代の考え方はいつごろからでてきたのだろうか。商い、家族構成で身の丈にあった家に移るというほうが、むしろ合理的で、今にあったものの考え方に思えるが、いかがなものだろう。

町家はとてもシンプルな構成で、どんな商い、家族にも対応できるという考え方のもとに建てられている。町家の間取りを示すが、部屋が並んでいるだけで、その用途については、住み手の考え方でいかようにでも使える。部屋のなかには極力物を置かず、四角い部屋は四角いままにというのが、京都のお座敷の使い方である。町家を訪れる人々は物のなさに驚かれることが多い。大型の町家では家具や調度品を蔵のなかにしまい、使うときに出すという考え方が一般的であった。衣類についても、普段着は身の回りにおいておくが、特別の式服などは蔵のなかにしまい、必要なときに蔵から出して着用ということが普通であった。いちいち蔵のなかに入って必要なものを出してくるというのは、便利さという面からみれば、受け入れにくいものではあるが、家のなかはすっきりとしている。

四季折々の暮らしに必要なものも、同じように考えられ、新年、節句、夏のしつらい、段通などが必要に応じて蔵から運び出された。蔵をもたない家においても、基本的な考え方は同じで、あまり部屋のなかに物を置かない暮らし方は京都のなかではごく普通の暮らし方だったと考えられる。いつごろから、物が増えだしたのか。町家が減少し始めるころと時期が一致しているのではないかと、筆者は考えている。

なぜ今、京町家の保全が求められているのか。建築文化、景観の面からの保存はかなり早くから議論がされているが、それだけでは不十分である。生活、暮らし方など、多岐にわたるものを建物と同時に考えてこそ、京都が培ってきた暮らしの文化を知ることができるだろう。町家という職住一体型の住宅を議論するためには、あらゆる方面から物事を考える必要がある。近年そのような流れのなかでようやく本格的な町家の保全再生が始まったと考えている。日々町家と対峙しながら、教えられることは多くある。一〇数年、町家再生の現場に立ち会っているが、まず、建築に無駄がないことが今の建物との大きな差である。今ようやくリサイクルが声高にいわれるようになったが、私たちの先達はすでにそれらを実践していた。明治期に建てられた町家をみていると、ありとあらゆるところに転用材が使用されている。もちろんみえるところは新しい材が使われるが、床下、天井裏には他で使用されていただろう材料が多くみられる。当たり前のことが当たり前のように行われていた。「もったいない」のである。古い材料を新たに使うためにはさらなる手間がかかるが、町家に息づく職人の手わざには、手間や時間をいとうという考えは見当たらない。丁寧に大切に家を建ててきた人たちの気持ちを感じることができるのである。

あわせて、町家の暮らし方を見直してみたい。「しまつする」「もったいない」という言葉に表されるように、無駄をつつしみ、物を大切に扱うという気風がそのなかには息づいていた。はぎれ一枚、糸一本、無駄にせず、何かのためにきちんと収めておくということは当たり前であった。町家にお暮らしの方々への聞き取り調査では、年配の女性からはいつもそのような暮らしぶりをお聞きしたものである。反面、「なんぞごと」という特別なときには、惜しまず、いいものを調達するという気風もあり、建築にもそれが反映されている。町家に対する思いは当初の建築という行為とそれを大切に住み継ごうとする人たちの手で、今も暮らしが息づいている。さらに、筆者の暮らす界隈では、祇園祭のための町衆の心意気というのには目を見張るものがある。

「やすものがいの銭失い」とは昔からいわれていることで、いいものにはお金を惜しまず、きちんと扱うということであるが、中途半端なものがすぐにだめになると、年長者からよくこのお小言を聞かされたものである。身の周りのものについては、このような考え方が徹底していて、家もしかり、家具調度、衣類もそのようにして扱われていた。今の使い捨ての風潮とは全く逆の考え方である。ただ、日々物事が大きく変化し、次々と新しいものが目の前に現れてくる今の時代を、明治期の建物のなかにあるものだけをみながら暮らすことは不可能である。そこから先達の知恵と工夫を学びながら、今を生きていく知恵を磨いていかなければ、せっかく長く積み上げられてきた暮らしの文化はさびてしまうだろう。

古いから、法律に合わないから、危なそう、木造は燃えやすいので……と壊れていく理由はいくつでも挙げることができるが、日本人のものの考え方、暮らし方に根ざした建物として、もっと誇らしく思ってもいいはずである。伝統的な木造の文化は他の国にはみられない、日本の文化である。それをみすみすと消滅させていいものだろうか。もう一度考え直したいことである。

急激な欧米化の波に飲み込まれてしまい、戦後の暮らし方は大きく変わった。明るい、便利、快適ということが追求され、ちょっとの辛抱、我慢もできなくなっている。本当に正しいことだろうか。

2　四季を感じる住まい

（1）夏向きの家

町家を語るときによく耳にするのが、徒然草にある「家のつくりは夏をむねとすべし」の一節。京都の町家はまさにこれがぴったりの建物である。軒が深く、風通しがいい。盛夏、日盛りのなかから帰ってきて、家のなかに入るとひんやりとした空気が心地よい。家のなかを表から奥まで通っている「通り庭」は風通しにも大きな役割をもっている。屋根まで吹き抜けているこの空間は意匠的にも美しく、町家には欠かせない場所である。床下も柱は石の上に立っているだけなので、風をさえぎるものはなく、常に風が通っている。家のなかは建具での仕切りが多く、壁が少ないので、夏の間はそれらを開け放つことで家のなかに風を呼び込んでいる。

南観音山のお町内ある筆者の家でも、お祭に合わせて家のなかのしつらいを替える事が毎年の決まりごとである。衣替えと一緒というのが、好ましいのかも知れないが、梅雨時のひんやりと、うすらさぶい日のことを考えると、あまり早くから夏向きにするのにも抵抗がある。それでも、祇園祭を控えているため、七月初旬にはしつらえを整

図6-4　衣替えの作業風景

（出所）　小松真一撮影。

図6-5　祇園祭のしつらい

（出所）　筆者撮影。

えておかなければならない。梅雨の明けるのが遅いと、仕方なく雨のさなかに建具を蔵から運び出さなければならないといった年もある。

生活のスタイルが大きく変わり、衣類も年中あまり変化がなくなったが、毎年六月一日は衣替えの日である。それにあわせて家のしつらいも夏向きに替えるのが町家の夏の迎え方であった。住宅の形が変わり、エアーコンディショナーが普及した今では昔のことのように語られることが多くなったが、京都の町家では今でも夏に向けて、「家の衣替え」をするところが多くある。「模様替え」、「建具替え」と呼び方はさまざま、替える日も六月から七月にかけてと幅がある。

家の衣替えの手順を示すと、玄関、お座敷まわりの襖や障子をはずし、蔵に運び込む。替わって葦戸を運び出す。建具をはずしたところに葦戸や簾を納め、一緒に蔵から運び出してきた敷物（網代、籐筵）を畳の上に敷く。雑巾をもちながら、大人が数人で半日ぐらいをかけての作業であるが、作業が終わるころには、開放感のある夏向きの家が姿を表す。京都の町家は夏のしつらいがよく似合う。陽射しが強くなるにつれ、葦戸から透けてみえる庭の様子は涼やかで、夏ならではの景色である。ひんやりとした網代の肌触りは心地よく、先人の知恵にあらためて感心させられる。

筆者の暮らす町は祇園祭の山を出すところである。夏を迎えることは、すなわち祇園祭を迎えることであるため、一年のなかで一番のハレとなる。七月一日の吉符入りからお祭が始まり、界隈はさまざまな行事が執り行われ、鉾建て、山建てのころになると、景色は一変する。夏のしつらいをした家のなかは、ハレの日のための屏風を蔵から出し、鍋島と呼ばれる畳一畳と同じ大きさの藍染木綿の段通をお座敷に敷く。掛け軸や床の間もお祭のためのしつらいをする。かつて、町家が軒を連ねていたころは、お祭になると表の格子をはずし、通りからも屏風やお花が眺められるお宅がたくさんあった。祇園祭を別名、屏風祭りと呼ばれている所以であるが、残念ながら今はビルが建ち並び、町家で屏風を飾る家は少なくなってしまった。それでも界隈を歩いていると、普段はひっそりと、なかの様子をうかがうことのできないお宅が、格子をはずした奥に、美しく飾られたお座敷をみることができることもある。そんなときに遭遇すると、楽しいものである。

エアーコンディショナーの普及と共に、姿を消しつつある夏座敷。家族も減り、家中の建具を変えることは大騒動ではあるが、きっぱりとした夏の装いはやはりいつまでも大切にしたいものである。網代や籐筵のひんやりとした感触、葦戸からすける夏の陽射しの美しさ、暑い暑いといいながらも、夏を楽しみ、暑さを凌ぐ工夫、人が持つ感覚を大切に生かした暮らし方がそこにはある。

図6-6　庭の風景

（出所）　京町家再生研究会。

（2）自然によりそいながら

ビルの建ち並ぶ町中、緑地率がすくないといわれている京都ではあるが、表通りの町家の奥に入ると、中庭（坪庭）の緑が目に飛び込んでくる。ほんの一本の緑であるが、表の喧騒からは思いつかないような静けさがそこにはある。さらに奥には座敷からの庭があり、主の好みで植栽がなされている。家々で庭の景色は違うけれど、町中にあって、常に緑のある暮らしは心休まるものである。町家は暗いといわれているが、これらの庭に入る四季折々の光は住むものにとって、季節の変化を知らせてくれる。夏の葦戸から差し込む光は鋭利な刃物を思い起こすような鋭さがあるが、お彼岸のころになるとその強さは失せてしまう。秋の夜更けは庭の月明かりが夜長の楽しみとなり、冬は雪の朝の明るさに起こされる。

寒さの和らぐころ、日に日に長くなる陽射しの暖かさに、春の到来を楽しみ、四季のめぐり来るありがたさを喜ぶという暮らし。春夏秋冬という恵まれた四季を与えられていることを強く感じる。

雨の音、風の音、暖かさ、寒さ、陽射し、暗さ、影、雨のにおい、風のにおい、木々、花の香り、土のにおい、虫の音、町家の暮らしには、少し意識すれば季節の変化がとても身近に感じられる環境がある。木と土と紙でできた木造の町家はそれ自体が自然の素材であるため、身の回りに起こる変化にも邪魔をせず、自然のままに寄り添ってくれるのである。

（3）住み継ぐこと

日々の暮らし、めぐりくる折節、決まりごとの行事は毎年繰り返し繰り返し続いていくが、一日、一月、一年と日常のなかに溶け込みながら、母から子、子から孫へとつながっている。積み重ねることの重さを町家から教えられる。

京都の人はよく「おんなじことしとかんときしょくわるいなあ」というが、この一言があるからこそ、延々と暮らしが続いているのではないかと考えている。大層なことをしているのではなく、普通のことを普通通りにしているのだが、毎年同じようにしないと「なんやきしょくわるいなあ」ということが出てくる。お正月もお祭もお節句もお付き合いもなにもかもに同じことがいわれる。ほかの人からみれば笑われるようなことかもしれないが、とにかく「きしょくわるいことはせんとこ」となる。

戦争を境にして多くの事が急激に変わった。家も同じ。建物に対する考え方が変わってしまった。戦前に建てられた家は一〇〇年を超えるところが多くあるが、今の住宅の考え方では耐用年数を越えているということになる。現在建築される家は二〇数年の耐用年数しかないのである。建物の形が変わると暮らしもおのずと変化していくが、一〇〇年を超える町家と二〇数年という期限を初めからつけられている家。あまりに差がありすぎるのではないだろうか。その差をどのように埋めていくのか、家の在り方が問われている。

日本の至るところに民族資料館としてその土地にある民家が使われているが、人が暮らしていない家、生活の無い家は何かが違う。生きていないのである。人が暮らしてこそ家は生き続ける。そこで毎日毎日家と向き合って暮らす家族がいるから家も生き続ける。形も大切だが、なかにある暮らしはもっと大切にしたい。難しいことに、日本の住宅は大きく変わってしまい、かつてはあたりまえであった生活体験がなくなりつつある。畳の部屋が無い住宅、勿論床の間も無い。障子や襖も怪しくなってきている。

かつて、家はその土地にねざしたものだった。雪の多い地方では柱の太いしっかりした家、京都は蒸し暑い夏を凌ぐための家、風の強い地方は低い家、とそれぞれに工夫があったが、今はどこへいっても同じ形の家ばかりがある。機能性と安全性は大切なことだが、それを追求するあまりにその土地に根ざした住宅は風前のともし火になっている。暮らしの知恵も工夫も家とともに消えてしまうので、それをつなぐ努力が必要となっている。

近年、町家に対する扱いは破格になった。京都を取り上げるときには欠かせないものとなり、レストランも町家、泊まるところも町家、美容院も町家とありとあらゆるものが町家になっている。しかし、暮らしはどこかに置き去りにされている感があり、このいびつさは何らかの形で見直されなければならない。かつては商いと住まいが一緒にあった家が、町家店舗という新しいものの考え方でみられている。家があれば、そこには商いと暮らしがあるというのが町家の本来の姿である。おのずと、人の出入りにも気を使い、それが町中の安心にもつながっているのである。

長い歴史のなか、さまざまなものが集まり、町ができ、そこに町家が息づいている。暑い寒い、暗い古いといい出せばきりがないぐらい我慢と不便と不自由もあるかもしれないが、逆に考えるとそこに住む人の知恵と工夫が活かされるのである。あれこれ考えながら、知恵を絞りながら家と向き合って暮らす楽しみをみつけたいと思う。町家から学ぶことはまだまだ多くありそうで、いろんな町家を訪れるたびに新しい発見がある。古い町にはそのような楽しみ方があるのだろう。

コラム

家庭料理で海外からの旅行者と交流

京都市の観光客は二〇〇八（平成二〇）年には、五〇〇〇万人を突破し、外国人宿泊客数も過去最高の九四万人と、五年間で倍増するなど、目標値を達成した。こういった状況から、今後、京都の観光は質も問われる時代を迎えている。旅行者の志向も、観光名所をバスでめぐるといったようなものではなく、もっと深く地域の文化に触れ、人々との交流ができるプログラムのニーズが増えてきている。特に、自分だけのオリジナルな体験を好む外国人旅行者はその傾向が強いようだ。

ここで紹介するワックジャパン（ワック：Women's Association of Kyoto の略）は、一九九七（平成九）年設立の、京都市で海外からの旅行者に日本文化体験サービスを提供している有限会社であり、その担い手のほとんどが女性である。二〇〇八（平成二〇）年には、世界最大級の旅行口コミサイト TRIPADVISOR で、京都のアトラクションベスト一〇に入ったり、旅行者のバイブルといわれる英語版ガイドブック、Lonely Planet に掲載されたりと、海外からの評価も高い。また、同年には、同社の事業が、経済産業省、国土交通省による中小企業地域資源活用プログラムにおいて、「地域産業資源活用事業計画」のモデル事業として認定を受けた。二〇一〇（平成二二）年には、第五回ＪＴＢ交流文化賞優秀

巻き寿司体験

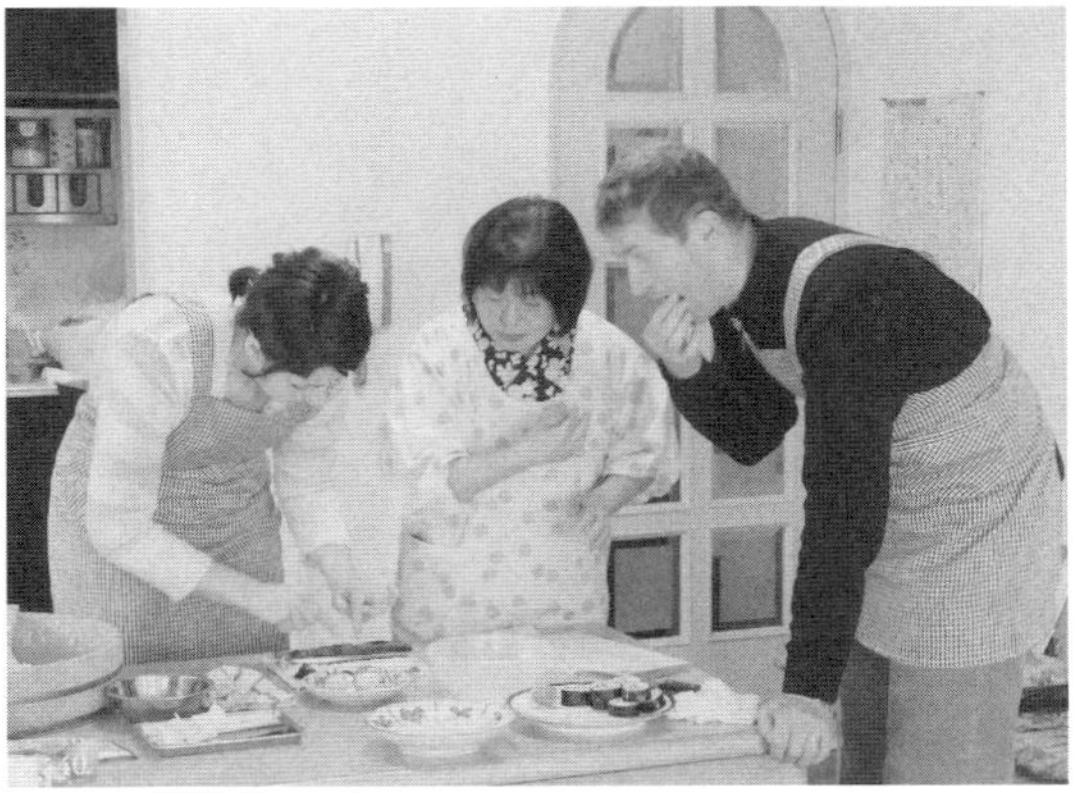

（出所）　ワックジャパン撮影。

賞を受賞している。さらに、二〇〇九（平成二一）年末、京都御所の南にある築一〇〇年の京町家に事務所を移転、気軽に日本文化体験ができるスペースを併設し、「わくわく館」としてオープンした。従来のホームビジットに加えて、新しい形の文化体験の場を提供している。

同社の創業と同時に始まったホームビジットプログラムは、お茶、折り紙、お花、着物体験、料理などの日本文化を、一般家庭で体験するものであり、普通の個人宅訪問を観光に取り入れたことで、当初は話題になった。このプログラム以外にも、地域密着型企業のネットワークを生かして、団体向けに京都市内の寺院、町家、工房、公共施設等を借りての、オーダーメイドの日本文化体験プログラムも用意している。

ここでは、同社の取組みのなかから、家庭料理のプログラムを紹介する。

会社創業と同時にスタートしたホームビジットプログラムの中でも、家庭料理体験は人気が高い。料理して、食べることは、人間にとって日常的な営みであると同時に、文化的特質が非常に際立つ行為である。また、一般家庭訪問は、普通の観光では味わえない地域の人々との交流があり、平均的な日本人の生活をより身近に感じることができるので、旅行者にとっては、とても思い出に残る体験となっている。同社で活動している女性たちは、英語での対応が可能なので、旅行者が言葉の壁を感じることなく、スムーズなコミュニケーションを図れる点も満足度が高い理由である。

二時間余りのプログラムで、てんぷらと巻き寿司を作りながら、日本の食文化や生活について語り合う。他にも、鶏の照り焼き定食、京のおばんざいコース等も対応可能である。伝統的なだしの取り方を材料の説明をしながら体験すると非常に興味をもたれる。また、味噌の種類を地域性と関連付けながら説明することによって、日本国内での食文化の多様性に驚かれる。日本料理レストランは海外でも増え、それほど珍しくなくなったが、実際に調理することで、より興味が湧いたり、新たな気づきがあったりと、とても満足しているように見受けられる。

同社で活躍する女性たちは、プロとして、質の高いサービスを提供しつつ、ゲストと心温まる交流ができ、日本文化の素晴らしさを共感できることに、生きがいや喜びを感じている。ゲストからは、旅行中、一番心に残る思い出になったと感謝のメールなどが送られ、その後も交流が続いているケースもある。

一方で、同社で活動する女性にとって、この仕事は、日本文化についての学習、技能の研鑽、英語学習などへの契機となっている。社内でも、さまざまな講座や勉強会が用意されており、人材育成の仕組みが整っている点が、質の高いサービスを提供できる要因となっている。

マス・ツーリズムの時代から、観光の形が大きく変化した今、観光立国としての日本をアピールし、ソフトパワーでいかに世界を魅了するかが問われている。本事例は、その一つの良いモデルとなり得るのではないだろうか。また、地域の人が主体となって、誇れる地域固有の文化資源を仲立ちに来訪者との知的交流をはかる、すなわち観光の語源であるといわれている「観国之光」を彷彿させる活動であることにも注目したい。

（冨本真理子）

第七章　地域ブランドとしての生活雑貨——京都流　頑張り過ぎない商い

一澤信三郎

1　一澤信三郎帆布の来歴

（1）店の略歴と紹介

帆布というのは、一㎡あたり八オンス（二二七g）以上の綿や麻で織られた厚手の織物である。丈夫だが堅く、重く、なかなか扱いにくい素材だ。扱いにくいからこそ、当社のような商売が成り立っているのかもしれない。

私の曽祖父に当たる創業者の喜兵衛は、ペリー来航の年、一八五三（嘉永六）年に生まれている。喜兵衛は、新しいもの好きで、「西洋洗濯」、今のドライクリーニングを始めたり、「京都バンド」という西洋音楽の楽団を結成し、舞台興行や無声映画の伴奏で活躍していた。それでは食べて行けずに、当時高価なミシンを取り寄せて帆布の加工も始めたのだろう。

二代目の常次郎は、山っ気もなく、真面目な職人肌で、職人用の丈夫な帆布袋を本格的に作り始めた。牛乳屋や氷屋、酒屋の配達袋や、大工などの職人用の道具袋を盛んに作ったようだ。店の名前入りの道具袋は職人がもって歩くと広告の代わりになり、大正から昭和にかけてよく売れた。そして、戦中は兵器のカバーや、零戦の搭乗員用カバン、戦後になると、肩にかけるカバン・学童用のランドセル、リュックサック、そしてボストンバックなど数多くの帆布製品を作るようになった。

昭和三〇年代になると、各大学に山岳部や探検部、ワンダーフォーゲル部ができ、活発に活動し始めた。これらのクラブは、競って高い山を目指したり、僻地に探検に行った。その時にはリュックサックやテントなど装備が必要になる。先生や学生達が、帆布専門店ということで、当社に装備の注文をしにやって来るようになった。その当時、仕事場にいつも学生さんがたむろし、親父にうどんを食べさせてもらったり、自分で金具を打って、リュックの修理をしたりしていたことを覚えている。

昭和四〇年代になり、旧国鉄の「ディスカバー・ジャパン」のキャンペーンの影響もあって、皆が日本のあちらこちらに旅行するようになり、こぞって雑誌が観光地や地方の隠れた店を紹介するようになり、「アンノン族」という言葉も生まれた。さまざまな雑誌に、京都に厚手の布を使って丈夫なカバンを売る店があると紹介されるようになり、そのころから、地元の人だけでなく、観光客が店を訪れるようになってきた。

最近は、余暇が増えて、服装がカジュアル化してきている。そういう服装に、天然素材の帆布の製品が合うということで、一般のお客さんにも、帆布カバンの良さをわかってもらえるようになってきた。風呂敷ぐらいしかもたなかった男性が、カバンをもつようになったことも追い風になった。帆布製のカバンは基本的に道具袋（トートバッグ）なので、同じカバンを、最先端のファッショナブルな方も職人さんも学生さんも、皆さんそれぞれに自分たちの個性で使ってもらえる。性別、年齢を問わず、老若男女が使えることが、当社のカバンの一番良い点だと思っている。

（2）　材料について

当社が使っている帆布には、綿帆布と麻帆布がある。綿帆布は上質な糸を選び、さまざまな厚みに特別に織ってもらい、それをオリジナルの色に染めてもらっている。もともと綿帆布は産業資材として生産されており、ファッション素材として使うものではなかったため、綿の実に含まれているゴマのようなものが混在したり、ちょっとした織り傷も、当たり前になっている。一級帆布として織っている帆布生地でも満足できるものが少なく、当社用に糸から厳選して、別に織ってもらうようになった。

麻帆布は麻問屋に頼んでアイリッシュリネンの帆布をヨーロッパから輸入していたのだが、「麻は植物なのだから、繊維の傷は当たり前」という考え方で、なかなか品質が安定せず、上質なリネンの糸を輸入して、日本で織ってもらうようになって、ようやく最良の麻帆布ができるようになった。綿は一五色、麻は六色、オリジナルの色に染めてもらっている。

どんなものでも、需要の多い時代に良いものが生まれるが、帆布は年々需要が減ってきている。綿の帆布は江戸時代中期に、北前船の帆に使われるようになり、昭和二八、九年ごろは月産五〇〇万メーターに達していたが、今では生産量は、そのころの五分の一以下で、見る影もない。そのため良質なものを市場で手に入れるのが困難になってきている。

化学繊維は水を含まず縮まない。また、腐らず、色が褪せない、しかも加工がしやすい。そのため、屋外のものはほとんどが化学繊維に取って代わられている。しかし、天然繊維は、その短所を補って余りある良さがある。まず、丈夫で摩擦に強く、擦り切れない。通気性が良いので、なかのものもむれない。汚れればザブザブ洗える。使っていくと徐々に色が褪せてきて素材も柔らかくなり、それが味わいになる。天然繊維は最後には腐ってしまうので地球にも優しい。そのようなわけで、私はあくまで天然素材にこだわりたいと思っている。

柄物の帆布は無地の綿帆布に、柄を捺染《なせん》している。帆布に柄を染めてみたいと思って、大阪などあちらこちらの工場を回って、できそうなところを探したのだが、なかなかみつからない。最後にたどり着いたのは、灯台下暗しで、京都市内にある染め工場だった。今までにも、さまざまなデザイナーのわがままな注文に応えてきた染め工場で、「いっぺん一澤さんの帆布を染めてみたかったんですわ」といっていただき、難しい染めに挑戦してもらった。京都の伝統的な染色技術に助けられたことになる。機械染めより手捺染の方が味が出るということで、九回も版を重ねて染めている柄もある。帆布に柄を染めるのはなかなか難しい作業だったようだ。予想以上に生地の縮みが激しく、染めるに従って柄がずれてしまったのだ。結局手間はかかるのだが、反物を湯通しして縮ませてから柄を染め、最後に染め終わった生地を防水液にくぐらせることで、美しく染まるようになった。

バンドも化学繊維なら均質なものを大量生産できるのだが、綿のものは糸が切れるとつながなければならず、織り機に人がついていなければならないので、手間がかかり、だんだん織ってくれるところが減ってきている。色落ちしないように糸から染めさせ、数種類の巾のバンドを織ってもらう。それぞれを帆布の色に合わせて作るので、かなりの量を染めなければならない。

金具も丈夫でセンスが良い物を探すのだが、良いものがないときは、オリジナルなものを型から起こして作っている。ボタンやハトメにも刻印を入れ、落ち着いた雰囲気を出すために、金具は全てつや消しにしてもらっている。ファスナーの引き手も職人がデザインして、ＹＫＫに作ってもらったものだ。

手さげカバンの型をデザインして引き手にしたため、手で触ったときの厚みや幅、縦横のバランスなどに苦心したようだ。

このように、良質なものを作るためには、良質な材料を安定して確保することが最も重要なこととなっている。

（３）修　理

カバンが長年使われて傷んだ場合は、可能な限り修理をしている。当社のカバンには「信三郎帆布」「信三郎鞄」

「一澤帆布製」と書かれたタグがついているが、これは宣伝のために付けているというよりも、製造責任を示すために縫いつけている。今は、「修理できます」というとお客さんに驚かれる時代だ。生産者と消費者（作り手と使い手）がかけ離れてしまって、製造元をたどることが難しくなっている。例えたどり着いたとしても、すでに修理する材料が残っていないことが多い。しかし私は、ものづくりを生業としているからには、売ったものを修理するのは当たり前だと考えている。

修理は、新しい商品をイチから作るよりも難しいし、手間がかかる。新しい商品を作るのは組み立てる作業だけだが、修理は縫い糸をほどいて、いったんバラバラにするところから始める。正直にいえば、ほとんどの修理は採算が合わない。それでも、ぼろぼろになった柄（手提げ部分）を取り替えれば、まだ何年か使ってもらえる。使い込んだカバンをきちんと修理していれば、また新しい製品を購入してもらえる。それが信頼ということだと思っている。

いくら丈夫な生地にしっかりとした縫製を施しても、長い年月使い続けると、さすがに所々に破れやほつれが出てくる。今までで一番古いものだと、四〇年前のリュックサックを修理してほしいといわれて、もって来られたこともあった。

このようにして長年愛用してもらうと、生地が柔らかくなり、馴染んできて、さらには風格さえも感じられるようになる。いわゆる「味が出る」のだ。そのカバンには、使い続けてきた人の人生そのものが詰まっているように感じることもある。修理をしてまで使い続けることが、ある意味格好良いことだと思える時代になってきたのは、嬉しいことだ。

2　職人であることへのこだわり

（1）職人仕事

当社では、「丈夫で長持ち」、「使い勝手が良い」、「シンプルで飽きのこない」製品をきちんと作り、「それなりの値段」で売ることをモットーとしている。そのためには良質な素材を使い、丁寧に作ることを心がけている。帆布というのは非常に堅くて、扱いにくいので、昔から、木株の上に帆布を乗せて、それを木槌で叩きながら折り目をつけて成形し、その生地を、ミシンの係が縫うというような形をとっている。

木株を使うと、叩く衝撃を木株が吸収して手や腕への反動を和らげてくれるので、体への負担が軽くなる。また、木面はすべりにくいので帆布との相性が良く、折り目をつけるのに最適で、生地が傷みにくい。木の種類は主にイチョウ・イチイ・カシ・サクラなど直径五〇センチ程の立派なもので、馴染みの材木屋さんに「堅すぎず柔らかすぎず、ふし穴の少ないキレイなものを」と無理な注文をして選んだ、貴重な切り株を使っている。切り株は丈夫なので、何年もの長い間、引き継ぎ使われ、アメ色になり、角が取れて良い風合いになってくる。

こういった作り方は、基本的には昔からあまり変わっていない。若干機械化した部分もあるが、流れ作業的に物を作るのではなく、チームごとに物が完成するというような形をとっている。つまり、ミシン一人に、下職と呼ばれる、介添えが一人ないし二人ずつついて、そのチームごとに製品ができ上がるというシステムをとっているのだ。

作業している所をみると、まるで頑固親父のような布を、木槌でなだめながら折り曲げ、工業用ミシンの太い針で打ち込むような感覚である。我々の製品は、すべてが手作りだ。あくまでも職人の手作りにこだわり続けてきた。使う人の気持ちになって、一つひとつに心をこめて作り上げていくというスタイルを変えていくことは今後もないと思う。

（２）一澤信三郎帆布の職人

現在、工房には七〇人ほどの職人がいる。職人はほとんどが正社員だ。アルバイトや契約社員にすると労務経費は安くつくが、それなりの待遇で長く勤めてもらって、できるだけ技術を身につけて一人前の職人に育ってもらいたいと思っている。年齢層は、二二歳から、九一歳まで幅広い。男女はほぼ半々。今のところ定年制もなくこちらから引退を促すこともない。本人が自身で引退を決意するまで働いてもらっている。体力、気力は必ずしも実年齢と比例するものではないので、気力があって働きたい意欲のある人には、なるべく働いてもらいたいと思っている。こういった幅広い年齢層の職人がいると、若い職人は、先輩の職人がしている仕事をみて育つ。入ってすぐのころは、木槌を正確に叩くということから仕事を覚え始めるのだが、いつかあのミシンを踏んでみたい、あのカバンを作ってやろうという目標をもち、自分の将来の姿を頭に描きながら仕事を覚えていくことができる。これは、若い職人の情熱を掻き立てるし、若い人が頑張る姿は、年上の職人にとっても良い励みになる。

職人が仕事に見合った賃金を受け取り、安心して余裕のある仕事をする環境を整えるというのも、良いものづくりをするための大切な要素ではないかと思う。できるだけ仕事に見合った賃金を支払い、生活を愉しむ余裕ももってもらいたいと思っている。そのために、工房はできるだけ街中にあるべきだと考えている。そうすれば優秀な人材が集まりやすく、職住接近で職人たちは仕事が終わってから映画をみたり、習い事をしたりして、生活を楽しめる。

ている。

（3）顔の見える商い

当社の商いはいまどき珍しい製造直売という形態だ。大量生産、大量消費の時代にあって、世の中から何周も遅れて、たまたま頭を出しているような、仕事（ものづくり）の仕方だ（自分のペースで走っていたら、ふとみると、世間からは先頭を走っているようにみえているというイメージかもしれない）。製造している我々が、お客さんと対面で物を売っている。製造の仕方も、下請けや関連会社があるわけではなく、ほとんど一〇〇％自分のところの工房で作っている。

なぜそのような形態をとっているかというと、第一には目の届く範囲で、身の丈に合った、確かな仕事がしたいということがある。そして、本来、物は流通を通さずに、作った人間から直接、気に入ってもらった人に買ってもらうのが一番だと思っているからだ。流通経費が要らない分、材料を吟味し、手間隙掛けて納得のいくものづくりができる。

他の会社とライセンス契約をして、委託製造させた物にブランド名だけを縫いつけて販売すれば、商いは増えるかもしれない。しかし、自分が手掛けていない商品を右から左に売るというのは主義に合わない。また、多店舗展開をして、東京にでも店を構えれば、売上は伸びるかもしれないが、売上が伸びても、そのために店を構える場所を探して、人を雇うといった手間もかかる。こうしたマイナス要因を考えると、交通や流通網が発達した現在、新規出店にどれほどのメリットがあるのか疑問に思う。情報化の時代、京都の一店舗でも、インターナショナルになれる時代なのではないかと思う。また、大量生産に走ると、丁寧なものづくりや修理に支障が出てしまい、製造責任を示すことが信頼につながると考えている、私どもの商いとものづくりに、相反することになってしまう。

これまでに新製品を開発する上で、大会社がするような市場調査をしたことがない。製造直売という形態をとっているので、顧客との関係が近く、要望がダイレクトに伝わってくるからだ。最も身近で濃い情報が入ってくることになる。そして、さまざまな要望を直接聞いて、それを製品作りに活かすことによって、作っているものが、使い勝手がより良くなり、時代性にあった製品になっていくと思っている。だから、当社にはデザイナーもいない。流行を追わず、流行に流されることもない。

3 「そこそこ」の商いであることの持続可能性

最近は専門店が作る「確かな品質」で「それなりの値段」の「そこそこ」のものが少なくなってしまった。スーパーに行けば何でも買えるが、そのほとんどは大量生産品で、余り魅力を感じることがない。

私のいう「そこそこ」のものとは、手の届かないような希少性の高い芸術品ではなく、大量生産の薄っぺらな製品でもない、良い材料を使い、良い仕事をした、それ相応の値段のもの。値段と実態が伴っている良質なものをいう。

「そこそこ」のものづくりをするというのは、良質な材料を使って、手間隙をかけて、「ほんまもん」を作ることだ。そして、それを作っている職人も余裕のある仕事ができて、仕事に見合った賃金を受け取り、お客さまにも良いものを買ったと喜んでもらえる。これが「そこそこ」のものづくりをする商いではないかと思う。

こういったものづくりができる理由の一つが、前にも述べたように、製造直売をしているということだ。流通を介していると「こんな時代だからなるべく『卸値』を安くしてくれ」といわれる。取引先にそう言われると、その要望を聞かざるをえなくなり、見栄えは同じでも、輸入品の安価な帆布でごまかすようなものどくりにつながる。本来ならば、丈夫にするために三回縫うところを二回に減らすなど、目をつぶらなければならないことも多くなってしまう。

しかし、製造直売をしていると、「卸値」を気にする必要がない。従って流通経費の不要な分だけ、人件費も多くかけられ、素材もとことん選んで、上質なものを使うことができる。それが、「そこそこ」のものづくりにつながっていく。こんなことが私どものカバンが他の会社のカバンと一味違うものになっている要因ではないかと考えている。

また、このようなものづくりをするうえで、京都という土地は最適な場所だと思っている。京都は観光都市といわれているが、それ以上に、今なお職人のまちだ。京都というのは、東京と違って、ゆったり時間が流れているので、ゆっくりものを考えられる。また千年もの間、都だったため、まだそれなりに洗練されたものがある。そういうものをみながら、感性を養ってものづくりができるわけだ。「『そこそこ』のものが作れる」という恵まれた土地が、やはり京都だと思う。

私は、ものづくりを生業としている以上、製品を売るための努力はしなければならないと思っているが、売り急ぐ気持ちはない。「丈夫で長持ち」、「使い勝手が良い」、「シンプルで飽きのこない」製品をきちんと作り、「それなりの値段」で売ることができれば、いつの時代も日々の糧を得ることには困らないと考えている。

実は五年前に、相続のトラブルで、長年使ってきた商号、商標が使えなくなり、新たなブランドで再出発するという事態になってしまった。その折に、雑誌の編集者や、大手百貨店の方々から、「今まで会社名やブランド名が変わって成功した例はない」と言われ、「一澤帆布」というブランドを捨てて「信三郎帆布」というブランドで再出発することに、少なからぬ不安を覚えていた。しかし一方で、お客様はブランド名で買って下さっているのではなく、商品の良さで選んでいただいているのだという、思いもあった。幸か不幸か新聞、テレビを通じてトラブルが全国的なニュースとなり、帆布を染めている会社が「信三郎さんのところにしか帆布を提供しない」と宣言してくれたり、一緒に仕事をしてきた職人達がすべて、私と行動をともにして「信三郎帆布」に移り、今までどおりの製品が作れるということが伝わって、すべてが追い風となった。これまでやってきた、丁寧なものづくりと、お客様の顔のみえる商いが、間違ってはいなかったということだ。その後、裁判で逆転勝訴して、正当性が認められ「一澤帆布製」のタグをつけたカバンも元通り私たちが製造直売している。これから求めるべきは、専門性、独創性。今は「何でもできます」から「これしかできません」、「でもこれだけは任せてください、他所には負けません」、という時代なのではないだろうか。これからも、「小さくてもオンリーワン」を目指して、商いを続けていきたいと思っている。

当社では「布偏に包む」と書いて、「鞄」という字を創作して「かばん」と読んでもらっている。店の暖簾にも、永六輔さんに揮毫してもらった「鞄」と言う字が書かれている。信三郎帆布のカバンは、布で作っているので、こんな字を考えてみた。鞄という字も明治のころに、東京の革の鞄屋さんが考案したものだそうだ。これから一〇〇年後に、「鞄」と言う字が、漢和辞典に載る日が来るだろうか。そして、当社の帆布鞄は、どのように進化しているのだろうか。一〇〇年後にも、このような形態の職人仕事が続いていればありがたいものだ。

コラム

地域と大学との連携

京都にはたくさんの大学がある。そして、京都における大学の存在感は、大学の数が人口一〇万人当たりで全国トップである、といったデータで示される以上に大きなものであると感じられる。大学とそこに集う学生や研究者が、まちの一部として溶け込んでいるかのような印象があり、その存在感は「京都らしさ」の一端を担ってさえいるのかもしれない。

近年、京都における大学の存在感が別の意味で増しつつある。地域社会との「連携」という視点での存在感である。大学に対して、教育・研究機関としての役割だけでなく、地域社会をともに担う主体としての積極的な役割がますます期待されており、大学も自らの意思で地域社会にかかわろうとしている。こうした動きの背景には、①地域側（自治体や地域コミュニティ）の事情として、内部関係者だけでは解決し難い現代的な課題が顕在化し、さまざまな主体が連携・協働することにより地域を支えようと模索されるなか、高度な専門性を有する大学の存在がクローズアップされたこと、②大学側の事情として、現実の社会に即した高等教育・人材育成が一層求められるようになるとともに、少子化時代に大学がその存在意義を発揮する取組みとして社会貢献活動が欠かせなくなっていること、の二つの側面があると思われる。

京都には大学の集積というせっかくの好条件があるのだから、行政においても、さまざまな分野で大学と連携し、その力を活かした地域づくりを進めたいという思いがある。例えば、京都府では、自治体関係者と大学関係者が定期的に集まり、具体的な事業における両者の連携の可能性について情報交換を行っている。これはいわば地域と大学の「お見合い」のようなもので、「わがまちのあり方を見直すため、あるいは、この喫緊の課題に対処するため、大学にともに考え行動してほしい」というような投げかけが行われ、大学はそれを受けて自らの関与の可能性について検討を行う。こうした取組みを通じて、新たな連携の実例も生まれている。

地域と大学とがお互いを必要とする状況が続く限り、その連携はこれからも発展していくことだろう。これは京都に限ったことではなく、全国各地で、その地域事情に応じたさまざまな連携の取組みがみられるであろうが、やはり、京都における大学の存在感ゆえ、この地における連携の取組みは今後も注目されるに違いない。

さて、地域と大学との連携といっても、実際に連携の取組みを動かすのは「人」である。幸い、京都には、「こんなことを相談してもよいものか」と躊躇するような困難な事柄に対して、まず真剣に耳を傾け、それが自ら取り組むべき課題かほかの研究者につなぐべきものかを判断し対処するというように、地域の切実な思いに親身になって応えてくださる研究者がたくさんいらっしゃる。こうした先生方の存在も、連携を進める原動力の一つであり、京都の大きな魅力となっているのではないかと感じている。

（藤本善弘）

第八章　路面電車と京ぐらし——社会実験と市民活動

松原　光也

1　路面電車の盛衰とＬＲＴをめぐる議論

（1）路面電車の盛衰

京都は日本で最初に路面電車が開業した都市である。市電は廃止されたものの、現在も京福電気鉄道（嵐電）が路面電車を運行し、観光や市民の生活の足となっている。さらには「歩くまち・京都」を目指したまちづくりが進められ、四条通のトランジットモール化（歩行者専用道路に公共交通のみ通行可として賑わいのある通りにしたもの）やＬＲＴ（Light Rail Transit：次世代路面電車システム）の導入が検討されている。本章では京都における路面電車の可能性を検討し、京都市や市民団体が取り組む交通社会実験と公共交通を優先させたまちづくりについて述べる。

一八九五（明治二八）年に京都電気鉄道（京電）が第四回内国勧業博覧会の輸送手段として路面電車を開業させた（その後の経緯については表8－1を参照）。すでに疏水による水力発電があったことも功を奏した。当時の京都は三条通や河原町通でも三メートルほどの道幅しかなく、幅約八五メートルとされる平安京の朱雀大路（現在の千本通）を中心に、大路が碁盤目状に配されていた面影はなくなっていた。道路拡幅とともに路線の整備を進めるため、路面電車の建設・運営を市営で進めることとし、上水道の整備、第二琵琶湖疏水の建設とともに近代化を目指した三

表8-1　京都の路面電車とまちづくりの経緯

年	主な動き	備　　考
1876	東海道線が京都まで開通	京都駅の開業は翌年
1895	2/1　京都電気鉄道（京電）が日本初の路面電車を開業	東洞院塩小路下ル～伏見下油掛間
1912	6月　市電が開業	
1918	京電を買収して路面電車を市営に一本化	周辺16町村を合併し，最盛期の外周線（現在の北大路通，東山通，九条通，西大路通）内部が全て市域となった
1925	外周線と内部を碁盤目状にめぐる市電網が計画（大京都計画）	
1928	市バス運行開始	
1931	トロリーバス開業	京都市は伏見，山科，太秦など隣接27市町村を合併
1943	外周線が完成	
1949	疎開跡地整備で五条通拡幅	堀川通と御池通は53年
1958	今出川線の紙屋川町～白梅町間が開通	市電の総延長が最大（76.8 km）
1960	市電が赤字に転落	
1961	7月　市電北野線廃止	
1962	東海道新幹線開通	
1963	市電の利用者が最大	1日60.6万人，市内交通の交通手段別輸送分担率は48％
1965	軌道敷内への自動車乗り入れ許可	翌年市電の段階的廃止決議
1969		大阪市電全廃
1970	伏見線廃止	廃止反対運動「市電を守る会」（～1978）
1971		神戸市電全廃
1974		マイカー観光拒否宣言
1976	市電の累積赤字が195億3200万円となる	
1978	9/30　市電が全廃	4月に世界初のLRTがエドモントン（カナダ）で開業
1981	5月　地下鉄烏丸線開通	京都～北大路間
1983	市が「京都高速道路計画の構想」を発表	

1997	10月　地下鉄東西線（醍醐～二条）開通	COP3で京都議定書が採択される
2001	嵐山観光地対策交通社会実験開始	
2002	5月　京都市都市計画マスタープラン策定	「環境共生型都市・京都」構想
2003	6月　「歩くまち・京都」交通まちづくりプラン策定	正式名称は京都市 TDM 施策総合計画
2004	11月　地下鉄東西線延伸（六地蔵～醍醐） 東山観光地対策交通社会実験開始	醍醐コミュニティバスが市民共同方式で運行開始
2005	8月　市が「新しい公共交通システム調査報告書」を公表	
2006	6月　シンポジウム「今出川通の交通まちづくりと LRT」（7～10月住民説明会）	4月　日本初の本格的 LRT として富山ライトレールが開業
2007	1/24　今出川通の LRT 交通社会実験を実施	10/5～14　歩いて楽しいまちなか戦略社会実験を実施
2008	市都市計画局に「歩くまち・京都推進室」を設置，審議会を設立	
2009	2月　「歩くまち・京都」総合交通戦略シンポジウム開催	
2010	1月　「歩くまち・京都」憲章および総合交通戦略　策定	

（出所）　京都市資料他，章末の各参考文献より筆者作成。

大事業に位置づけられた。市電は一九一二（明治四五）年に開業し、京電を買収して路面電車を市営に一本化した。当時は路面電車の旅客収入を道路建設や区画整理に充てることで、市街地を整備していったのである。

その路面電車も六〇年に赤字へ転落し、軌道敷内に自動車が侵入することで速度の低下と遅延を招き、郊外化による沿線人口の減少とマイカーの増加は乗客の減少に拍車をかけた。市民の足を確保する上で十分な機能を果たしていたにもかかわらず、路面電車は時代遅れの乗り物とされ、今後は地下鉄を整備するという交通政策が決定されたのである。そして、住民の反対運動もあったが、他都市と同様に一九七八（昭和五三）年九月三〇日に全廃された。

（2）京都の交通問題

路面電車に代わって将来を期待された地下

図8-1　観光シーズンには京都駅前のバスのりばは長蛇の列

（出所）　筆者撮影。

鉄は費用の問題（烏丸線京都～北大路間で計画時の五七五億円が一二四二億円となる）で建設が進まず、市電網の代替は市バスが担うこととなった。当初計画されていた洛西や向島ニュータウンへの延伸は財政難で進んでいない。

マイカーの増加とともに、渋滞や駐車場不足、通過交通による住環境の悪化、地球規模の燃料危機や環境問題も顕在化した。文化財への悪影響も問題となり、マイカー観光拒否宣言も出された。路面電車は地図に記載され、道路上の軌道が目的地へのランドマークとなる。バス路線は地図に記載されないうえに系統が複雑でわかりにくく、定時性や輸送力も不足している。地下鉄では地上に線路がみえず、方向感覚を失う。路面電車網の存在は碁盤目状の都市である京都の個性を象徴していたといえる。また、京都市内は私鉄も含め、鉄道がネットワーク化されておらず、乗り換えるたびに高い料金を取られ不便である。

また、観光客の不満の第一は「交通が不便なこと」である。自動車で来訪の場合、高速を降りても渋滞で目的地まで時間がかかる。その上、人気の観光地である嵐山、東山付近も大渋滞で、駐車場も不足している。広い道路は限られており、住民にも影響が及ぶ。特に花見、ゴールデンウィーク、紅葉などの観光シーズンの混雑は特に深刻である。せっかく新幹線や特急で早く着いても、京都駅前のバスのりばは長蛇の列である（図8-1）。目的地に行くバスを探すのに苦労し、乗るまでも三〇分以上並ぶこともよくある。車内も満員で立ったまま、三〇分から一時間かけて目的地に向かうことになってしまうのである。

（3）LRTの特性と京都における計画

こうした交通問題を解決するために検討されているのが、LRTである。路面電車を高性能化、低床化（バリアフリー化）し、道路上で優先的に走行させることで、はやく時間通りにかつ快適に目的地へ移動できるようにした利便性の高い乗り物である。一人を運ぶのに自動車の約九分の一のCO_2排出量ですむため、環境面でも注目されている。郊外から中心市街地へ多くの人が移動でき、まちの魅力を高め、駅周辺に住宅や公共施設を立地させ、歩行者を優先させたまちづくりを進めるための装置として世界中の都市で導入されている。日本でも二〇〇六（平成一八）年四月に富山ライトレールが開業した（図8－2）。

図8－2　富山ライトレール

（出所）筆者撮影。

京都でも、京都議定書が採択された都市として「歩くまち・京都」を目指し、「新しい交通システムの導入調査報告書」がまとめられた。以前から市民団体や商工会議所などでLRTの導入が提案されており、その効果と課題を明らかにすることが目的であった。

報告書では、図8－3のように検討路線として七路線（①河原町線、②東大路線、③今出川線、④中環状線、⑤小環状線、⑥堀川線、⑦大環状線）を仮に選定して調査しているが、京都市としては路線自体の是非やLRT導入を推進するためではないという中立の立場を堅持している。調査結果ではLRTの導入は一キロメートルあたり約二〇～三〇億円

図8-3　LRT 導入を検討するために設定された7路線

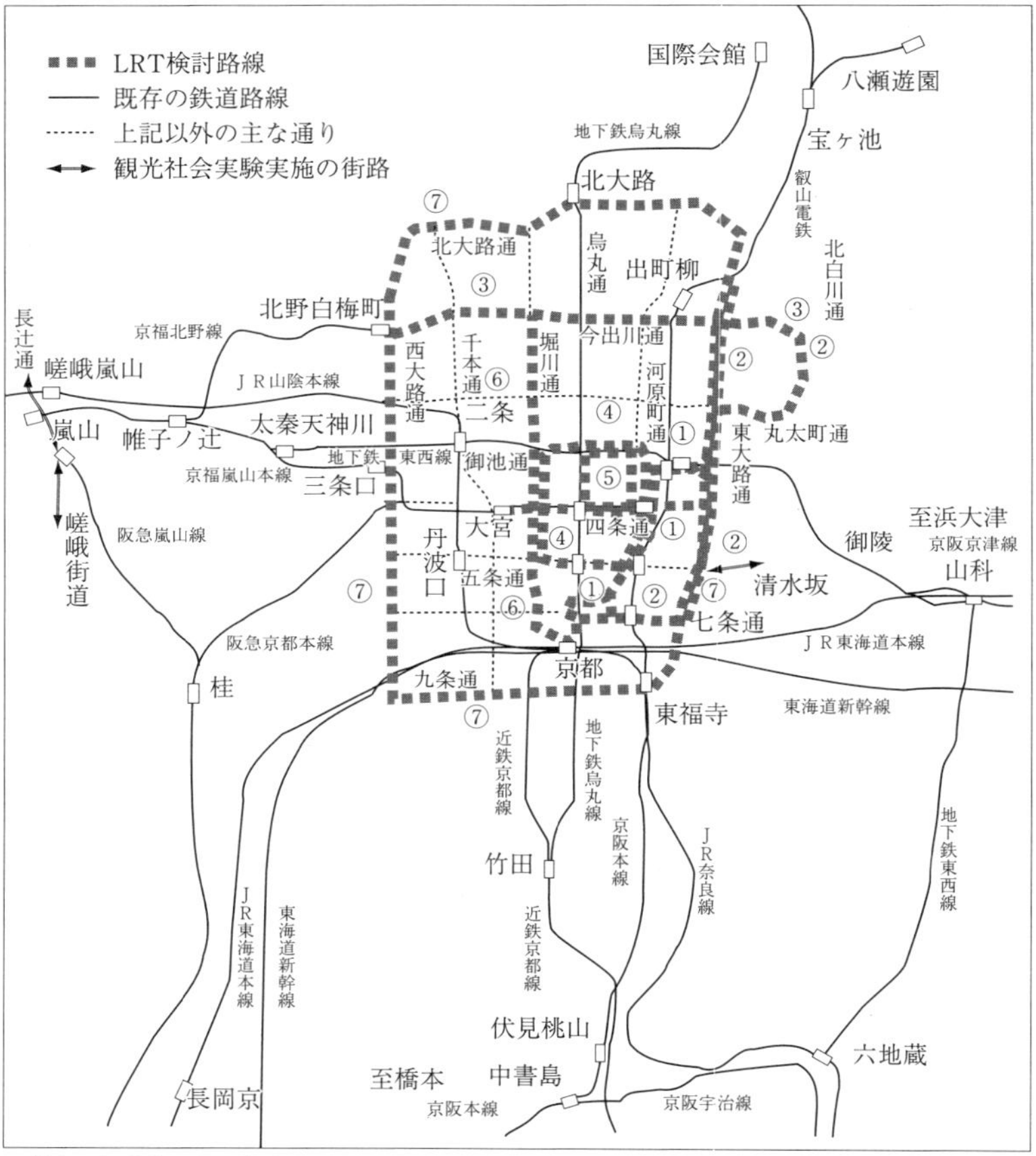

（注）　細破線は主な大路。
（出所）　京都市「新しい交通システムの導入検討調査報告書」より筆者作成。

と地下鉄の一〇分の一以下の費用で建設が可能で、CO_2排出量の削減や時間短縮効果等の社会的便益が大きいとされた。一方、現行の法制度では狭い道路には単線で導入せざるをえず、運行速度や車両長の制限も厳しく、利便性の向上に問題があり、財源の確保、荷捌きや路上駐車など自動車交通の制限に関して、住民合意が得られるかについても課題とされた。

調査結果が報告された後、ＬＲＴ導入によって渋滞が発生するおそれがあるとの報道がなされた。本来、ＬＲＴはバス等と合わせて面的な公共交通ネットワークとして整備されるものであり、道路が狭いからこそ、多くの自動車を通さないようにして公共交通の利用へと転換を図り、渋滞やCO_2排出量の削減を進めるために導入されるものである。さらに、住民の多い郊外部について検討する必要があることも問題点としてあげられる。

図８-４　LRT に見立てられた実験用バスが専用路を試験走行

（出所）　筆者撮影。

2　歩くまち京都を目指す交通社会実験

（１）　今出川通の交通社会実験

今出川通へのＬＲＴの導入は市民団体からの要望があり、報告書でも叡電と直通した場合、社会的便益が大きく採算も取れるとの結果が出た。しかし、単線区間が多く、自動車交通への影響が大きいとの問題点も指摘されている。沿線住民との意見交換会を経て、図８-４と表８-２のようなＬＲＴ交通社会実験が行われ

表 8 - 2　今出川通の実験概要と結果

実験名	今出川通における LRT 交通社会実験
期　　間	2007年　1/24(水)　10～13時
場　　所	北野白梅町～出町柳間（約4.1 km）
目　　的	LRT を今出川通の大部分を単線で導入した際の道路交通への影響をみる（烏丸今出川の交差点内に交換施設を設けた場合）
概　　要	• 道路の片側 2 車線ずつを 1 車線ずつに削減し，中央 2 車線で LRT に見立てたバスを走行 • 約290人が誘導や警備 • 公募で募集した市民モニター約300人が交代で乗車 • 展示ブースで「歩くまち・京都」に関する PR
実験結果	• 道路状況は幅員の狭い千本今出川以東で渋滞が発生（烏丸今出川を先頭に西行最大約700 m） • バスの運行時間が西行で最大 9 分増加 • 今出川通自体は事前告知や誘導によって交通量が約21～34％減少 • 周辺道路では東西方向が約 1 ～ 7 ％の増加，南北方向では－ 8 ～＋ 3 ％と増減
アンケート結果	• 沿線住民は43.9％が賛成，50.2％が反対 • 沿線商業者は71.6％が反対（賛成22.0％） • 乗車モニターは75.1％が賛成 • 展示ブース来場者は82.2％が賛成
総　　評	行き違いのために信号を全て赤にすれば渋滞は当然，自動車交通を減らすしくみを実験しないと LRT 導入の是非は問えない。通常は約30分かかるバスが専用軌道によって17分で運行できたことは，公共交通の可能性を示す

（出所）　京都市資料より筆者作成。

た。

ＬＲＴ導入についてのアンケートでは賛否が別れ、賛成の主な理由は環境にやさしく京都にふさわしい、少子高齢化が進むなかで公共交通が必要になる、時間が正確なので京阪や地下鉄に連絡しやすくなる、などであった。

現実味を帯びたことにより、実験中に沿線の商店街店主や住民が集まって反対を訴えている地区もみられた。住民の立場としては、今出川通だけを東西に移動する機会が少なく、地下鉄開業時にバスが減便されて乗り継ぎの手間と運賃が増えた経験や、市電を廃止したのになぜという思いがある。商業者も荷物の搬出入や、お得意様が自動車で来店しにくくなる。跡

表８－３　四条通の実験概要と結果

実験名	歩いて楽しいまちなか戦略社会実験
期　　間	2007年　10/5～14（５～８は広報活動） トランジットモール：12（金）17～20時，13（土）と14（日）は12～20時 臨時駐輪場：９（火）～14（日）
場　　所	四条通（烏丸～河原町）と周辺の細街路
目　　的	中心市街地としての四条河原町周辺で歩いて楽しいまちなか空間を創出するための歩行者空間や自転車対策のありかたを検証する
概　　要	• 四条烏丸～四条河原町間が自動車通行禁止（バス・タクシーは通行可） • 四条通と交差する８本の細街路も自動車通行禁止 • 拡幅された歩道にベンチが置かれる • バス停を集約 • コインパーキングを11箇所の臨時駐輪場として開設 • 共同荷捌場を設置 • 100円循環バスを小型低床車で増発
実験結果	• 四条通の歩行者は２割増加 • 道路状況は迂回路への交通量が増加 • 細街路は規制区域入口で一部渋滞も発生 • 共同荷捌場は規制時間が多い最後の土日で利用あり • 駐輪場は６日間で7395人利用 • 撤去された自転車は941台
アンケート結　　果	•「ゆったりと歩けた」との回答が来街者は64.5%，住民は43.1%，事業所は35.5% • 歩道の拡幅が必要との回答は半数を越える • 駐輪場は約６割の人が有料でも利用すると回答（うち約85%の人が300円未満なら利用）
総　　評	バスとタクシーの多さでトランジットモールの雰囲気は今ひとつ。商業者の協力もみられ，歩道の拡幅と，駐輪場の増設については展望あり。道路交通への影響は広域的な対策が必要

（出所）　筆者作成。

図8-5　トランジットモール社会実験中の四条通

（出所）　筆者撮影。

取りがいないなど、観光客向けの商売でない限りメリットも感じられない。実験時も人通りは多かったが客足は減ったという意見があったものの、反対運動で店を閉めているところもみられたので当然ともいえる。見学者向けに食べ物や飲み物、関連用品を売るくらいでないとＬＲＴを導入した場合の波及効果は得られない。

また、交通量抑制の対策を取らずに実験して渋滞の影響を調べるだけでは反対意見を誘発するだけである。行違いのために、車と歩行者も含めた全方向の信号を約三〇秒赤にすれば渋滞して当然で、報道ではその部分が誇張された。実験バスにはモニターしか乗せないため自動車からの転換もなく、普段のバス利用者にも不便をかけた。さらに、実験用バスでは定刻一七分（ＬＲＴ計画では一二分）で運行できたという一番肝心な点が報道や実験報告書に記載されていない。すなわち、駐車車両の削減や適切な自動車通行路への誘導によって専用軌道が導入された場合、公共交通の機能が向上することを示すものである。

ＬＲＴの導入によって歩行者や公共交通を優先させたまちづくりを目指し、住民や商業者に利点を示して、自動車交通の抑制など課題はあるものの協力してほしいという姿勢が必要である。本来の実験の目的は公共交通の利便性が向上することで来街者が増えるのに対応して、イベントや屋台など商売形態を工夫し、まちの魅力やにぎわいを創出できるかとなるべきであろう。

（2）　四条通のトランジットモール社会実験

京都の繁華街である四条河原町周辺では歩道の狭さと、バスの遅延やのりばの複雑さ、違法駐輪が問題となっている。四条通は歩行者が多く、歩道は非常に混雑している。一方、道路の歩道側はタクシーなどが駐停車し、バスの乗降も時間がかかり、渋滞の原因となっている。周辺の細街路も渋滞を避ける車や配送車両で混雑し、違法駐輪する自転車であふれている。

そのため、京都の都心部でもある四条通、河原町通、御池通、烏丸通に囲まれた地区で、市街地活性化のために歩行者優先のまちづくりを進めようとしており、表8－3と図8－5のようなトランジットモール社会実験が行われた。

実験では歩行者空間の在り方や細街路に自動車が通行することの危険性を考える機会となった。公共交通と組み合わせた買物ポイントの実施などで商業者も協力的である。トランジットモールはぬけ道や客待ちのために通過するタクシーやバスが多く、慌しい雰囲気であった。バスについては方面別にまとめるなどの工夫が必要で、タクシーについても、公共交通として位置付け、待機方法など適切なルール遵守といった運転手や業界の自助努力も求められよう。

また、自転車については駐輪場が目的地から離れていては不便であるため、駅やバス停周辺、歩道上などにも駐輪場の増設が必要である。現在の四条通は自転車走行禁止となっているが、環境にやさしく健康増進も図れるため、自転車レーンの整備、通勤者向けのシャワールーム設置、貸し自転車の充実などの活用策が考えられる。

（3）　嵐山と東山の観光地交通対策

京都市では年間四〇〇〇万人を越える観光客が訪れる。その代表的な観光地である嵐山や東山では自動車や観光

表8-4　嵐山の実験概要と結果

実験名	嵐山交通対策社会実験
期　間	2001年　11/17(土)～25(日) 長辻通を北行一方通行　18日(日)10～16時 2002年　11/16(土)，17(日) 長辻通トランジットモール：17(日)10～16時 2003年～　11月の土，日，祝日(中旬以降は1車線化) 長辻通を北行一方通行　10～18時 嵯峨街道を南行一方通行　10(土曜は12時)～16時
場　所	嵐山周辺(長辻通と渡月橋を中心とする地区) 2002年の長辻通トランジットモールは新丸太町通～三条通間
目　的	嵐山で歩いて散策できる観光地とするための自動車対策や歩行者空間のありかたを検証する
概　要	•WEB・ポスター，チラシの広報，割引切符等の販売 •P&R，道路情報の提供 •駐車場の案内や誘導，交通規制，周回バスの運行
実験結果 (2002年)	•自動車利用が前年比5.6%減少(実験前は12.6%)，公共交通利用が前年比6.9%上昇(実験前は70.9%)，最大約40～136分の時間短縮効果(実験前の所要時間は1～3時間) •最大渋滞長が420m減少(実験前は5170m) •長辻通(南側)の歩行者96,486人(前年比8.6%増)
アンケート結果 (2002年)	•トランジットモールへの賛同は 歩行者：95.6%，ドライバー：72.6%，住民：82.6%，商業者：51.7% (南側の住民から8.6%の反対意見あり)
総　評	実験を重ねることで，歩行者の通行量によって交通規制の方法を調整するようになった。公共交通の乗り継ぎ改善，通行税の徴収など抜本的改革がない限り，観光シーズンの道路交通は飽和状態である。

(出所)　京都市資料より筆者作成。

バスで渋滞し、路線バスも遅延や混雑があり、観光客の不満の原因となっている。そのため、「交通対策研究会」が嵐山地区では二〇〇一（平成一三）年、東山地区でも二〇〇四（平成一六）年度に設置され、毎年秋の観光シーズンに社会実験が行われている。

交通対策の考え方は、観光地での散策を徒歩で楽しんでいただくために、できるだけ自動車で観光する人を減らすことを目指している。そのために、旅行プランを考える段階（WEBやポスター、チラシによる広報、割引切符等の販売）、京都市内に入ったとき（P&R、道路情報の提供）、観光地周辺に来た時（駐車場案内、交通規制、シャトルバス）の各段階で公共交通への転換が図られている。P&R（パーク・アンド・ライド）は都心部や観光地など来訪者が多いところに自動車の流入を抑制するため、駅に隣接した駐車場に停めて公共交通に乗換えを促進させる施策である。

図8-6　北行一方通行として歩道が拡幅された長辻通（人力車も車両扱い）

（出所）著者撮影。

嵐山地区では**表8-4**と**図8-6**のように渡月橋北側の土産物店が並ぶ長辻通のトランジットモールや交通規制、周遊バスの運行などの観光地対策が行われている。協力体制も整え、一方通行規制やP&Rなどで渋滞が少しは緩和されているものの、抜本的な改善は難しい状況である。知名度や人気が高く、歩行者でにぎわう地区だけに、大幅な交通規制や通行料の徴収などで自動車が減れば、さらに魅力が高まる。三路線ある鉄道は接続が悪く本数も少ない。自動車を制限するためには、複線化による増発、LRT化など公共交通の利便性向上も必須となる。

表8-5　東山の実験概要と結果

実験名	東山交通対策社会実験
期　　間	2004年　11/13（土），14（日），20（土），21（日） 交通規制なし 2005年　11/19（土），20（日），26（土），27（日） 清水坂マイカー通行禁止　10～16時 2006年～　11月後半の土・日・祝日 清水坂駐車場の観光バス専用化と誘導
場　　所	東山周辺（清水坂と東山五条を中心とする地区）
目　　的	東山で歩いて散策できる観光地とするための，自動車対策や歩行者空間のありかたを検証する
概　　要	• WEB・ポスター・チラシの広報，割引切符等の販売 • P&R，道路情報の提供 • 駐車場の案内や誘導，交通規制 • シャトルバスの運行（9～18時まで10分おき） 京都駅～五条坂～京阪五条～地下鉄五条～京都駅 • 2007年から京阪シャトルも運行 五条坂～京阪五条～京阪七条～五条坂
実験結果（2005年）	• シャトルバスの利用者は13,752人 • 清水坂上り方面への交通量が減少 7時間計で前年1712台→1114台 • 渋滞長（東山五条東大路通南行15時台）が減少 前年2100 m→970 m • 東大路通南進の所要時間が減少 丸太町通から五条通まで前年50.5分→22.5分
アンケート結果（2005年）	• 今後もシャトルバスの利用を93.8％が希望 • 道路情報の案内を約3割のドライバーが把握，うち約5割のドライバーが東大路通を回避 • 住民で76.9％，事業所で80.1％が社会実験の継続を希望
総　　評	清水坂は観光バスの通行も危険，周辺の道路交通も飽和状態。シャトルバスの利用者は好調で，東大路通の他の観光地や大学・病院も考慮すればLRT導入も可能なほどの需要あり

（出所）　京都市資料より筆者作成。

表 8 - 6　シャトルバス利用者数の推移

年	運行日数	五条坂シャトルバス(人)	京阪シャトルバス(人)	計	一日平均(人)
2004	4	13,752	—	13,752	3,438
2005	4	20,343	—	20,343	5,086
2006	5	20,659	—	20,659	4,132
2007	5	21,204	16,795	37,999	7,600

（出所）　京都市資料より筆者作成。

表 8 - 7　P&R 駐車場の利用者数の推移

地　区	最寄駅	距離(m)	歩行時間(分)	利用者数（台）					
				2002年	2003年	2004年	2005年	2006年	2007年
日数(日)				2	5	4	4	5	5
丹波口地区	JR 丹波口	50〜280	1 〜 4	?	512	533	551	585	420
二条地区	JR 二条	150	2	?	1,272	—	—	—	—
三条口地区	京福三条口	800	10	?	437	389	349	291	263
京都南地区	地下鉄 くいな橋 近鉄 上鳥羽口	300〜760 240〜400	4 〜10 3 〜 5	—	535	507	346	584	1,045
長岡京地区	JR 長岡京	200	3	—	—	—	107	—	—
天神川四条地区	京福蚕ノ社	700〜1,200	9 〜15	—	—	—	—	228	269
大津市	京阪浜大津	70	1	—	—	80	441	662	1,012
八幡市	京阪橋本	60	1	—	—	—	—	466	1,066
総計（台）				1,013	2,756	1,604	1,794	2,816	4,075
一日平均（台）				507	551	401	448	563	815

（注）1：料金は2006年以降無料（以前は100円），大津市と八幡市は京阪 1 日乗車券と合わせて1000円。
（注）2：時間は 9 〜18時（入場は14時まで），大津市と八幡市は24時間可，京都南地区では2006年以降20時までに延長。
（注）3：天神川四条地区は地下鉄東西線の延伸により，最寄駅は京福および地下鉄の太秦天神川となった（距離は400〜900に短縮）。
（出所）　京都市資料より筆者作成。

東山地区でも表8－5のように清水坂周辺の交通規制やシャトルバスの運行、観光バス専用駐車場の設置などが行われている。東大路通周辺は学校なども多く、自動車の渋滞は観光シーズンだけにとどまらず、バスの遅延は日常生活に多大な影響を与える。五条坂のマイカー抑制などで渋滞が緩和されてはいるものの、嵐山地区と同様に抜本的な改善には至らない。五条坂は狭くて見通しも悪いうえに歩行者も多いため、観光バスが通るのも危険である。小型バスによる輸送も試行されており、歩車分離を進めたいところである。

五条坂へのシャトルバスの利用者は年々増えている（表8－6）。京都駅からの直通に加え、京阪の駅を周回する便も運行されるようになった。京阪電鉄ではJR西日本と共同で、京都駅から東福寺駅で乗り換えると時間通りに着いて便利という広報を強化するとともに、駅名を五条駅から清水五条に改称して観光客への周知を図っている。それでも、東大路通沿いに需要が多いので、LRTが導入されたほうが利便性は高い。

P&R駐車場（表8－7）は場所も増設され、市内と周辺市町村も含めて六地区となった。利用も定着してきており、二〇〇七（平成一九）年は当初の約四倍となった。駅への近さ、主要道路からの経路、公共交通の利便性も含め、総合的な到達時間の短縮が利用促進の条件となる。さらには観光地内やフリンジ（周縁）駐車場との価格差を大きくし、乗車券の割引や施設や買物での優待制度の充実、駐車場の増設によって公共交通への転換を図りたいところである。

3　市民活動とまちづくり

（1）環境と交通

一九九七（平成九）年に京都議定書が採択された翌年には、地球温暖化対策に向けて官民協働のパートナーシップを実行するための組織として「京のアジェンダ二一フォーラム」が設立され、五つのワーキンググループの一つとして交通WGが設けられた。自動車で約一分（一キロメートル）走行すると一七三グラムのCO_2が排出され、テレビを毎日約四時間見ることに相当する。使用を控えることでCO_2の削減効果が大きく、交通WGでは表8-8のような活動を行っている。

また、京都市では環境や都心部の賑わいを創出するため、「一〇〇円循環バス」の運行、新たな商業施設である「新風館」を拠点としたヴェロ（自転車）タクシーの導入、都市型レンタサイクルの導入実験、「まちなかを歩く日」として三条通を歩行者天国にして映画やライトアップなどを楽しむイベントの実施などを行ってきた。これらは市や国土交通省、警察、交通事業者、地元商店街、商工会議所、自治会、大学、市民団体が協働して実施されている。さらに、二〇〇七（平成一九）年一二月からは河原町通の飲食店業者が独自に、夜一〇時以降に一〇分おきに一〇本、京都駅までの直行バス（よるバス）を走らせている。

こうした取組みや社会実験を受けて、京都市では都市計画局に「歩くまち・京都推進室」が設置され、『歩くまち・京都』総合交通戦略」の策定に向けて審議会が設置された。「公共交通ネットワーク検討部会」、「未来の公共交通まちづくり検討部会」、「公共交通優先のライフスタイル検討部会」が設けられ、のりものマップや時刻表情報を提示するなどで自動車から公共交通への転換を図るモビリティ・マネジメントの実施やトランジットモールなど自動車交通の抑制、高機能バスの運行などが検討されている。その他、景観に配慮した低炭素型住宅の推進、市内産木材の活用、カーボンオフセットによる市民活動に取り組むエコサポーターの募集や市民環境ファンドの創設なども想定されている。

表8－8　LRT 提案組織および市民団体の活動

LRT 提案組織および市民団体	設立年月（太字は提案年）	活動内容（太字は提案内容）	備　　考
右京の交通問題を考える会	1989	嵐電の活用，太秦，嵐山地区の活性化	嵐山観光地交通対策にも協力
今出川通りに路面電車を走らせる実行委員会（今電会）→今出川通りに LRT の実現を推進する会（新今電会）→2010年4月解散	1996	**今出川通への LRT 導入を提案，2009年に実験の問題点をふまえ軌道を歩道側に寄せて複線とし，公共交通に転換を図る総合的な施策もまとめた報告書を市に提出**	西陣の商工業者を中心に結成，社会実験終了後も活動を続け，新たに大学，神社，経済界も参加する組織となる http://www.new-imadegawa.com/
京のアジェンダ21フォーラム	1998	交通 WG では**「都心のエコ交通プラン」公表（2001）**，自転車や公共共通に関する調査，事業支援，交通社会実験への協力，イベントの実施や協力，バス便利帳などの情報提供	事業支援としては醍醐コミュニティバスの設立支援，バスと電車で eco グルメ事業など http://ma21f.jp
京都商工会議所	**2001.10**	**「次世代型路面電車（LRT）導入検討報告書」**	1998年に「歩く観光ルート」を提起，2000年にストラスブールで LRT を視察
京都弁護士会	**2001.3**	**「京の21世紀の交通」を提案**	2000年3月に京都高速道路に関する意見書を提出，2001年3月にシンポジウム開催
京都運輸労働組合 京都地方協議会（京交運）	**2001.10**	**「人にやさしい交通で京都のまちづくりを」で LRT を含む4つの提案**	LRT のほか，P&R，トランジットモール，車の総量規制を提案
京都 LRT 市民の会	2003	LRT の導入や交通問題に関する研究	（社）京都自治体問題研究所が事務局，京都道路問題住民研究会と京交運の有志を中心に結成
都市創生交通ネットワーク@関西（KOALA）	2007	京都を含めた関西の公共交通を軸とするまちづくりに関する研究やシンポジウム，イベント，関連団体との交流	03年～06年の「（京）次世代交通システム導入フォーラム」に参加した有志を中心に結成 http://blogs.yahoo.co.jp/koala_lrt

（出所）　京都市資料，各組織の HP より筆者作成。

（2）歩行者と公共交通を優先させたまちづくり

交通面からまちづくりを進める市民活動の草分け的存在となったのが岡山の市民団体である「路面電車と都市の未来を考える会（RACDA）であった。一九九五（平成七）年に設立され、路面電車の環状化の提案、バスマップの発行、朝市への出店やイベントなどを実施し、行政への陳情や抗議でなく、自らが問題解決に向けて活動する市民団体の手本となった。京都でも前掲表8-8のような組織や市民団体がLRTの提案、公共交通の利用促進、シンポジウムやイベントの開催などで活動を続けており、LRTやトランジットモールの交通社会実験の実施は、これらの長年にわたる市民活動が認められた成果といえる。ただし、一部の地域での議論がすぐに市民全体に広がるわけではなく、市としても都心部、郊外部、さらには中山間地域の住民の意向を踏まえたうえで、公共交通の役割や位置づけを明確にして交通基盤の整備や利用の促進を図る必要がある。

今後は異なる交通機関の間でも追加運賃がかからないゾーン制運賃の導入や運行時間の調整などで、公共交通の乗り継ぎを改善する。次に既存路線の延伸や、LRTの導入を進め、地下鉄やバスとの連携を図る。一方、自動車交通については、バイパスの建設が京都のまちなかでは困難で、新たな需要を喚起するおそれもある。すでに拡幅されている五条通や堀川通に通過交通用の車線を設け、碁盤目状の大路は交互に一方通行とすることで、自動車優先の道路と、公共交通・自転車・歩行者優先の道路との役割分担を図り、P&R駐車場やフリンジ駐車場を整備する。まちなかの細街路で立ち話ができ、子供の安全が確保され、史跡や寺社など風情のある観光地を歩いて散策でき、四条河原町周辺は買物客で賑わう。そうした理想のまちやくらしを観光客だけでなく、市民も少なからず描いているのではないだろうか。

交通は人々の交流を支えるもので、交流が活発になることで新しい文化が形成されていく。観光客にとって不便な市内交通は市民にとっても不便で、よりわかりやすく、スムーズに移動できる公共交通体系にすることで、観光客にも市民にも使いやすいものとなる。二〇一〇（平成二二）年一月二三日には「歩くまち・京都」総合交通戦略が策定され、「クルマから、人が主役のまちへ」を基本理念とした「歩くまち・京都」憲章が制定された。市民は生活の問題を行政に伝え、住民間での意見調整、利用促進などの活動へ参画することで、交通やまちづくりに関する問題についても改善を図るための一助となる。構想・戦略が実現するか否かは市の決断と支援体制、さらには市民の行動にかかっているといえる。

参考文献

青山吉隆・小谷道泰（二〇〇八）『ＬＲＴと持続可能なまちづくり』学芸出版社。

沖中忠順著・福田静二編（二〇〇〇）『京都市電が走った街今昔』ＪＴＢキャンブックス。

京都新聞社（一九七八）『京都市電物語』京都新聞出版センター。

土居靖範・近藤宏一・榎田基明（二〇〇四）『ＬＲＴが京都を救う』つむぎ出版。

西村幸格（二〇〇六）『日本の都市と路面公共交通』学芸出版社。

服部重敬（二〇〇六）『路面電車新時代』山海堂。

原口隆行（二〇〇〇）『日本の路面電車Ⅲ廃止路線西日本編』ＪＴＢキャンブックス
松原光也・三木理史（二〇〇四）「京都のまちをつくる路面電車」『地図情報』、二三巻四号。

松原光也（二〇〇六）「新しい公共交通システム調査報告書（京都市）にみられる京都の課題」『ねっとわーく京都』、第二〇四号。

ＲＡＣＤＡ（一九九九）『路面電車とまちづくり』学芸出版社。

第九章　学生のまちの音楽空間と物語性
――六〇年代以降の京都B級音楽からの一考察

東　義久

1　文化という獣道《けものみち》

（1）A級、B級文化

今の若者たちはレコードというものに馴染みが薄い。CDやMDなどのデジタル化された音源から情報を得ている。

それが悪いといっているのではない。レコードを唯一の音源としていた筆者らの世代は、レコードにはA面とB面があって、最近のCDやMDなどには、それがないということをいっているのだ。そんなことどうでもよい、といわれそうだが、どうしても拘泥《こだわ》ってしまう。

普通、レコードを出す場合、A面を重視するらしい。A面が売れなければ商売にならないのだから、それは仕方のないことなのだろう。だから、B面の多くは添え物であり間に合わせの楽曲が多いのである。それは事実であるが、売れんかなのA面に比べて、B面には時々、なんともおもしろい、それこそ売り手の意識を超えた作品があって、一人歩きを始めることがある。すなわちB面文化である。これを筆者はB面文化、B級文化と呼ばせてもらうことにする。

これまでの思いを読んでいただければA面とB面（A級とB級）どちらが優れているのかなどといっているのではないことはわかっていただけると思う。その伝《でん》でいけば、音楽の世界ではいわゆるクラシック音楽に比べ、ロックやフォークソングなどは、まさにB級であろう。こういうと、ロックやフォークソングを軽くみているように誤解されそうだが、そうではない。B級あってこそのA級なのである。そして、ロックやフォークは世の中に認められているようでは、しょせん駄目なのだ。

あのころは音楽の教育や訓練を受けずに、ギターをもったその日から、若者はジョン・レノンやミック・ジャガーやボブ・ディランのようなミュージシャンや詩人に変貌できた時代であった。音楽なんぞで世の中が変わるわけがない、と大人たちはいった。それはどうだろうか、と思う。なぜなら、文化は獣道であるからだ。もちろん、付和雷同でロックやフォークの世界に入って行ったものもいる。いや、そんな連中が大半だったかもしれない。が、彼らも確実にそんなB級文化の担い手であった。

（2）京都のB級音楽事情

昭和四〇年ごろの京都の音楽事情というのはどうだったのか。

当時、京都はやはり学生のまちということで、カントリーミュージックが盛んで、ドン・佐野や石橋いさおなどが人気を博していた。石橋いさおはプロ歌手になり、「北風」「枯れ葉小僧」というカップリングのレコードも出している。余談ではあるが、一九六五年ごろ彼は平尾昌明からもらったというダークブラウン系の色をしたショートネックのマーチンのギターをもっていた。弾かせてもらったが、枯れたいい音がしていた。筆者がマーチンのギターを初めて弾いた瞬間である。が、ビートルズが出現して音楽シーンは一変してしまう。

当時、ビートルズという四人のバンドが与えた衝撃は、現代の若者にはなかなか理解してはもらえないかもしれないので、一つのエピソードを紹介してみよう。

「ビートルズがやって来るヤア！　ヤア！　ヤア！」と、いう映画が京都でも上映になった。たしか、京極の美松大劇か美松名劇という映画館だった。筆者もご他聞にもれず、映画を観に行った。映画は当時、まだまだ娯楽の花形ではあった。が、筆者は映画館に入り、その人の多さに度肝を抜かれていた。半端ではなかったのである。通路はもちろん、後ろや横の出入口にも朝のラッシュ時のギューギュー詰めの状態が出現していた。それは、あの当時、消防法などがなかったのだろうか、と心配してしまうくらいの混雑であった。そして、ビートルズが画面に登場するたびに女の子たちの熱狂した叫びは鳴り止まず続いた。酸欠にならないかと余計な心配をしなければならないほどであった。もちろん、今でも歌手やタレントの舞台をみて抑えきれぬ思いを発散する情景はあるだろう。しかし、「ビートルズがやって来るヤア！　ヤア！　ヤア！」はライヴではなく、映画であり、映像なのだ。筆者は、以来、映画であれほどの熱狂をみたことはない。

そして、その美松で出くわした、もう一つ奇異なことを覚えている。映画が始まって終わるまで観客の泣き叫ぶ声は聞こえていたのではあるが、そのなかにどうも男の泣き叫ぶ声が混ざっていたのだ。いっしょに行った友人もその声が気になっていたようで、どんなやつが泣き叫んでいるのか確かめようという気になった。鮨詰め状態のなか、筆者らはその泣き叫ぶ声の主を確認しに行くことにした。その声は劇場の最前列の席にいた。筆者はその泣き声の主を見て、固まった。知り合いだったのである。筆者らは、なぜか恥ずかしくなり、そのまま映画館を出て行ったのを覚えている。実物ではなく、映画をみて泣いていた彼は、岩田康男といい、後に京都のGSの走りともいえるザ・スケルトンズに入り、「星の王子様」でレコードデビューをすることになる。その後、新しくレモンルーツというバンドを組み、「想い出のビャガーデン」というレコードを出すが、これも地方の小ヒットとなっただけで、消えていってしまった。その数年後、岩田康男は同じスケルトンズのドラム担当の北村勝彦と一緒に森田

図９-１　ジョージ風呂本の熱唱風景

（出所）　筆者撮影。

公一とトップギャランに加入し、「青春時代」と、いう楽曲を得て世に出ることになった。

当時、スケルトンズが出した「星の王子様」を聴き、これがあのスケルトンズが出した曲か、と淋しいものを感じたが、今、「想い出のビャガーデン」を聴くと、ＧＳの終焉と重なり岩田康男と北村勝彦のハモるマイナーな曲調がいやに胸にからんでくる。

（３）ザ・スケルトンズのジョージ風呂本のこと

前述した岩田康男が加入していたザ・スケルトンズの話にもどるが、このバンドは京都のＧＳの老舗といってもよいだろう。京都には沢田研二のファニーズというザ・タイガーズの前身となるバンドがあったが、時を同じくしていたことは間違いがない。

そのザ・スケルトンズのリードボーカルにジョージ風呂本（図９-１）がいた。ザ・スケルトンズはインターネットで検索すると当時（一九六八〔昭和四三〕年一〇月〜一九六九〔昭和四四〕年四月）、文化放送の『グループサウンズ人気投票』では一位がもちろんザ・タイガーズで一二位がスケルトンズである。ちなみに一三位はザ・ゴールデンカップスで二一位にブルーコメッツがいた。そんな人気のあるグループであったが、プロになるかどうかの選択をせまられジョージ風呂本は脱退する。彼はあの日本人ばなれのしたマスクで、当時、人気があり、ベラミというナイトクラブで上岡龍太郎などと司会をしたり、高島屋にあったラジオ京都放送（現ＫＢＳ京都）のサテライトスタジオでは歌手としてではなくゴーゴーボーイとして踊っていたのである。

ジョージ風呂本は若さからの自負もあり、関西ではいちばんうまいと思っていたのだが、カップスやモップスなどと競演し、これはかなわんとあっさりプロになるのをやめた。そして百八〇度の転身を計り小学校の教師となった。筆者は引き際の鮮やかさに拍手したものである。

ロックの魂を持った教師の誕生に、である。そして、これこそがアマチュアイズムの最たるものだ、と……。

2　学生の住むまち

（1）当時の京都の遊び場事情

京都というところは、大学生を中心としたまちであるため、昔から音楽をはじめとするアマチュアの若者文化が盛んなところである。そのために、カントリーやロック、フォークも全国的にみても早くから根づいた。まだライヴハウスもなく、さらにはカラオケなどという無粋なものも無かった時代である。

図９－２　AFL のチケット

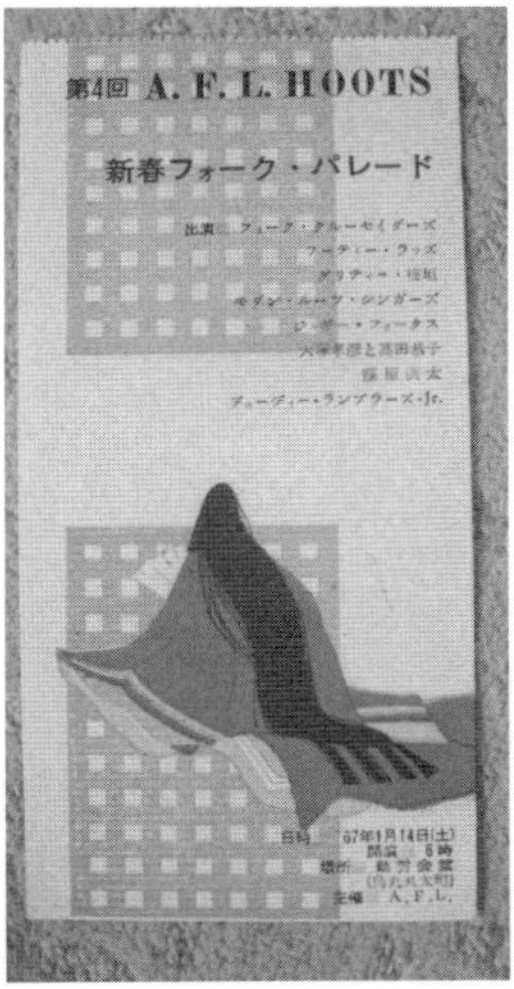

（出所）　福中いづみ氏提供。

図９－３　ダイムのチケット

（出所）　福中いづみ氏提供。

図9-4　カレッジアンのチケット

（出所）　福中いづみ氏提供。

そして、アマチュアのバンドの発表の場としては、それぞれ同じような音楽性のものが集まり、「ＡＦＬ」(図9-2)や「ダイム」(図9-3)「フラワー」「カレッジアン」(図9-4)「京都の四季」などのサークルをつくり(ＡＦＬは一九六五年に藤原洪太が代表となり端田のりひことでつくった。ＡＦＬとはAMERICAN FOLK LYRIST の略で藤原洪太が命名。ダイムは佐竹俊郎がはじめている。佐竹俊郎はアリスが歌ってヒットした「今はもう誰も」の作者でもある)、また、大阪にはシティージュビリー(横田宏之代表)、神戸にはポートジュビリー(島谷賢二創設者)などもあった。京都会館や勤労会館、シルクホール、円山野外音楽堂、京大西部講堂、京都教育文化センター、京都イタリア会館などで毎月のようにコンサートを開いていた。「ダイム」は一九六六年に西陣カトリック教会で第一回例会が行われている。それぞれのコンサートがいつも満員の盛況をみせていたものである。自主的なコンサートに限らず、学生たちのバンドはナイトクラブやゴーゴークラブ、ビヤガーデン、ディスコにも進出して行った。

四条河原町上るにＡＣＢがあった。ナイトクラブとしては、ベラミやチャイナタウン、おそめ、ニューコバルト、ドミナスなどがあって、先斗町にはコルベールという絨毯バーがあった。今のようにＰＡ設備が整っているわけでもなく、若者たちはそれらの店でレコードでゴーゴーを踊っていたところもあったのである。

ジャズ喫茶としてはファニーズ(後のザ・タイガーズ)が出ていた田園(河原町四条下る辺り)がさびれ、祇園にニューデルタやプレイスポットができた。薄暗い照明の店内ではエレキの音がこれでもかという音でがなりたてていた。今から思えばチャチな照明や音響ではあったのだろうが、それなりにこころ昂ぶる空間を演出していた。

ＧＳ終焉のころ、河原町のＢＡＬビルの近くにあったクラリオンビルの三階にママリンゴがあった。ママリンゴには最終、あのゴールデンカップスも出演していた（デーブ平尾の「一人」というアルバムには「ママリンゴの唄」が入っている）。また、北山にはカラスがありジローズなどが出ていたし、天王町にはキャッツ・アイやナイト・アンド・デーがあった。ほかにも、木屋町にはジローというスナックがあり、ここはギターの弾き語りがあって、あの世界的な打楽器奏者のツトム・ヤマシタなども顔を出し、気軽に素人の演奏のバックをつけていた。また、木屋町の四条小橋を下がったところには琥珀という喫茶店があり、ここには赤い鳥のメンバーなどがよく顔をみせていた。カントリー系では宝ヶ池にホンキー・トンクがあり諸口あきらなども顔を出していた。

ジャズはダウンビートが四条小橋を上ったところと、三条河原町上るにあり、同志社大学の近くにはビッグビート、（当時の）立命館大学の近くの河原町荒神口にはシアンクレール、河原町三条にブルーノートがあって、ブルースでは烏丸五条上るにピッグノーズがあり浅川マキなども歌っていた。ほかにも紫煙草（シエンソウと呼んでいたが表記は定かではない）にはヒッピーが集まりヒッピー文化の中心になっていたし、銀閣寺付近にはジグザグというロック系の店もあった。とりあえず、アマチュアのバンドが出演する場所が当時の京都にはたくさんあったのである。

夜のまちでも学生を無視しては成り立たない状況があった、といっても過言ではなかった。

（2）　京都限定の有名人

当時、京都の町を歩いていると、アマチュア音楽の世界で知られている、それも京都限定の有名人がよく歩いていた。沢田研二などは別格ですでに東京に行っていたが、ザ・フォーククルセダーズの加藤和彦やジローズの杉田二郎、そして、京都限定のロックやフォークのスターたちがキラ星のごとくいた。ロックの水谷孝と裸のラリーズの水谷孝も肩を超えた長い髪にサングラスをかけて下駄履きで歩いていた。村八分のチャー坊こと柴田和志も高島屋の前で自作の詩集を売っていたし、少し遅れて出てくるスパニッシュ・ハーレム・ナイト（入江、佐藤など）も忘れられない。前述したジョージ風呂本だってそうだ。そんな京都のB級音楽風土が有吉須美人のようにブルースの本場シカゴで活躍するブルースピアニストにもつながって行くのだろう。

また、フォークソングの場合、大塚孝彦の存在は忘れられない。彼が、フォークの自主制作レコード『THE FIRST & THE LAST』を出し、そのLPレコードのなかには「ままこ」や「竹田の子守り唄」が入っていた。それが、あの「帰って来た酔っぱらい」の入っていたフォーククルセダーズのレコード『ハレンチ』の自主制作につながっていったのだから。そこには高田恭子もいた。彼女はその後、マイク・真木のグループに入り、それからソロデビューをし「みんな夢のなか」と、いう曲でヒットを飛ばした。

さらにはフォークやロックとは別に、ジャズ歌手としては笠井紀美子もいた。

そして、さらには、京都で最初のフォークグループである「ドゥディーランブラーズ」には、端田のりひこがいた。このドゥディーランブラーズには先述した「ままこ」の作者・藤原洪太がいて「真っ赤なリボンとおさげのあの娘」というレコードを一枚クラウンから出し解散した。

ちなみに、一九六六（昭和四一）年当時の京都のフォークバンドは、「ドゥディーランブラーズ」（藤原洪太、田平義明、端田のりひこ）、「グリティー・グリーメン」（梅垣達志、中村好宏など）、「フォーク・クルセダーズ」（加藤和彦、芦田雅喜、平沼義男、北山修）、「モダン・ルーツ・シンガーズ」（佐竹俊郎、杉田二郎、土井月子）、「大塚孝彦とそのグループ」（大塚孝彦、高田恭子など）、があって、さらには塩見大治郎や「フーティーラッズ」（上田浩二、箕岡理）、坂庭省悟や中島要次や「ヴァニティーラグメン」（越智友嗣、石塚成孝、井上博）、「バラーズ」の福中いづみ、「MIKA&トンコ」、「ファニーカンパニー」（加藤芳子姉妹、横井康和・彼はその後、桑名正博&ファニーカンパニーに参加し名前は引き継がれた）、「ジャッケルズ」（ばんばひろふみなど）、北村謙、中井伯有、「ピンクピクルス」、「シモンズ」などが続き、その後、「古時計」や「西洋乞食とひっつき虫」と、いったバンドも出てくる。また、社会派フォークといわれた高石友也や岡林信康、中川五郎、豊田勇造などもいた（高石友也は坂庭省悟たちとザ・ナターシャー・セブンを結成し、ブルーグラスの日本語化に挑戦している。その成果として一〇七 SONG BOOK ザ・ナターシャー・セブンがある。また、その流れのなかから宮崎勝之なども出てくる）。さらにカントリーでは永冨研二とテネシーファイブが老舗としてあり、ホンキートンクのマスターであるボウ・矢谷などもいて、今も続いている。

京都には当時、いわゆるB級スターたちがわんさかいたのである。東京がまだ遠い時代であった。今のようにIT社会でもなく、情報は緩やかに発信されていた。そして、やはり中央に憧れながらも、どこかで京都独自の文化を育てる気概が京都にはあったのだろう。そうだからこそ、京都のような地方、地域には伝説や文化が生まれやすかったのかも知れない。

3　物語性の創造

（1）京都のギターの話

軽音楽をやっている人なら、特に生ギターをやっている人なら、マーチンやギブソンのギターは憧れの楽器である。

が、名門のそれらの楽器は高額なため、学生には高嶺の花であった。ちなみに今から四〇年前にマーチンのD45は百万円を超えていたし、サラリーマンの初任給が二・三万の時代に学生の分際では到底、手に入れられる楽器ではなかった。けれど、アメリカのスターたちは当然のようにマーチンやギブソンのギターを手にして笑顔で歌って

図９-５　茶木（左）とWS（右）のギター

（出所）　筆者撮影。

いるのである。もちろん、日本の楽器も、今ではいい音のするギターは多く出ているが、当時は一万五千円ほどのフォークギターで、マーチンやギブソンに対抗するのは難しかったのも無理のない話ではある。アマチュアのバンドの連中にとっては正に涎が出る存在の楽器だったマーチンやギブソン。

そこに登場するのが「ＷＳ」と「茶木」のギターである（図９-５）。当時、欲しくても手に入らないマーチンやギブソンの楽器。そんな学生たちの声を聞いて、河原町二条にあった渡辺楽器の兄さん（現在の渡辺楽器とは少し場所が違った）が、神戸にいたギター作家の庄司正雄と提携し、藤原洪太の所有したマーチンD18のネックと指板の修理を無償でするかわりに分解して設計図を採り、それを元にＷＳのギターが完成し製造、販売をした。これは最初の売り出しのときは二種類のタイプがあり、三万五千円と六万円で売り出された。ＷＳはちなみにマーチンタイプで、今ではワシントン条約で輸入禁止になった材を使用し、弾きやすくいい音を出していた。ＷＳの伝説のギターは、通は今でも大事に所有しているし、京都の渡辺楽器店の二階に今も一台だけ飾られている。

一方、クラシックのヴィオラなどを作っていた茶木という京都の楽器製造屋さんがギターを作り出す。こちらは、ギブソンタイプでジャズギターなども製造していた。ちなみに、憂歌団というグループが茶木のギターを使い、最近、また脚光を浴びた。

それはともかくとして、ＷＳにしても茶木にしても、マーチンやギブソンのギターが高額でそう簡単に手に入らない学生たちにとっては、ほんとうにありがたいギターであった。

これもやはり、学生のまち京都であったからこそできたことであろう。ちなみに、今はWSも茶木も製造はされていなくて、趣味人にとってはマーチンやギブソン以上に手に入れたいギターとなっている。京都のまちは懐が深いし奥がある。学生たちの間で音楽が流行れば、その楽器から作っていく。そして、その楽器がいまや伝説の楽器になろうとしているのだ。

（2）物語性ということ

高田渡というフォーク歌手がいた。彼は京都の人間ではなかったが、二年ほど京都に住んだ。そのときに作られた歌に「コーヒーブルース」がある。この歌は、三条堺町にあるイノダというコーヒー店を歌った歌である。みんなはこの歌からイノダというコーヒー屋を知り、行くようになった。歌詞のなかにイノダの住所まで入っているのである。

イノダにすればこれほど宣伝効果のある歌はない。はっきりいえば、どこのコーヒーでもそう変わりがあるわけではない。コーヒーはコーヒーなのだ。それが、「コーヒーブルース」を聴いてから、イノダのコーヒーは特別なコーヒーになってしまう。つまり、ほかとの差別化がなされたのである。高田渡の歌でイノダは、その時点から特別なコーヒー屋になった。つまり物語性と伝説が生まれたのである。

京都はもともと他の地域に比べて物語性がある。それは千年の都であるための歴史的な物語性が多い。が、イノダにみるように、物語性というものは現代でも作られるし、必要だということである。それは、なにも高邁なアジテーションや歴史的な事実だけでできるものではない。いわゆるB級文化のほうがそこには圧倒的な力を発揮することもありえるのだ。

別にB級文化が特別にすごいといっているのではない。当時、学生たちに流行ったフォークソングにしてもそうだ。彼らの意識が総て高いものであったとは思えないし、問題意識がそうあったとも思えない。彼らは異性にもてたいし、格好いいから音楽を始めた、というほうがあたっているのが、多かった。ロックなどは最初からそういってもいた。

時代は政治の季節であった。どこの大学にも「造反有理」などの立て看が並び、連日、デモや封鎖、果てはロックアウトという状況であった。そんななか、ロックは若者の社会への反抗の音楽であったし、フォークソングはノンポリである自分にとって、いい訳ができる手ごろな小道具といえた。流行の音楽に反体制のテイストを被らせることさえできたのである。

が、反体制のテイストを被らせただけの音楽だったとしても、いつかそれらが一人歩きを始める。また、テクニックをみても、うまいからいいというものではない。本人がわかっているかどうかは別にして、音楽性だけでもないのである。だからフォークルなども出てきたのだ。うまいという技術論だけでいうなら、東京に音楽のプロはいくらでもいた。思想も青かった。それは若さゆえ許された。学生であるからこそ許されたのである。それを許す風土が、学生のまち京都にはあったのであろう。けれどもそれらは、それゆえ、あとづけの伝説となっていったのである。

ここにこそＢ級、すなわちチープであることの意味があるのである。

4　京都、その地域個性

（1）地域文化発信基地としてのラジオとサテライトスタジオ

当時はやはりラジオ京都放送（現ＫＢＳ京都）とサテライトスタジオ（図９‐６）の存在は、Ｂ級文化にとって大きな存在であった。

今よりも東京が遠く感じられたころ、ラジオ京都の番組は面白かった。中央で活躍するタレントや歌手に混ざって京都、すなわち隣近所のちょっとした有名人がディスクジョッキーになって出てきた。諸口あきらなども、そのなかの一人であった。彼は若干、年齢が高かったので、カントリーを歌っていた。もとは映画俳優だったということである。そこいらじゅうのコンサートの司会をしていた。公開番組があって、藤井大丸や丸物、長崎屋などでフォークのバンドをゲストに迎えて放送がされていた。レコードを出しているバンドや歌手に混ざり、地元京都のアマチュアバンドも出ていたのである。丸物ワイワイカーニバル（図9－7）という公開放送では端田のりひこ、藤井大丸では浜村淳や上岡龍太郎らがその司会として出演していた。丸物とは当時、京都駅前にあったデパートのことである。そこには東京や大阪とは違った京都のティストがこもった、少し洗練されていないおもしろい番組があったのである。

図9－6　人があふれたサテライトスタジオ

（出所）『京都新聞』1963年11月。

そして、サテライトスタジオである。高島屋の河原町通り側にガラス張りのスタジオがあった。市電や市バスの乗客や歩道を歩く人たちからもみえ、見物客が多いときは市電の運行にも支障が出るほどだったのである。このサテライトスタジオはラジオ京都放送の出前スタジオで、毎日、夕方ごろから放送がされていたように思う。今でいうライヴ感覚の放送であった。一九六三（昭和三八）年一一月二三日の京都新聞によれば、関西初の〝まちにとび出した放送

図9-7　丸物わいわいカーニバルの放送風景

（出所）　筆者撮影。

局〟として紹介されている。同紙面にはケネディ大統領の暗殺の記事も掲載されている。もちろん、ラジオ番組ということもあって、ディスクジョッキーの喋りと音楽で成り立っていたように覚えている。新曲キャンペーンのため東京から来た歌手やタレントたちが花を添えることもあり、その放送時間になればサテライトスタジオの前は見物客で身動きのとれないほどに人があふれ賑わった。みんなは、サテライトスタジオのことをサテスタと呼んで身近に感じていた。そこに、東京からの有名歌手、タレントに混ざり京都では名が売れたフォークやGSのバンドも出演し、あるときは彼らのほうが大勢の客を集めることもあった。現在、もしサテスタが京都のまちに出現したら、と考えるとおもしろい。地方局の存在価値があの空間には確かにあったように思えるからである。

（2）　B級文化よ永遠に

京都という所は流行に敏感である。それは学生のまちであるということも大きな一因には違いない。けれど、それ以上に地域個性と呼ぶものがある。学生は四年間で京都を出て行く。これは応仁の乱や新撰組など、よそ者が入ってきたときの京都人の対処法と似ている。迎合もせず、かといって排他的でもなく、先ずは懐に入れる。それは、例えば先斗町という呼び名にしても、本来はポルトガル語で「先っぽ」という言葉から来ているらしく、歴史のまち京都にポルトガル語、と違和感を覚えるにもかかわらず、いつの間にかすんなり馴染み溶け込んでいることからも感じてしまう。

京都といえば千年の都であるがため、古い文化を尊び新しさを排除する、というイメージがあるが、結構、新しもの好きなのである。新しい物への違和感がないのである……。

出雲の阿国にしてもそうだし、山城国一揆にしても、自由民権運動の天橋義塾や南山義塾も、京の地で起こるべくして起こったのである。雅にしても着倒れにしても、京都の地域個性が生んだ産物である。そして、文化というのは獣道である。それは思わぬところで花開くし、また、思わぬ毒を振りまきもする。

京都は学生が多いまちだ。学生であるからこその潔さとアマチュアイズム。どうせ四年間、恥をかいても学生のうちとの開き直りも含めておもしろい場所であり、期間限定、京都限定であるところが、伝説や物語性を生む土壌となっているのだろう。

物語性の創造と破壊、そして、そこからまた新しい物語を紡いで行く。それにはやはりチープで毒を含んだB級文化こそが、その大いなる担い手になる。

そういう意味でも物語性、それはまちづくりには必要である。それは故意に作れるものではない。が、B面・B級文化はそういう意味で物語に成りえる可能性を含んでいる。

今は路上ライブが盛んである。ちょうどあの日の筆者らのように自作の歌を熱唱する若いストリートミュージシャンたち。京都の新たなる物語、都市伝説は彼らがまた創造してくれるのだろうか。

［付記］　この稿を書き上げるため、フォークソングに関しては福中いづみ氏には資料も含め世話になった。また、ＧＳに関しては長島美知子氏にお世話になった。感謝します。

参考文献

（一九七三）「あの娘がくれたブルース・浅川マキ」『青春遊泳ノート』双葉社。

柴田和志（二〇〇二）『チャー坊遺稿集　1950～1994』飛鳥新社。

坂崎幸之助（二〇〇八～二〇〇九）『坂崎幸之助とJ―POPフレンズ1、2、3』自由国民社。

週刊文春編（二〇〇八）『フォークソング　されどわれらが日々』文藝春秋。

中村よう（二〇〇八）『昭和フォーク&ロック音楽堂』青幻舎。

鈴木いづみ（一九九六年）『鈴木いづみコレクション1・ハートに火をつけて！　だれが消す』交遊社。

サイ&バーバラ・リバコフ（一九六八）『ボブ・ディラン　モダンフォークの巨星』鈴木道子訳、音楽の友社。

ビートルズ（一九八五）『ビートルズ詩集』岩谷宏訳、シンコーミュージック。

山崎洋子（一九九九）『天使はブルースを歌う』毎日新聞社。

（一九七六）『高島屋百三十五年史』。

京都七人の会出版「107 SONG BOOK ザ・ナターシャー・セブン」。

（二〇〇七）『京の学生文化を歩く六〇～七〇年代グラフィティ』コトコト。

コラム

もう一つの京都を再発見しよう

京都府内における二〇〇八（平成二〇）年の観光入込客数は、七六七四万人となり、新型インフルエンザ等の影響で落ち込んだ前年から再び増加に転じた。（前年に比べ約二六六万人増加）。

京都府は二〇一〇（平成二二）年の「観光入込客数八〇〇〇万人」、京都市は「五〇〇〇万人構想」の達成を目指しているが（京都市は二〇〇八〔平成二〇〕年に五〇二一万人となり目標達成）、「京都観光」のイメージの中心は京都市内への観光であり、特に有名な神社仏閣が中心となるイメージが強い。「京都」への観光客が語られる時は「京都市」への観光客が五〇〇〇万人を超えるかどうかという視点で語られることが多いようである。

京都府は南北に長く、京都市以外にも丹後、丹波、乙訓・山城と各地域ごとに多彩な顔をもっている。最近の観光は、伝統的な社寺観光に加え、温泉施設など地方都市の保養・観光地、イベントが人気を集める傾向にある。また、観光やレジャーの多様化はめまぐるしく、例えば、地方に伝わる伝説や祭りを順次訪ねる若者たち、ウォーキングやバードウォッチングを楽しむアウトドア派、各地の新しい温泉施設を訪ねる高齢者など、ひと味違った旅行の人気が高まる兆しがある。また、今後はグリーンツーリズム、エコツーリズム、美術館ツーリズム等が注目されている。

京都府の北部「丹後地域」に目を向けてみると一味違った「京都」を味わうことができる。丹後地域は二〇〇七（平成一九）年八月三日に「丹後天橋立大江山国定公園」に指定されたが、一七年振り、五六番目の国定公園で、面積一九〇・二三ha、丹後半島海岸地区、世屋高原地区、大江山連峰地区からなる自然豊かな国定公園である。

丹後半島海岸地区は、日本海に面し、岩礁海岸や砂浜海岸、砂州など、多様な海岸地形が美しく、日本三景・天橋立をはじめ、日本一の鳴き砂の浜「琴引浜」、伊根の舟屋群を有する伊根湾などは是非とも訪れたい風景の一つである。

世屋高原地区は、丹後半島の中央に位置し、府内有数の広大な落葉広葉樹林帯と谷を流れる渓流や希少な草花等があり、棚田がある里山景観、碇《いかり》高原での牧場体験、「丹後海と星の見える丘公園」での自然体験などの自然とのふれあい、山頂から真下に海を見下ろす半島ならではの眺望がすばらしい。

大江山連峰地区は、丹後半島の南に位置し、西から赤石ヶ岳、千丈ヶ嶽、鳩ヶ峰、鍋塚、鬼の岩屋、杉山、赤岩山、由良ヶ岳と、標高六〇〇mから八〇〇mの山が連なる。晴れた日には遠く北陸や山陰の山々まで見渡せ、三六〇度の視界が広がるパノラマ景観や連山の山岳景観、鬼嶽稲荷神社から見る海原のような雲海が楽しめる。また、大江山の酒呑童子の伝説は有名である。

丹後半島といえば、全国的に有名な「間人《たいざ》ガニ」の産地である間人港の名を知らぬ者はいない。丹後のカニの漁場は丹後半島の沖合いにあり水深二〇〇mから三〇〇

mのところであるが、この豊穣な漁場まで約三〇kmに位置するのが間人港である。間人は漁場に最も近い町であり、港も船も小さいため、海上で停泊することなく日帰りで漁を行い、獲ったその日に帰港し競りにかけられる。山陰地方ではズワイガニを松葉ガニと呼んでいるが、その松葉ガニのなかでも間人港で水揚げされ、厳しいチェックに合格した、日本国内でも屈指の品質を誇る松葉ガニが「間人ガニ」である。間人港で水揚げされた「間人ガニ」の手には、一つ一つ緑色のプラスチック製のタグがつけられ、「間人港」の文字と漁船名が書かれている。緑色のタグは京都府産を表し、兵庫県のタグは青色、越前ガニは黄色である。

「間人ガニ」はなぜ幻のカニと呼ばれるのであろう。「間人ガニ」の水揚げは約五隻の小型船で一一～三月の間行われる。小型船で不安定な為、時化や天候の変化に影響されやすく、カニ漁を行った日のうちに帰港・水揚げされる。鳥取県や兵庫県等の大型船を多く保有する漁港のカニ漁は、沖泊まり（沖合いで泊まり、翌日も連続操業）を基本とし、四、五日間沖泊まりをすることも多い。カニは水槽等で生かし続けても確実に身が落ちるものである。水揚げ量を優先するなら、大型船で沖泊まりで連日操業する方が効率は良い。逆に鮮度を優先するなら、小型船で日帰り操業する方が良いということになる。後者に徹した「間人ガニ」は、まさに幻のカニと呼ばれるにふさわしい。

その丹後地域で二〇〇九（平成二一）年九月一二日・一三日に「自然公園ふれあい全国大会」が開催された。自然公園ふれあい大会は、環境省が主唱する「自然に親しむ運動」の趣旨に則るとともに地域の環境保全や振興に資するエコツーリズムを推進し、自然を守り、人と自然との豊かなふれあいを推進するための祭典である。「丹後天橋立大江山国定公園」の国定公園指定二周年を記念し、丹後地域の自然をあらためて全国に発信することも目的の一つである。

また、エコツーリズム推進法が二〇〇七（平成一九）年六月二〇日に成立したが、これまでの通過型の観光とは異なり、地域の自然環境の保全に配慮しながら、時間をかけて自然と触れあう「エコツーリズム」を推進しようという動きを本格化していく契機となることが期待されている。エコツーリズムは、地域の環境への配慮を欠いた単なる自然体験ツアーで終わってはいけない。自然観光資源として、動植物の生息地などの自然環境だけでなく、自然環境と密接に関係する風俗慣習などの伝統的な生活文化も含め、大会の開催だけに終わることなく、大会以降も京都発のエコツーリズムの魅力を発信し続けていくことを期待している。

二〇一〇（平成二二）年一〇月には、山陰海岸ジオパークが世界ジオパークネットワークに加盟認定された。山陰海岸ジオパークは、東は京都府京丹後市の経ヶ岬から兵庫県の但馬海岸を経て、西は鳥取県鳥取市の白兎海岸に至る東西約一一〇キロメートル、南北約三〇キロメートルの自然公園である。約四〇〇〇万年前の岩石から、今日に至るまでの経過が確認できる地質学的に貴重で多様な地質遺産を有しており、「地形・地質の博物館」ともいわれている。丹後半島を訪れる楽しみがまたひとつ増えたわけである。

我々も、もう一つの京都を再発見してみてはどうだろうか。

（秋野　稔）

第Ⅲ部

京都観光の今

——文化創造都市の経営戦略

第一〇章　京都観光の現状——五〇〇〇万人観光都市と政策ネットワーク

上田　誠

1 観光都市・京都

（1）京都と観光

京都には、年間約五〇〇〇万人の観光客が訪れている。入込み観光客の統計が、国勢調査や事業所統計のように、全国統一仕様で実施されているものではないため、「五〇〇〇万人」の多寡を単純に他都市、他地域と比較することはできないが、京都は、東京を除けば国内有数の訪問地であることは間違いないであろう。

京都が「観光都市」として多くの人に認知されている最大の要因は、平安建都以来、一二〇〇年もの歴史に培われた伝統、文化、祭、芸能、そして寺院神社をはじめとする文化財や観光資源が数多く残っているところにある。ちなみに全国の国宝の約二〇％、重要文化財の約一六％が京都にある（二〇〇八〔平成二〇〕年四月現在）。一九九四（平成六）年一二月には、「古都京都の文化財」として、一四の寺院神社や城が「世界遺産条約」に基づく世界文化遺産に登録されている。さらに、山紫水明と表されるように、都心を流れる鴨川のせせらぎや、三方を東山、北山、西山に囲まれた豊かな自然景観に恵まれ、桜、新緑、そして紅葉など、四季折々の魅力が満喫できるということも京都の比類なき魅力につながっている。

また、京都観光の経済面への影響をみると、二〇〇八（平成二〇）年の観光消費額は約六五六二億円で、前年比一・一％増となっている。さらに、観光客の消費による経済波及効果の総額は約一兆二四二一億円、観光関連産業の京都経済への貢献度は市内総生産ベースで約八・四％と推計されている。少子高齢化が進むなか、交流人口の増加と地域経済の振興に寄与する観光に期待されている役割は大きいといえよう。

（2）二つの視角

本章では、この京都の観光の現状を探るべく、二つの視角から眺めていきたい。一点目は、統計調査からうかがえる五〇〇〇万人観光都市の現状である。京都市では、毎年、入込み観光客数や、その属性・傾向を把握するための調査を行い、「京都市観光調査年報」として発表している。第二節で、この調査年報のデータを中心に、京都観光の現状を「全体概要」、「外国人観光客」、「修学旅行」の三つの視点に立って明らかにしていきたい。

二点目は、京都の観光振興を担う政策ネットワークの現状である。政策ネットワークとは、政策にかかわるアクターが自主的に資源を持ち寄って問題を解決していく集合体のことである。そこには、資源の供給や交換を通して相互依存の関係が構築されている。そして、関係するアクターが連携して、この集合体のなかで政策形成や政策の実施に携わっていくことになる。第三節では、この観光振興を担う政策ネットワークについて考察していく。

なお、本章では、原則として地域（エリア）としての京都市を指す場合は「京都」と表記し、行政機関を指す場合は「京都市」と表記している。また、データについては、本章執筆時点における最新である二〇〇八（平成二〇）年調査の結果を用いるが、一部、京都観光の現状を説明する上で重要なデータについては二〇〇七年以前の各種調査のものを採用している。

図10－1　京都の入込み観光客数の推移

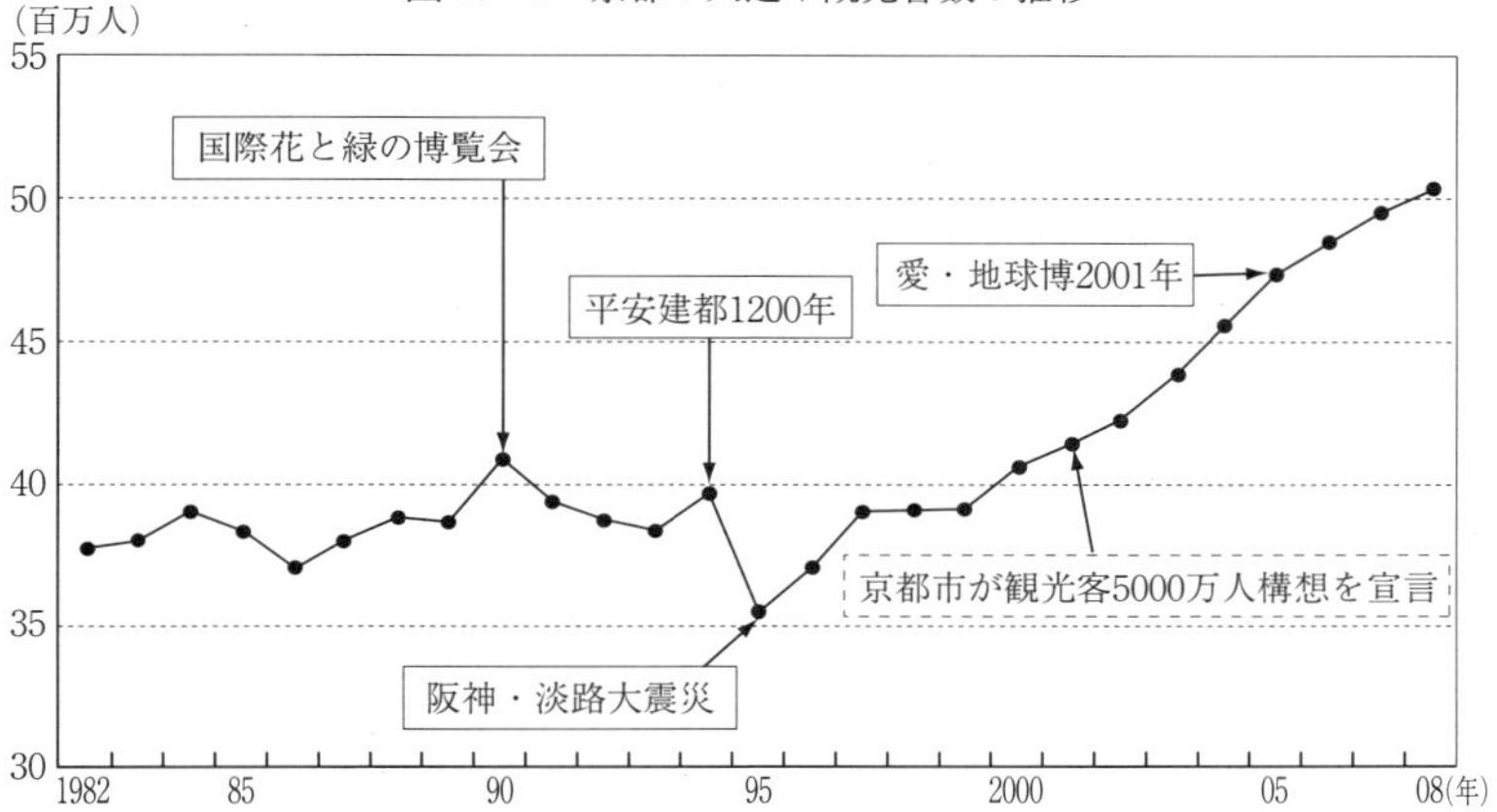

（出所）京都市産業観光局（2008）等を基に筆者作成。

2　統計から見た現状

（1）全体概要

①入込み観光客数

京都市では、二〇〇一（平成一三）年に、二〇一〇（平成二二）年を目標年とした「観光客五〇〇〇万人構想」を宣言して以来、入込み観光客数が右肩上がりに推移し、八年連続で過去最高記録を更新している（図10－1）。この五〇〇〇万人構想の表明と、現実の右肩上がりの状況に因果関係があるかどうかは不明だが、少なくとも入込み観光客五〇〇〇万人という誰にとってもわかりやすい目標設定が、京都観光を取り巻く多くの関係者の原動力になったことは間違いないであろう。

入込み観光客数は、一九六三（昭和三八）年に一〇〇〇万人を超え、一九七五（昭和五〇）年時点で三八〇〇万人に達し、その後、多少の増減はあるものの、ほぼ横ばいの時代が続いてきた。一九九〇（平成二）年の「国際花と緑の博覧会」や、一九九四（平成六）年の「平安建都一二〇〇年」などのイベント開催年に大きな伸びを示す傾向にあったが、長期的に見ると、常に右肩上が

図 10－2　月別観光客数（2008年）

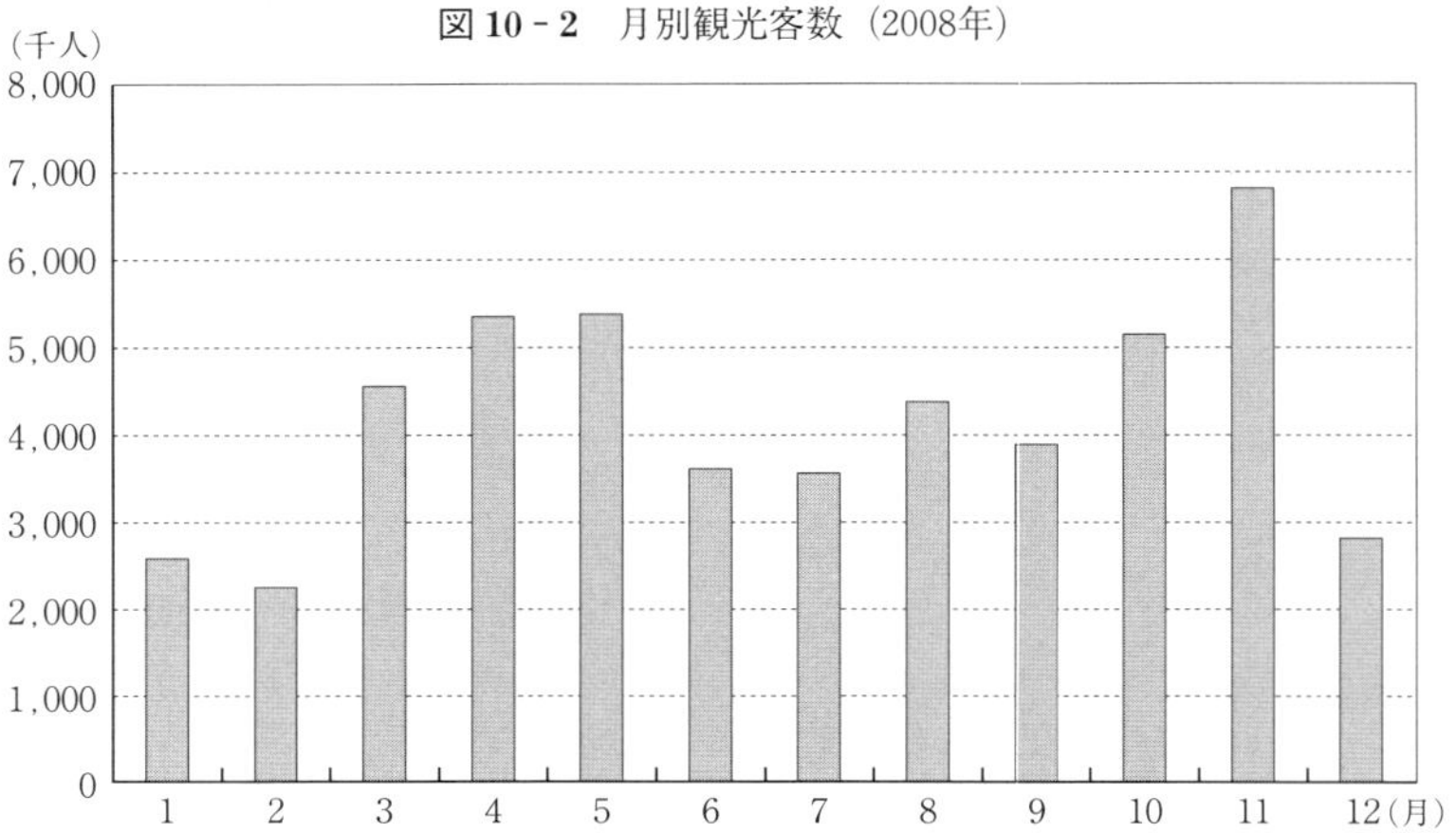

（出所）　京都市データを基に筆者作成。

りで推移してきたとはいいがたい。こうしたなかで、「愛・地球博」を挟む二〇〇〇年以降の伸びには特筆すべきものがあるが、その要因として①日本の堅調な景気動向、②国を挙げた観光振興の推進、③マスコミ等による京都情報の積極的な発信、などに支えられてきたと考えられる。二〇〇八（平成二〇）年の入込み観光客数は、前年比一・五％増の五〇二一万人となっている。

次に入込み観光客数を少し詳細にみていくことにしよう。まず、二〇〇八（平成二〇）年の調査結果で日帰りと宿泊別にみていくと、概ね「三（三七一四万九〇〇〇人）対一（一三〇六万一〇〇〇人）」となっている。宿泊観光客の平均宿泊日数は、一九九八（平成一〇）年に二泊を下回って以来、平均一～二泊の間を推移し、二〇〇六（平成二〇）年では一・六九泊となっている。

次に、**図10－2**で月別の状況をみていくと、三～五月の桜開花とゴールデンウィーク、一〇～一一月の紅葉シーズンに多くの観光客が訪れている。この時期は、ホテルや旅館も空室のない状況が続いており、また、嵐山や東山界わいなど、人気観光地における交通渋滞の発生が問題となっている。こうした季節変動は、京都のまちがテーマパークのように限られた空間に人為的に造作されたものではなく、一二〇〇年もの長きにわたり自然環境と共生

図10－3　年齢別

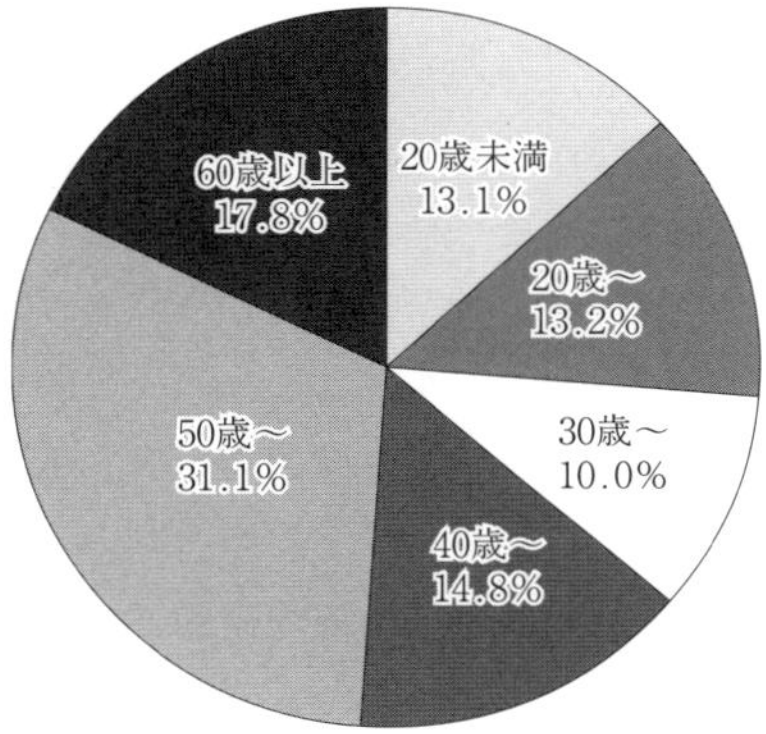

（出所）　京都市産業観光局（2008）

図10－4　過去の京都訪問回数

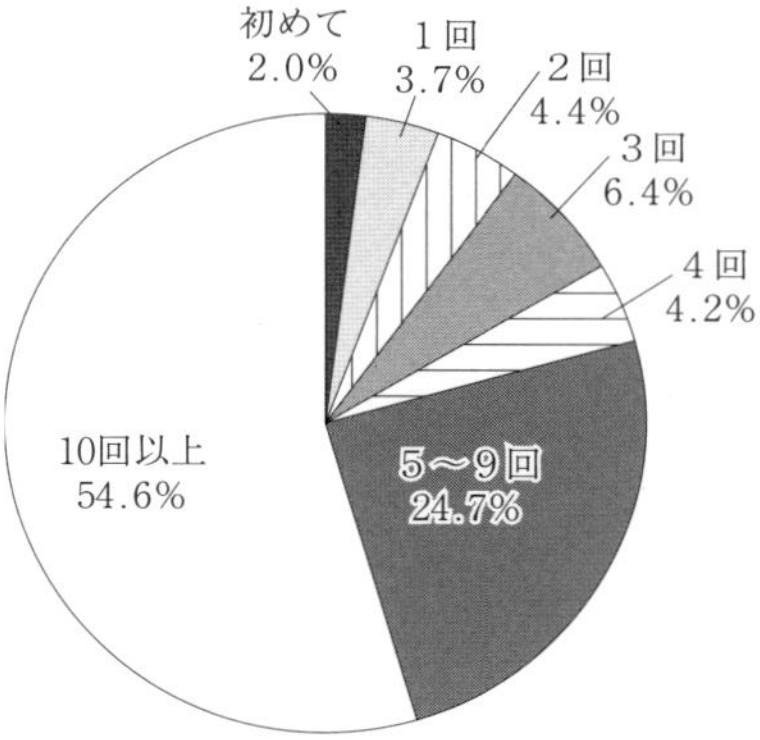

（出所）　京都市産業観光局（2008）

してきたことを裏づけている。季節固有の自然、風景、空気感なども
また、京都の一部になっている。

②観光客の属性（アンケートによる調査結果）

次に、京都市が実施しているアンケート調査に基づいて、京都を訪問している観光客の属性について概観していくことにする。データは二〇〇七（平成一九）年の調査結果を用いることにする。

まず「性別」については、女性が六四・六％と男性を大きく上回っている。「年齢別」では、五〇歳以上の割合が高く、四八・九％を占めている（図10－3）。過去に京都を訪問した回数を見ると一〇回以上が五四・六％、五回以上を含めると七九・三％と、何度も京都を訪れるリピーターが多いことが特徴となっている（図10－4）。また「出発地別」をみていくと、近畿地方からが最も多く、全体の六二・一％を占めており、次いで関東地方が一四・三％、中部地方が一二・〇％となっている。

（2）外国人観光客の現状

京都における宿泊施設利用外国人観光客数は、二〇〇六（平成一八）年から二〇〇七（平成一九）年にかけて一五・五％増、二〇〇七（平成一九）年から二〇〇八（平成二〇）年にかけて一・一％増と、二〇〇四

図10－5　京都における宿泊施設利用外国人観光客数の推移

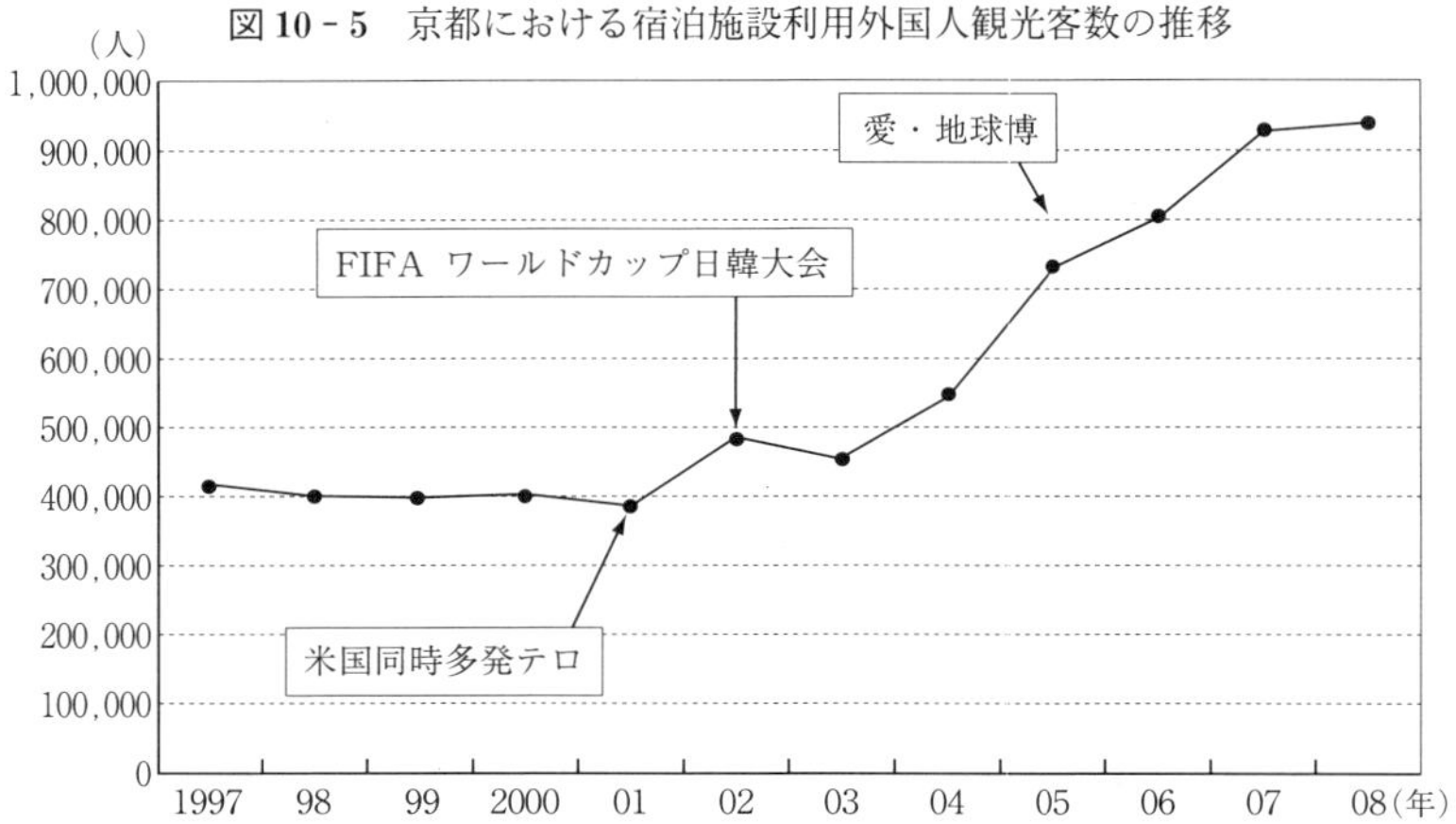

（出所）　京都市産業観光局（2008）を基に筆者作成。

（平成一六）年以降、堅調に増加を続けている（図10－5）。二〇〇八（平成二〇）年には、宿泊施設利用外国人観光客数が九三万七〇〇〇人を数え、二〇〇三（平成一五）年から比べるとほぼ倍増している。二〇〇三年に政府が外国人観光客数を一〇〇〇万人にするとの目標を設定し、「ビジット・ジャパン・キャンペーン」を推進して以降、訪日外国人旅行者数が大きく増加（二〇〇三年：五二一万人→二〇〇八（平成二〇）年：八三五万人）しているが、京都観光も、こうした政府の動向に呼応していることがうかがえる。

次に京都観光の国・地域別動向をみていきたい。京都における宿泊施設利用外国人観光客の国・地域別の動向をみてみると、一位がアメリカ（二八・三%）、二位が台湾（二二・〇%）、三位が中国（五・二%）となっている。大陸別でみると、ヨーロッパ、北米、オセアニアからの観光客が全体の六八・七%を占めている。一方で、日本全体の訪日外国人旅行者の傾向（日本政府観光局（JNTO）調査）は、一位が韓国（二八・五%）、二位が台湾（一六・六%）、三位が中国（一二・〇%）、となり、中国や韓国をはじめとするアジアからの観光客が全体の七割以上を占めている。京都は、とりわけ欧米に訴求力があるということがうかがえる。

図10‐6　京都への修学旅行客数と修学旅行全国対象児童・生徒数

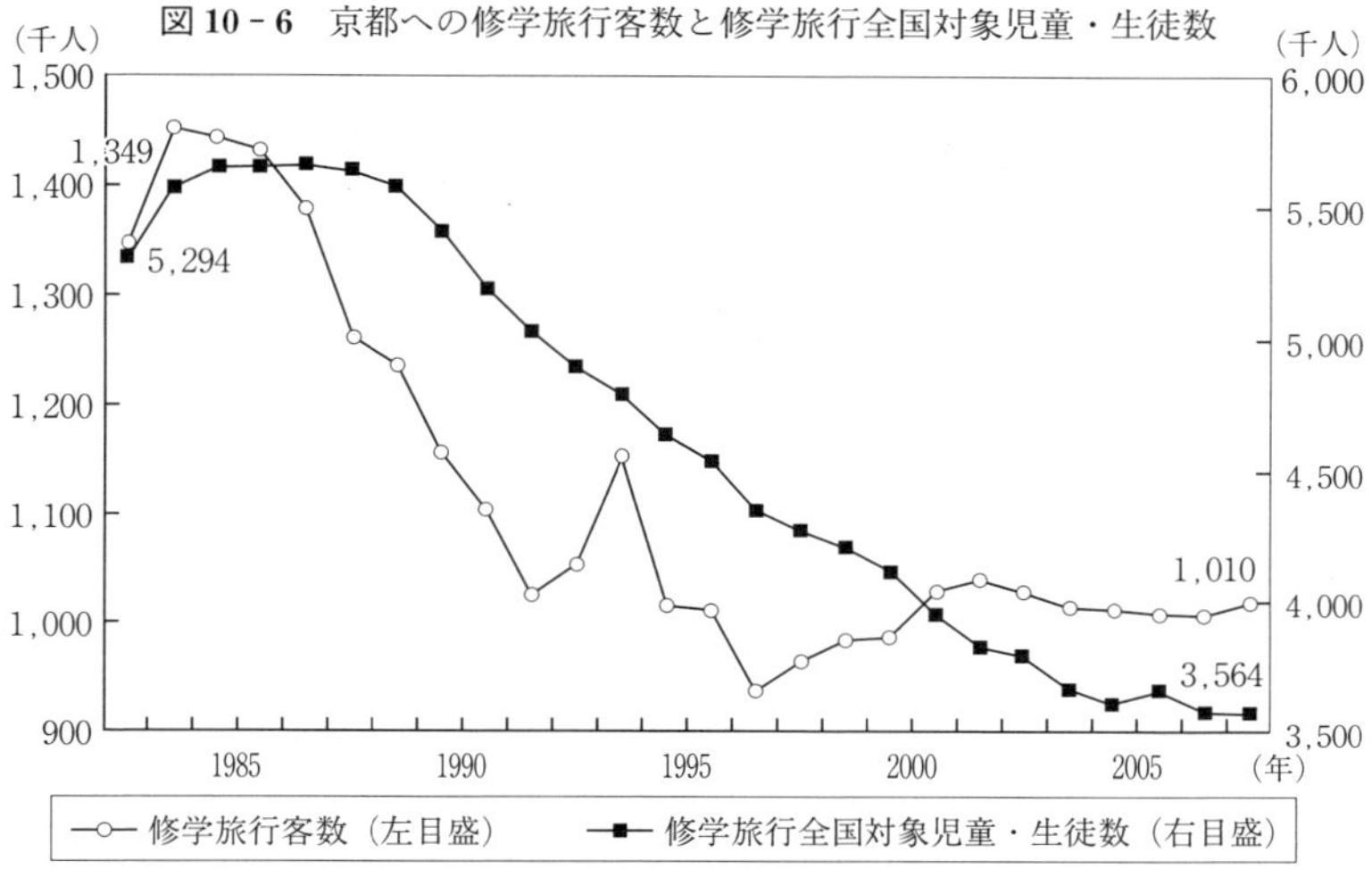

（注）　修学旅行対象児童・生徒数のうち，昭和61年～平成18年は「教育旅行白書」から作成，昭和58年～60年及び平成19年，20年は「学校統計調査」から小学校６年生，中学３年生，高校２年生の生徒数の合計数として作成。

（出所）　京都市「未来・京都観光振興計画2010^{+5}」。

京都市が二〇〇七（平成一九）年に実施した「京都市外国人観光客動向・意識調査報告書」では、外国人観光客の京都での平均滞在日数は三・一日となっている。また、七三・五％の人が、京都をはじめて訪問したと回答している。

（3）修学旅行の現状

京都への修学旅行は、全国的に少子化が進み、対象生徒数が減少する中で、逓減傾向にはあるものの、近年は毎年一〇〇万人以上をコンスタントに迎えている（図10‐6）。二〇〇八（平成二〇）年は、約一〇一万人の修学旅行生が来訪しているが、その内訳は、小学生約一二万八〇〇〇人、中学生約六四万二〇〇〇人、高校生約二四万人となっている。

二〇〇八（平成二〇）年の調査では、修学旅行の出発地は、関東（四四・六％）、中部（二一・五％）、九州（一〇・六％）と続いている。月別では、春の五～六月、秋の一〇～一一月にピークを迎える。

また、財団法人日本修学旅行協会の調査（『教育旅行白書』二〇〇九年版）によると、二〇〇七年（平成一九年）における全国の中学校修学旅行先の一位が京都（二四・八％）、二位が東京（一四・四％）、三位が奈良（九・七％）となっている。また、シェアは公表されていないものの、小学校においても全国一位（二位が奈良、三位が三重）、高校においても全国三位（一位が沖縄、二位が北海道）となっており、幅広い層の子ども達が、学校教育の一環として京都を訪問していることがうかがえる。

3　京都観光の政策ネットワーク

前節では、京都観光の現状について、統計調査データに基づいて概観していったが、次に本節では、京都の観光振興を担うネットワークについて考察していきたい。京都観光の政策ネットワークは、図10－7で示すように、公的アクターが中央に位置しているものの、その実態は民間アクターの経常的な営利活動が中心となった三層の集合体であるといえる。

観光政策は、公的アクターが単独で取り組むことのできる政策ではないということにいまさら説明の余地はないであろう。例えば、鉄道や飛行機などの運輸会社、ホテルや旅館などの宿泊施設、みやげ物店や飲食店、テーマパーク、旅行会社など、これらの民間アクターは観光政策における重要なアクターである。こうした民間のアクターが、それぞれの持ち味を発揮することこそが、観光振興の原動力となる。以下で、京都観光の政策ネットワークについて、考察していきたい。

(1) ネットワークの構造

図10－7のA、B、Cによる集合体が、京都観光の政策ネットワークである。以下で、A、B、Cそれぞれの内

容について触れていきたい。

まず[A]は公的アクターである。ここには、京都市や（社）京都市観光協会などが含まれる。このグループ内の構成員は、個々の企業の利益ではなく、集合の利益、すなわち公益の追求を中心に据えている。

[B]は、観光振興の主要アクターである京都市内に所在する観光関係の民間部門である。例えば観光施設、宿泊施設（ホテル、旅館など）、みやげ物店、料亭、飲食店、市内移動を担うバス会社、学生やシニア層のガイドクラブなどが含まれる。ライトアップなど観光事業に積極的に取り組んでいる寺院神社もこのグループに含まれているとみることができよう。

図 10 - 7　京都観光の政策ネットワーク

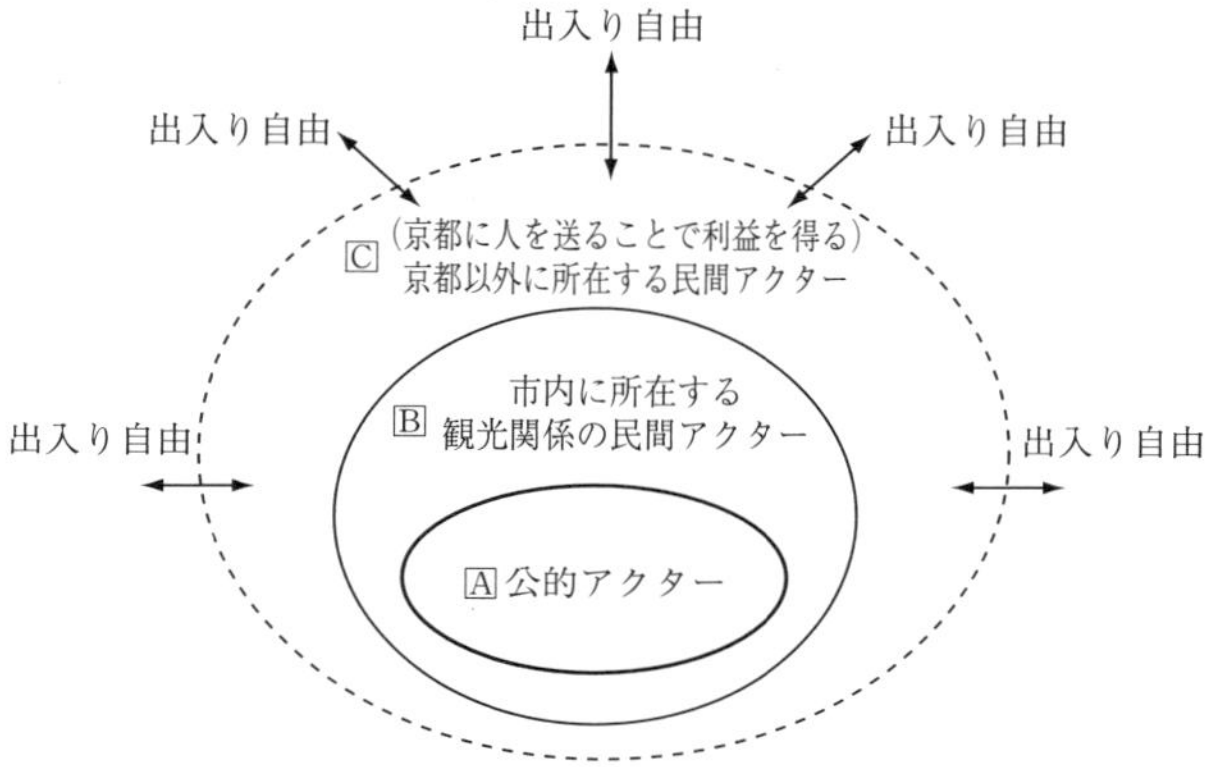

（出所）　筆者作成。

一般的に、国内外からの誘客を図るためには、この[B]が重要なキーを握っている。[B]に魅力がなければ、観光客を惹きつけることは難しい。また、[B]は観光客と日々接していることから、観光客の有する「京都」のイメージは、多くの場合、この[B]との関係のなかで形成されることになる。さらに、[B]のグループ内部では、主として同業種間での競争が日常的に生じている。そして、この競争こそが京都を観光都市として磨き上げる重要な要素となる。換言すれば、競争を前提とする民間アクターの活発な活動が、京都観光の器を広げ、結果として観光客の満足度を高めることにつながっていく。この[B]は、先の[A]とともに、地理的に京都市内に位置していること、また入込み観光客数の増加を目指すという共通の目標が設定できること、という点において、凝集性の強い（つながりの強い）ネットワークであるといえる。

Cには、京都に人を送ることで利益を得る民間アクターが参加することになる。例えば、京都に送客する運輸機関や旅行会社などが含まれる。また、少し広範にとらえるのであれば、京都をPRすることで利益を得る民間アクター、例えば出版社をはじめとするマスコミなどもこのCに含まれる。Cの特徴として、必ずしも京都市内に位置している必要はなく、むしろ市場、すなわち京都市外に主たる営業拠点を有しているケースが多い。先のAおよびBに、このCが加わることで、京都観光の誘致に係るネットワークが広がり、よりいっそう強力なものになる。観光が人の移動を伴うものである限り、京都への送客を目指す民間アクターと、市内の観光関係の民間アクターのベクトルは、京都観光の振興という共通した目標下で、同じ方向を向くことができる。京都観光の最大の特徴は、このCをネットワーク内に取り込んでいることにあるといえる。一方で、このCについては、企業内の経営戦略の変更などにより、場合によってはネットワークからの出入りが生じることもありうる。また、京都の魅力が減少すれば、AおよびBの求心力が弱まり、結果としてCの拡散につながる恐れもある。すなわちCは、AおよびBのように凝集性は強くなく、常時出入り自由なメンバーで構成されるといえる。

（2）相互の関係と役割

①「A公的アクター」と「B市内に所在する観光関係の民間アクター」の関係（図10-8）。

Aはネットワークの中央に位置しているが、観光客と接触する機会はそれほど多くない。一方でBは、常時、観光客と接触している。そこで、観光客の現状やニーズ、観光客が有する京都の不満、京都に対する改善要望などは、まずBに集約されることになる。例えば「○○のトイレが汚かった」や、「夕方の渋滞がひどかった」などの声である。そして、AはBをとおして、京都観光に関する問題や課題についての情報を入手する。そのことは、次のステップとして、Aおよび Bによる課題の共有、そして新たな施策・事業の企画立案や実施につながっていく。

② A B と、「C京都に人を送ることで利益を得る京都以外に所在する民間アクター」との関係（図10－9）。

C は、グループ内の同業他社との差異化を目的に、地元の民間アクターであるBと特別な関係を構築するよう働きかける（i）。例えば、CはBと提携し、オリジナルのサービスや、隠れた名所の発掘、未公開施設の特別公開などを組み入れた独自の旅行商品を開発していくケースなどがある。このBとCの提携によって、京都観光の新たな魅力が創出され、結果として京都観光のカタログが分厚くなる。また、Cは外からの目線でとらえた京都の魅力

図 10－8　AとBの関係

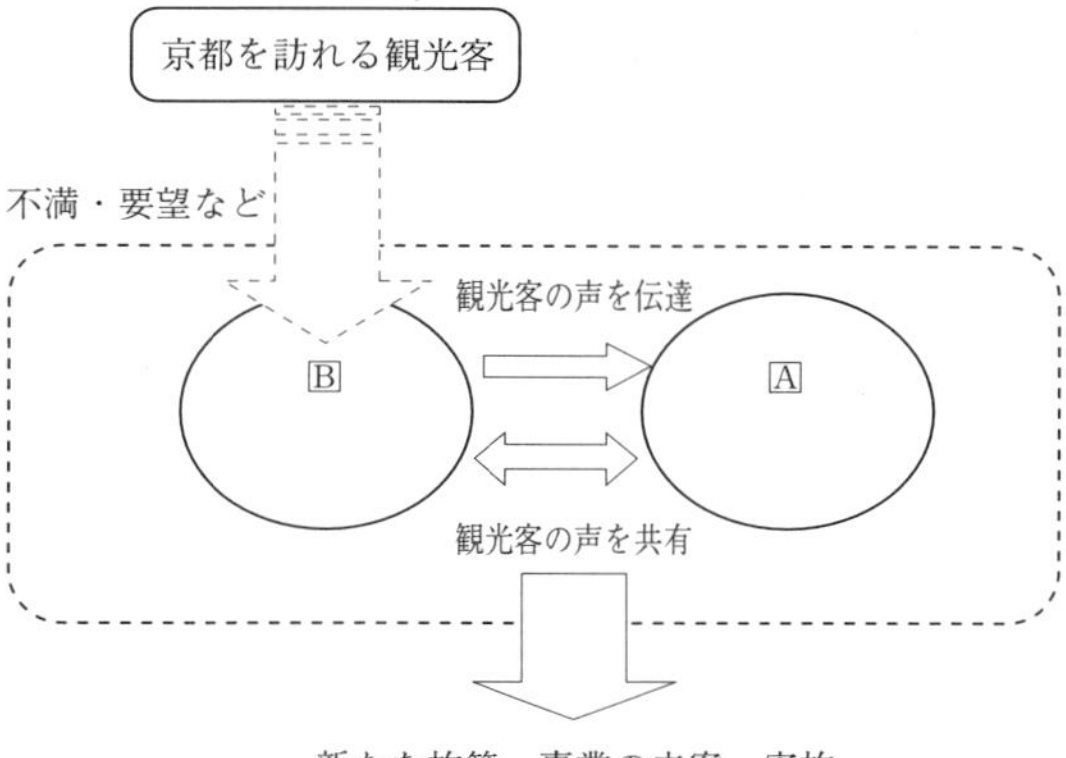

（出所）　筆者作成。

図 10－9　A Bと、Cとの関係

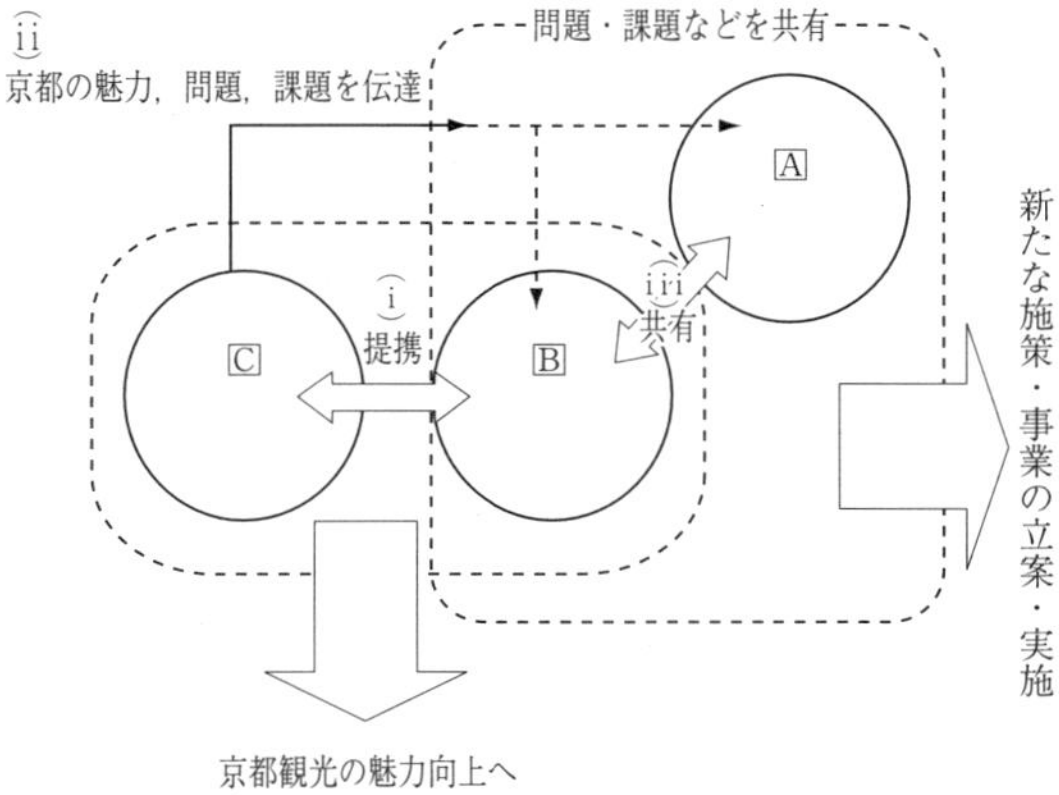

（出所）　筆者作成。

や、京都の問題や課題をBおよびAに伝える（ii）。例えば、「〇〇の食事の質を向上できないか。」「〇〇の価格がもう少し安くならないか。」などである。それらについて、Bは自らを見直す材料とし、またAおよびBは、互いに共有して新たな施策・事業の企画立案・実施に生かしていく（iii）。

③　「公的アクター」の役割

先述の①、②の関係を維持していくためには、A、B、Cの三層で構成する集合体（図10‐7）のマネジメントが重要である。

公的アクターであるAの主たる役割は、このネットワーク全体のマネジメントである。具体には、まずBの活動を下支えすることにある。民間アクターで対応が困難なこと、例えば夏や冬の閑散期における誘客促進や、観光振興の結果発生する外部不経済（交通問題、環境問題など）などへの対応を行う。さらに、政策や施策に反映させるという観点から、常にBとの情報交換に重きを置く。

一方で、比較的出入りがあり、必ずしも凝集性が強いとはいえないCをネットワーク内に留めるために、Cの営利活動と方向性を合致させていく必要がある。例えば、Cと共同での京都送客に向けたキャンペーンの実施や、隠れた観光資源の開発と、旅行商品としての素材提供などを行う。例えば、冬のキャンペーンである「京の冬の旅」などはこうした位置づけを有しているといえよう。

このように、Aの主たる役割は、BおよびCという民間アクターの活動と京都の観光振興のベクトルをできるだけ合わせること、いい換えれば関係するアクター全体にメリットが享受でき、その総和が最大になるよう全体をマネジメントしていくことにある。

（3） 京都観光と政策ネットワーク

最後に、このネットワーク通してうかがえる京都観光を振興していく上での留意点について、以下で六点記したい。

①ネットワーク内の情報経路の確保

[A]、[B]、[C]間で情報共有が容易にできるよう、常に情報伝達経路の確保、あるいは情報共有できる場の設定が求められる。京都における観光政策・施策の「種」は、多くの場合、この情報交換のなかから生まれていくことになる。

②各アクターの役割分担

グループ内においてアクターが、それぞれの得意分野で最大限の力を発揮できるような役割分担を自覚する必要がある。民間アクターにおいては、日々の活動・行動を通して京都、あるいは京都観光に貢献していくことになるが、一方で公的アクターには単純に「舟を漕ぐ」のではなく、「舵を取る」ということを意識したスタンスが望まれる。

③ネットワークの変容に対する柔軟な対応

このネットワークは、誘客対象によって変容する。例えば、外国人観光客誘致と修学旅行誘致では違った民間アクターが参加することになる。さらに、時間の経過によって、民間アクターの出入りが生じる可能性もある。ネットワークを構成する関係者においては、当該ネットワークが可変的あるという認識が求められる。

④市民の参加

このネットワークに市民がどのようにかかわるのか、あるいは観光と市民生活がどのように調和していくのかという点に留意する必要がある。観光客を暖かく迎えるという点において観光における市民の役割は大きい。現状のネットワークにおいては、市民、あるいは市民団体の位置づけは希薄であるが、将来的には市民参加型のネットワーク構築を目指していく必要がある。

⑤観光客の視点に立脚したネットワーク構築

政策ネットワークを構成する地元アクターの所在は、必ずしも京都市や京都府の行政区域と一致しているわけではない。ネットワークの構築に際しては、観光客からみた「京都観光」の範囲をしっかりと見据えて、それに沿うことが望まれる。行政境界にこだわることは、場合によっては観光客不在の観光政策に陥る危険性を有している。

⑥観光都市・京都の魅力向上

京都観光の政策ネットワークが形成されている根幹は、京都というまちに国内外の観光客をひきつける比類なき魅力があるからである。したがって、観光客の誘致・誘客などのプロモーションやキャンペーン、またイベントなどとは別に、京都の魅力とは何かということを常にイメージし、それに磨きをかけるような地道な努力が求められる。

観光は、外的要因に大きく左右される。例えば、国内外において、安全・安心を揺るがす出来事、経済危機、天災などが生じれば、しばらくの間は、観光へのマイナスの影響が生じる。したがって、京都観光にとって、第二節で取り上げた入込み観光客数をはじめとする調査統計の数値は、先に例示した外的要因によって常に変動するものであり、将来の京都観光について何ら保証するものではない。一方で、本節で取り上げた政策ネットワークは、結果を導くための装置である。将来的に外的要因によって、京都観光の統計数値が減少・悪化することがあったとしても、この政策ネットワークがしっかりと機能し、問題把握や課題解決に取り組んでいくことができれば、外的環境の好転に伴ってすぐに立ち直ることができるであろう。この政策ネットワークの考察は、観光振興の現状を概観するうえで、統計的なデータによる数値的な把握に加えて、中長期的な視野に立ち、推進主体、あるいは推進体制、さらにネットワーク内の相互関係を観察することの重要性を示唆してくれる。

参考文献

風間規男（一九九九）「防災政策と政策ネットワーク論」『近畿大学法学』第四六巻、第四号。

風間規男（二〇〇八）「ガバナンス時代における政策手法に関する考察――越境する政策手法」『公共政策研究』第七号、公共政策学会。

小谷達男（一九九四）『観光事業論』学文社。

敷田麻美、内田純一、森重昌之（二〇〇九）『観光の地域ブランディング』学芸出版社。

鈴木忠義編（一九八九）『現代観光論』有斐閣双書。

新川達郎（二〇〇八）「公共性概念の再構築とローカルガバナンス」白石克孝、新川達郎編『参加と協働の地域公共政策開発システム』日本評論社。

原田久（一九九八）「政策・制度・管理――政策ネットワーク論の複眼的考察」『行政管理研究81』（財）行政管理研究センター。

真山達志（二〇〇二）「地方分権の展開とローカル・ガバナンス」『同志社法学』第二八八号、同志社法学会。

山上徹（二〇〇七）『京都観光学　改訂版』法律文化社。

Les Lumzdon (1997), Tourism, Marketing, International Tomson Business House（奥本勝彦訳（二〇〇六）『観光のマーケティング』多賀出版）。

都市問題研究会（二〇〇四、二月号）『都市問題研究（観光事業による地域づくり、まちづくり）』第五六巻第二号通巻六三八号。

都市問題研究会（二〇〇七、九月号）『都市問題研究（自治体の観光戦略）』第五九号第九号通巻六八一号。

京都市産業観光局（二〇〇八）『京都市観光調査年報　平成一九年（二〇〇七年）』。

京都市「未来・京都観光振興計画　2010^{+5}」

コラム

「一見さんお断り」と京都のホスピタリティー

京都でホスピタリティーを追求していくと、「一見さんお断り」という言葉がどうしても出てきてしまう。

この「一見さんお断り」を大衆に向ければ、会員制とでもいうのであろうか？

基本的には飲食するお店から生まれてきたように思うのであるが、大切な顧客へ十分なおもてなしをするためには「一見さんお断り」は必要不可欠であり、顧客が求めるものを追求していけば「顧客のためだけに用意された特別な対応や待遇でもてなすことができるお店」の存在という条件が必要なのは理解できる。

お店の環境や設備（周辺の環境や景観・庭園・しつらえや調度品・部屋）、お料理、食器、挨拶や会話、振る舞いなど、数多くのこだわりが必要とされ、顧客にはこれらすべての満足を提供するのであるから、はじめて店に訪れた「一見さん」では到底対応できるものではない。

やはり、常連客であればこそ、店側としては顧客の好みを十分把握し満足を与えるために、好みのしつらえや調度品などで雰囲気を整え、好みの食材や味つけで調理し、そして好みの食器を使い食器に合わせた盛りつけでお料理を提供するもので、顧客の性格や好みを把握しているお店は、機嫌を損ねない会話や対応をも心得ているのである。

常連客が接待する場合、事前に接待客の情報を店側に伝えておく事で、常連客に恥をかかさず接待客をもてなす心得があるのも、時間をかけて培った信頼関係による意思疎通ができているからこそで、その接待客をいずれ常連客にしてしまうのは「一見さんお断り」のお店だからできる技ではないだろうか。

この店でしか得られない長年培った顧客との信頼からなる貴重な顧客情報は、ほかにない特別なおもてなしを提供する秘伝のマニュアルとして、どんなわがままな顧客の要望であっても低調に心を込めて受け止め、対応していく店側の顧客に対する気持ちとしっかりした姿勢があるからこそ長続きするものであろう。

その細部にまで行き届く心憎い最高のおもてなしを受ける環境が整えられているからこそ、顧客は知人や大切な人を連れて行っても、安心して食事をしながら楽しく有意義で特別な時間を過ごす事ができるお店として、そのお店を大切にする事になるのである。

その、まさに贅沢なおもてなしを京都の旦那衆は求めていたのであろう。

京都は、京都御所や寺社仏閣が集中している環境のなかで、華道や茶道の発展、寺社仏閣の建築などによる時代背景が京都の文化を発展させ、それに伴う工芸や芸術に至るまで、ほかにないレベルの高い技術や感性の発達を遂げてきた。

それに伴い、食の文化は今までにない調理方法や特別な食事環境を求める人達が多くなり、調理師達はこぞって食材にこだわりをもち京都産だけにとどまることなく地方の食材をも取り入れ、その食材を入手するための流通や運搬までもが発展を遂げるようになったのも「一見さんお断り」を徹底するシステムが継続されてきたからこそであろう。

顧客満足の追及は食材だけでなく、店側もそれぞれの顧客の好みに合わせた環境を作り、味つけや盛り付け、そして食器へと顧客の満足をとめどなく追求することとなり、料理を盛りつける器となる陶芸、椀や膳の漆器などの発展へとつながるのである。

また、食事中に華やかさを求めるために、お酒の席では舞妓や芸子による踊りや歌、遊びも取り入れ、花街の発展にも貢献して行くなかで着物文化の発展にも大きな影響を与え、着物や帯、そして装飾品を作る職人までもが感性の高い世界で腕を競い、着物で財を成した人達のなかには「一見さんお断り」の店で常連客となるのである。

もちろん、京都の「一見さんお断り」がこのような食から発展し、すべてではないが、あらゆる経済や文化、伝統工芸、そして花街の発展にまで影響を及ぼし、ホスピタリティーの追求とともに感性や高度な技術に至るまで、人の心を豊かにし永久に求め続けられるものなのであろう。

私は、就職して婚礼衣裳のデザイン（和装）をしていたころに、良い物を作るには、良い物をみて良い物を知れば知るほど感性の高い物作りができると教えを受けたのだが、京都の文化や伝統、おもてなしなどに触れることが多い環境下であったからこそ自然に理解することができたのかもしれない。

この、京都の特別な環境で暮らす人達により、京都ならではの京都らしいホスピタリティーから生まれ、京都の産業は進化し続けてきたのだが、おもてなしの心として芽生えた「一見さんお断り」が、現在では崩壊しつつあり、それに伴い発展した産業は衰退しつつあり、別世界のものとして扱われるようになってしまっている。

私の本業であるウエディングビジネスにおいては、着物を着ない結婚式が増えるなか、着物業界を支えてきた職人達へ復活の道を開こうと、京都の和の結婚式「京都結婚日和」を企画し発信し続けている（「京都結婚日和」http://kekkonbiyori.jp）。

（木村俊昭）

第一一章　都市のエコツーリズム――〝田の字地区〟の中の手づくり都市観光

滋野　浩毅

1　京都観光の新たな潮流

（1）活況を呈する京都観光

京都観光が活況を呈している。書店には「京都本」と呼ばれるガイドブックや書籍が並び、テレビ番組の「京都特集」も人気だ。また、インターネット上でも、京都情報のポータルサイトや、ブログで京都観光をつづった日記などを目にすることができる。

京都市は二〇〇〇（平成一二）年に、観光客数を一〇年間でおよそ一〇〇〇万人増の五〇〇〇万人にするという「観光客五〇〇〇万人構想」を発表した。その後、二〇〇一（平成一三）年に策定された「京都市観光振興推進計画――おこしやすプラン二一」に基づき、「京都・花灯路」をはじめとしたオフシーズンの取組みによって通年観光を実現させたことや、いわゆる名所旧跡を訪ねるだけでなく、テーマ性をもたせた観光コースの提案等、京都のまちそのものを楽しむ「界隈観光」の強化によって、一九九〇年代の景気低迷や阪神・淡路大震災によって停滞していた京都の観光客数は増加に転じた。さらに、二〇〇三（平成一五）年には、京都の伝統文化や都市景観の魅力に磨きをかけ、それを国内外に向けて発信していくことを進めるため、「国家戦略としての京都創生の提言」が出され、それを受けて景観、文化、観光に関する数々の取組みがなされるようになった。

また、二〇〇六（平成一八）年には「新京都市観光振興推進計画――ゆとり　うるおい　新おこしやすプラン二一」（以下、「新京都市観光振興推進計画」）が策定され、「オール京都」による観光振興の方針が明示された。入洛観光客数は、この間増加の一途をたどり、「観光客五〇〇〇万人構想」発表の二〇〇〇（平成一二）年に四〇〇〇万人強であった京都の観光客数は、二〇〇八（平成二〇）年には五〇二一万人を突破し、目標年次の二〇一〇（平成二二）年より二年早い達成となった（表11－1）。その背景には、先述のような「オール京都」体制での観光振興推進のほか、国のビジット・ジャパン・キャンペーンも活用した外国人観光客の積極的な誘致、そして全国的な「京都ブーム」の定着などがある。

表11－1　京都市の入洛観光客数

年	観光客数（千人）
1990	40,846
1991	39,303
1992	38,692
1993	38,288
1994	39,667
1995	35,343
1996	36,986
1997	38,918
1998	38,973
1999	38,991
2000	40,512
2001	41,322
2002	42,174
2003	43,740
2004	45,544
2005	47,271
2006	48,391
2007	49,445
2008	50,210
2009	46,896

（出所）　京都市産業観光局（2010）より筆者作成。

「国際文化観光都市」である京都市は、世界文化遺産はじめとする、国宝や重要文化財指定の名所・旧跡や文化財、祭事、伝統文化、伝統産業等多様な観光資源に恵まれている。しかしながら、多くの観光客が訪れる観光地は過去数年間清水寺、嵐山、金閣寺、銀閣寺が常に上位を占めており、観光エリアや多様なプログラムといった「広がり」をもった観光行動が定着したかという点においては十分とはいえない状況である。また、そのために必要な、有名観光地という「点」を結ぶ観光ルートの開発や、まちそのものといった「界隈」の魅力発見と発信に関する取組みついては、緒についたばかりである。

そこで本章では、京都市都心部、いわゆる〝田の字地区〟と呼ばれるエリア内における「まちなか観光」の取組み事例から、その意義や課題を明らかにし、「エコツーリズム」としての都市観光の在り方を探ることとしたい。

(2) オルタナティブなツーリズムとしての都市のエコツーリズム

二〇〇八(平成二〇)年に施行された「エコツーリズム推進法」では、「自然観光資源」を①動植物の生息地又は生育地その他の自然環境に係る観光資源、②自然環境と密接な関係を有する風俗習慣その他の伝統的な生活文化に係る観光資源としたうえで、エコツーリズムを「観光旅行者が自然観光資源について知識を有する者から案内又は助言を受け、当該自然環境資源の保護に配慮しつつ、当該自然環境資源と触れ合い、これに関する知識および理解を深めるための活動をいう」と定義している。この定義に従えば、都市におけるエコツーリズムは成立しえないということになるが、京都市における環境パートナーシップ組織「京のアジェンダ二一フォーラム」(以降、「フォーラム」)の「エコツーリズムワーキンググループ」では、京都のエコツーリズムを「京都における環境調和型観光」と位置づけ、「観光客に、交通手段・宿泊・飲食・買い物などさまざまな面で地球温暖化防止やごみの減量など環境に配慮した環境調和型の観光を楽しんでいただくこと」を目標としていることをみてもわかるように、環境負荷をかけない観光行動を「エコツーリズム」としている。

塚本珪一(二〇〇一、二〇〇二)は、都市のエコツーリズムをエコミュージアムやエコシティとの関係のなかでその構造を論じるとともに(図11-1)、NPO法人環境市民の「エコツーリズム研究会」の取組みや、先述の「フォーラム」が二〇〇一(平成一三)年にパイロット事業として実施した「京都エコツアー」の事例として取り上げながら、その要素を本物、時代の記憶、自然、生活文化、交通(特に〝歩くこと〟)、インタープリター(案内人)、ライフスタイル・エコホテルにあるとした。

図 11 - 1　エコシティ、エコミュージアムとエコツーリズムの構造

（出所）　塚本（2001）筆者作成。

「フォーラム」では、二〇〇一（平成一三）年度の調査において、地域の魅力・京都の魅力を活かした活動を実施している団体を「エコツアー実践団体」と位置づけ、団体のプログラム内容から①京都の自然に親しむツーリズム、②京都を歩いて文化を知るツーリズム、③京都のエコ生活文化に触れるツーリズム、④京都の環境対策を知るツーリズムに分類している。

そして京都市は二〇〇六年に、「新京都市観光振興推進計画――ゆとり　うるおい　新おこしやすプラン二一」を策定し、二〇一〇年までの観光政策における方針と施策を示した。そこでは、「観光振興五つの宣言」の中に、公共交通機関の利用促進を推進する「脱クルマ観光の推進」、「一〇〇の推進施策」の中に「ひとつの地域・界隈をじっくり、ゆっくりと味わうことのできる観光振興の推進」、「エコツーリズム、グリーンツーリズムの推進」、「まちなか観光の推進」、「安心・安全・美化の推進」という施策メニューを掲げている。このように見ると、①自然観光資源と文化観光資源を含めた地域の観光資源の活用と整備及び発信、②自家用車依存からの脱却と公共交通機関及び自転車や徒歩による観光の推進、消費者の観光行動及び観光事業者の事業活動における環境配慮の各要素にかなった観光が京都における「エコツーリズム」であると定義しても良いだろう。すなわち、都市のエコツーリズムはオルタナティブツーリズムの一形態であるといえる。

2　近年の京都観光の動向と背景

（1）　京都市都心部の概況

京都市中心市街地の繁華街といえば、これまでは四条通り、河原町通りを中心とした地域が中心であった。しかし、都心部の人口減少と少子化の影響で小学校が統合されたことにより、繁華街である木屋町通の中心に位置していた元立誠小学校周辺に風俗店等が増加した。そのような雰囲気を嫌う人たちは、買い物や飲食等、遊興の場所を河原町通の西側に移しはじめた。また、時期を同じくして起こったバブル経済の崩壊による地価の下落、和装産業の衰退による和装卸問屋の倒産、廃業、事業縮小等によって、それまで保有していた不動産が流動化し、そのために都心部に駐車場やマンションの建設が進んだことによって都市部の人口が増加した。また、明治、大正、昭和初期に建設された近代建築を改装した複合（商業）施設の開業や、京町家を活用した店舗の人気の高まり等により、カフェ、創作料理、ファッション、雑貨、美容室、ネイルアート、リラクゼーションといった、二〇代後半から三〇代をメインターゲットとした店舗等の集まる、新たな「職住遊共存エリア」へと変貌を遂げる動きも生じている。

もともと〝田の字地区〟は京都の中心地として存在したが、先述のような九〇年代以降の環境変化により、また、空前の「京都ブーム」によって、観光客のみならず人の流れが「線」から「面」へと展開している。

（2）京都観光の新たな動向

二〇〇四（平成一六）年より始まった「京都・観光文化検定」は、二〇〇八（平成二〇）年までの五年間で、四万七〇〇〇人を超える受験者を数え、一万六〇〇〇人を超える合格者を出しているが、その受験動機は、ホテルや観光ガイド等、観光業で働く人が「仕事上役に立つから」という理由であるばかりでなく、むしろ「京都が好き」とか「もっと京都を知りたい」という動機の方が強いようである。

京都観光はリピーターに支えられているといっても過言ではない。またリピーターになるほど、「自分だけの京都」を求める傾向がある。書店には、「秘密の」とか「こだわりの」、あるいは「おあつらえ」といった言葉を冠した書籍が並んだ「京都コーナー」が設けられており、多くの人がそれらを買い求めている。また、ガイドブックやタウン誌も、エリアや「通り」に着目した構成になっており、「まちを歩くこと」を基本的なスタンスとしていることがわかる。

また、学びや交流を念頭に置いた新しい形の観光ビジネスや取組みも活発である。「株式会社らくたび」は「京都の観光文化を魅力的にプロデュースする」ことを目的として数々の講座やセミナーの実施、書籍やウェブサイトによる情報発信を行っている。「京都カラスマ大学」は、京都のまちそのものを学びの場、すなわち「大学」と見立て、各分野の人からの話を聞いたり、交流ができるようになっている。「楽洛キャンパス」は京都の歴史・文化をより深く知り、体験できる講座が準備されている。そして「WAK JAPAN」は、外国人向けの日本文化体験プログラムを数多くそろえている。

このように、京都の文化をより深く学んだり、体験しながら、京都観光において、単なる「物見遊山」では飽き足らない層に対し、知的好奇心を刺激するプログラムを提供する取組みが近年、特に増加している。「観光客五〇〇〇万人構想」発表の二〇〇〇（平成一二）年以降、京都市への観光客は増加の一途をたどっており、また「京都ブーム」とも言えるほどの人気の様相を呈しているが、その実態は、名所めぐり中心の「従来型」の京都観光とは異なる、「まちそのもの」を楽しむ「新しい京都観光」が後押ししているとみることができよう。

3　「まちなか観光」の事例

本節では、「新しい京都観光」の要素の一つとなっている「まちそのもの」を対象とした京都市都心部における、二つの取組事例から検証してみよう。

図11－2　「三条あかり景色2006」開催中の三条通りの様子

（出所）　北田暁美氏撮影。

（1）「楽洛まちぶら会」の取組み

「楽洛まちぶら会」とは、二〇〇三（平成一五）年より、京都で事業活動やまちづくり活動を展開している有志で構成している任意のグループである。

メンバーは、主に京都市都心部を中心に事業や活動を展開している商店主、企業役員、サラリーマン、個人経営者、デザイナー、プロデューサー、演出家、学識経験者、まちづくり専門家、学生、マスコミ等多彩な背景を持った人たちから成り、メンバーそれぞれが職業に由来する多様な職能やネットワークを保有している。

その取組みは、京都市都心部という一定地域における信頼性の構築とともに、その地域特性が担保される事業性の確保も踏まえながら、まちのムーブメントの基盤づくりや、「人材、情報交流のプラットフォーム」、「コミュニティ・ビジネスとして展開する際のインキュベーター」としての機能を担うことを目指している。つまり、メンバーが、「楽洛まちぶら会」という場に、アイデアやスキル、ネットワークをもち寄り、自主的にかかわることによって、ネットワーク構築やコラボレーションを生み出し、ひいてはビジネスチャンスにつなげるという、「楽洛まちぶら会」で取り組む非営利の活動をベースにして、メンバーの営利の活動にプラスとなるといったことを意識した活動を展開している。その始まりともいえる取組みが、二〇〇四（平成一六）年から二〇〇六（平成一八）年まで開催した、「三条あかり景色」である（図11－2）。

「三条あかり景色」は、近代建築、町家といった三条通りに存在する建築物に、映像照射やライトアップを施すことによって、①新しい夜の町並み景観の提案、②交流・ネットワーク構築による循環型・継続型まちづくりの展開、③美しい町並み景観形成の基盤づくりに向けた社会実験という位置付けで取り組まれた。この取組みのきっかけとなったのは、会が発足してからおよそ半年間議論を重ねるなかで、一メンバーが「昼間の三条通りは元気がいいけれど、夜は少し寂しい」ともらしたことにある。それに対してメンバーがさまざまなアイデアを出していくなかで、三条通りの景観を形成している近代建築等のライトアップや映像照射を中心とした取組みを実施することになった。ここには、京都の歴史に根ざした都市景観を活用した夜の景観形成と賑わいの創出、そして、わが国における映画産業発祥の地としての京都にちなみ、京都から新たな映像・コンテンツ文化を発信していこうという思いが込められている。

なお、過去三回実施した「三条あかり景色」の概要は表11-2の通りである。特に二〇〇五（平成一七）年、二〇〇六（平成一八）年は三日間で一五万人の来街者を数え、界隈の明治・大正・昭和初期の近代建築や京町家等にライトアップを施したり、映像を投影したりして、魅力的な空間を演出したが、実施体制や行政組織との関連の問題といった理由から、現在は事業の再構築中である。もっとも、専門性をもった人材のネットワークや、「三条あかり景色」で培ったノウハウを、京都市役所駅御池地下街「ゼスト御池」に近隣に住む小学生以下の子どもをもつ親子で一緒に遊ぶことのできる場「ぼくらの遊び基地」（二〇〇八〔平成二〇〕年一〇月、二〇〇九〔平成二一〕年二月開催）の実施や、映画やゲーム、マンガ等、日本のコンテンツ産業の情報発信と人材育成・人材交流を目的としたイベント「京都 KYOTO Cross Media Experience（CMEX）二〇〇九」開催に合わせて実施した「まちデコプロジェクト〇〇一」（二〇〇九〔平成二一〕年九月開催）といった形で活かされ、京都市都心部の魅力向上に寄与している。

表11－2　「三条あかり景色」各回の概要

	三条あかり景色2004	三条あかり景色2005	三条あかり景色2006
期　　間	2004年9月18日（土）〜20日（月祝），午後7時〜10時	2005年9月17日（土）〜19日（月祝），午後7時〜10時	2006年9月16日（土）〜18日（月祝），午後7時〜10時
エ　リ　ア	京都市中京区三条通KYOUEN（きょうえん．京阪三条駅地上の商業施設）〜新風館（烏丸通三条上ル）	京都市中京区三条通KYOUEN〜文椿ビルヂング（三条通烏丸西入）	京都市中京区三条通KYOUEN〜京都医健専門学校（三条通室町西角）
ライトアップ箇所	5箇所	7箇所	6箇所
映像照射箇所	20箇所，28画面	47箇所，56画面	68箇所
映像コンテンツ数	11	85	応募作品49，応募作家45人・組，招待作家20組
スタッフ数	3日間でのべ180名	3日間でのべ300名	3日間でのべ400名
来場者数	3日間で約30,000人	3日間で約150,000人	3日間で約150,000人（寺町通〜東洞院通間）
映像照射・ライトアップ以外の実施内容	•鴨川など水辺への映写 •「まちなかシネマカフェ＆ショップ」	•地域店舗等とのネットワーク（まちぶらビンゴ，レインボーカクテル） •音楽，パフォーミングアーツとのコラボレーション	•地域店舗等とのネットワーク（スクラッチと「あかり通貨」，レインボーカクテル） •音楽，狂言とのコラボレーション
参加・協力他主体	京都映画祭実行委員会	•京都学生祭典実行委員会 •新京極映画祭実行委員会 •京の三条まちづくり協議会	•同志社女子大学の映像プロジェクト •京都染織青年団体協議会 •第5回新京極映画祭実行委員会
備　　考	平成16年度全国都市再生モデル調査採択	•京都府意欲的商業者グループ支援事業採択 •ライトアップに一部LEDを採用 •事業サポート資金確保のための方法の確立（あかり短冊）	•京都府「平成18年度中心市街地等賑わいづくり事業費補助金」採択 •ライトアップに一部LEDを採用 •場所にカスタマイズした映像作品の照射 •学生インターンの受け入れ •事業サポート資金確保のための方法の確立（あかり短冊，100円募金，商品開発）

（出所）楽洛まちぶら会（2005；2006；2007）をもとに筆者作成。

(2) 京都エコ修学旅行

京都市への修学旅行客数は、対象生徒数が減少するなかで、ほぼ横ばいで推移しており、健闘しているといえる。特に、小・中・高等学校とも、修学旅行先として京都は常に特に、春の五〜六月、秋の一〇〜一一月に集中し、市内では路線バスや地下鉄、あるいはタクシーで移動する生徒たちの姿を数多く目にすることができる。

最近の修学旅行の傾向として、京都市内の移動や観光は小グループ単位ということがある。実際、班別自主行動においても「京都市内」は全国でもトップクラスである。しかし、京都における人気観光地としては、清水寺、金閣寺、二条城、太秦映画村等、大人数で観光バスで訪れることが可能な観光地が上位を占めており、京都の町並みや生活文化そのものを楽しんだり、体験してもらうようなプログラムは、受け入れ人数に限りがあるといった課題があってか、統計上上位に来ることはない。それでも、「浴衣で京都散策」とか「商店街や市場での体験」といった、京都の文化を楽しむようなプログラムも増加してきた。

そのような修学旅行の形態の変化を受け、「京都のより深い観光資源」を「徒歩」を基本として「学んで」もらう、テーマ型・体験型の修学旅行が「京都エコ修学旅行」である。

もとは、NPO法人環境市民が「京都エコ修学旅行」として、①自然学習体験、②エコマップづくりといったプログラムを開発、実施していたが、事業の再編成により、二〇〇八（平成二〇）年度より①についてはフィールドソサイエティー（法然院森のセンター）が、また②については京都ものづくり塾がプログラムを受け継ぎ、独自の視点や企画を加えながら実施している。

そのなかでもとりわけ「都市のエコツーリズム」にフォーカスしたプログラムを実施している「京都ものづくり塾」が実施している「京都エコマップ修学旅行」を事例に取り上げてみよう。

「京都ものづくり塾」は、不振が続く京都の伝統産業のもつ文化的価値に着目し、伝統産業を通じたまちづくりを行うことをミッションに、観光、教育、交流に関する事業や、各主体間のコーディネート等を行う民間非営利の任意団体である。

「京都エコマップ修学旅行」とは、京都市都市部のなかで、五～六人程度の小グループ単位で、「リーダー」と呼ばれる、生徒たちに地域資源の発見を促し、考えるきっかけを与えるスタッフとともにまち歩きを行い、その後、生徒たちがまちで発見したことや、聞いた話などを、模造紙に書き込む「エコマップ」（図11‐3）を作成し、最後にグループごとにそれを発表することによって、参加者同士で情報を共有するという半日程度のプログラムである。

「京都ものづくり塾」では、「京都エコ修学旅行」事業譲渡以前より、総合学習の時間や外国人の研修プログラム、また、「京都エコ修学旅行」の事業協力を行っており、京都における地域資源としての伝統産業について紹介したり、体験してもらうようなプログラムをもっていたが、二〇〇八（平成二〇）年の事業譲渡に伴い、事業主体として、学校や旅行会社と連絡調整を行いながら企画を作成し、実施スタッフを集め、事業を実施し、事業費の授受を行うという一連の業務をすべて実施することになった。

二〇〇八（平成二〇）年度は、中学校、高等学校合わせ四校の「京都エコ修学旅行」を実施し、合計二〇〇名以上の生徒が、京都市東山区や中京区において地域資源を発見してもらい、その成果を「エコマップ」として表してもらう「京都エコマップ修学旅行」のプログラムを受けた。

プログラムに参加した生徒たちは、例えば京町家の造りやしつらえについて、話を聞くばかりでなく、実際に建物のなかに入って独特の「うなぎの寝床」と呼ばれる間口が狭く奥に長い空間を実感したり、京都のまちの至るところに存在する「お地蔵さん」の多さや「ろうじ」と呼ばれる細長い路地の存在に驚いたり、伝統産業の工房を見学させてもらいながら職人さんの話を聞いたりと、通常の旅行ならば経験できない京都ならではの生活文化や町並みについて触れることのできる良い機会となっている。一方で「まちを歩く」という行為が、彼らに景観問題や交

図11－3　エコマップ

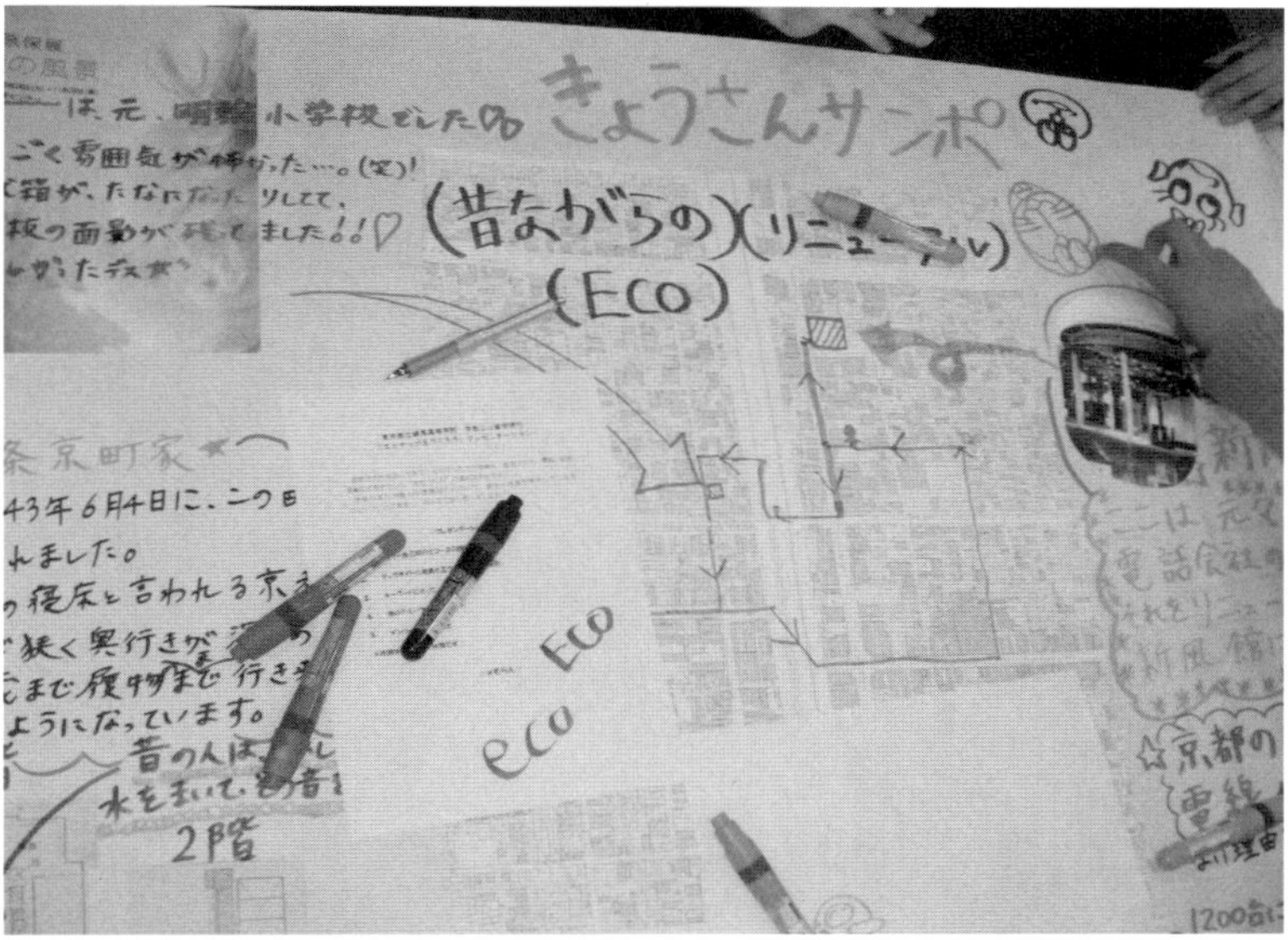

（出所）　中島智氏撮影。

通問題等、京都の現実を知る機会を与えることにもつながっている。

こうしたプログラムは、生徒たちにとっては、「リーダー」という京都に住んでいる人と一緒に会話を楽しみながら、歩いて京都のまちをめぐり、普段では経験することのできない、京都の「奥深いところの魅力」を経験することができるばかりでなく、その魅力とともに「京都の抱える課題」を知ることによって、修学旅行から帰った後、彼らが住む地域について考えるきっかけをも提供している。一方、「リーダー」と呼ばれる生徒たちを引率し、彼らの発見を促す役割を担うスタッフは、ある程度の経験を重ねることによって、「インタープリター」としての能力を積んでもらうことも期待できる。

しかし、学校や旅行会社に対して、プログラムを効果的にアピールすることができておらず、また京都の修学旅行は一定期間に集中し、かつ、すべての学校が「エコ修学旅行」を選択するわけではなく、社会情勢によってそのプログラムを選択するか否かも変化する。また、常時「リーダー」と呼ばれる人材を確保することができないため、それを「仕事」とすることは事実上不可能であり、事業としては極めて不安定である。

今後「京都エコ修学旅行」のプログラムを選んでもらうためには、その魅力や教育旅行としてもつ価値、そしてわかりやすい情報を開示するとともに、実施主体として常に事業を受けられる体制を整備することによって、学校や旅行会社からの信頼を得ることが求められる。

4 都市のエコツーリズム事業成立のために

京都の観光資源は、名所・旧跡ばかりでなく、自然環境や生活文化、伝統産業と極めて多様である。それは歴史と文化のなかに自然が息づき、盆地という限られた空間のなかで成立した都市であるゆえ、それに合った生活習慣や産業が形成されたからであるといえ、千年以上都として成立しえたのは、まちの構造や生活が持続的であったからであることが想像できる。二〇〇〇（平成一二）年以降に活発となってきた「新しい京都観光」もまさに、京都の歴史や文化に根差した、京都の「まちそのもの」にみられる文化的価値に着目したものである。また、一九九七（平成九）年の気候変動枠組条約（COP3）開催によって「京都議定書」の名が世界中に知られるようになったことで、国内的には「環境学習のできる修学旅行地」として、そして国際的にはコンベンションやインセンティブ・ツアーの候補地として、新たな価値を提示できるようになってきている。そこで、京都の伝統的な生活文化が持つ「持続可能性」とも絡め、環境分野そのものをテーマとした観光事業や施策もまたさらに推進されていくことが望まれる。

そのためには、地域の事情に知悉した観光主体による着地型観光の振興が不可欠であり、事例で言及したような事業や取組みは、京都の「より深い部分」を伝えたり、新しい価値を提供したりすることができるといった存在意義を見出すことができる。しかし、一部の成功事例を除き、そのすそ野は決して広いとはいえない。

そこで、これまで述べてきたことをもとに、都市のエコツーリズム事業における課題を挙げると、一部の事業者や取組みを除き、①事業規模が小さく、常時受け入れ態勢を整えられる団体は少ない、②情報発信力が弱い、③その事業を専業として行っているわけではない、④それゆえに持続的な活動になりにくくビジネスとして成立しにくい、⑤着地型観光を推進するための施策も未だ十分とはいえず、また行政セクション内の「タテ割り」の問題もある、ということがあり、それはすなわち着地型観光が得意とする分野の観光形態は、事業化するには不安定であり、その結果、担い手が育ちにくいことを意味している。

京都市においても、体験・学習型観光推進事業「京都おこしやす大学」の充実や、京都の地域資源活用型観光の取組み支援事業「京都市ニューツーリズム創出事業」といった施策を実施しているが、それらの充実とともに、民間による観光分野の起業と雇用創出が促進されることによって、地域に密着し、持続可能な着地型観光が充実するものと思われる。

「新京都市観光振興推進計画――ゆとり　うるおい　新おこしやすプラン二一」における二一の戦略的施策では、京都のもつさまざまなテーマについての「講義」と「現地での見学・体験」とを組み合わせて提供する体験・学習型観光の形態である「京都おこしやす大学の開設」、「総合的な学習の時間」授業として適合可能な伝統工芸や埋蔵文化財の発掘等、体験プログラムの充実を図る「修学旅行生の維持拡大」、「ものづくり都市・京都」の特性を踏まえた伝統産業から先端産業まである幅広い産業や産業遺産の発掘と活用による京都観光の新たな魅力を創出する「産業観光の振興」が謳われているが、これらはいずれも本章で提示した「都市のエコツーリズム」の振興と推進によって成り立つものであるといえ、したがって、オルタナティブツーリズムとしての都市のエコツーリズムに関する事業や取組みに対する支援や環境整備、起業支援が求められるといえるのである。

参考文献

井口貢編著（二〇〇八）『観光学への扉』学芸出版社。

京都市産業観光局（二〇一〇）『京都市観光調査年報　平成二一年（二〇〇九年）』。

国土交通省都市・地域整備局（二〇〇五）『まちづくりネットワークによるまちなみ景観形成・まちなか活性化調査報告書』。

塚本珪一（二〇〇一）「『京都・エコツーリズム都市』についての論考」『平安女学院大学研究年報』第一号。

同右（二〇〇二）「アーバン・エコツーリズムについての論考」『平安女学院大学研究年報』第二号。

中野弘子編集・選（二〇〇五）『京都通　こだわりの手みやげ一〇〇』淡交社。

宗田好史（二〇〇七）『中心市街地の創造力』学芸出版社。

森谷尅久監修　京都商工会議所編（二〇〇五）『改訂版　京都・観光文化検定試験公式テキストブック』淡交社。

楽洛まちぶら会（二〇〇五）『三条あかり景色二〇〇四　都市再生・まちのブランド化に向けたネットワーク型組織によるチャレンジ——平成一六年度全国都市再生モデル調査報告』。

楽洛まちぶら会（二〇〇六）『三条あかり景色二〇〇五』。

楽洛まちぶら会（二〇〇七）『三条あかり景色二〇〇六活動報告書』。

環境省ＨＰ「エコツーリズム推進法」(http://www.env.go.jp/nature/ecotourism/law/law.pdf) 二〇〇九年一一月三日。

京都市産業観光局観光企画課『新京都市観光進行推進計画（新おこしやすプラン二一）』(http://raku.city.kyoto.jp/kanko_event/new_okoshi21_index.html 二〇〇九年一一月三日)。

京のアジェンダ二一フォーラムエコツーリズムワーキンググループ (http://ma21f.jp/02wg/eco-tourism/) 二〇〇九年一一月三日。

玉井敦之（二〇〇二）『京都エコツーリズム実践交流会調査報告書　京都市におけるエコツーリズム推進のために』(http://kankyo.cc/media/1/practical_ecotour_report2002.pdf) 二〇〇九年一一月三日。

第一二章　路地と食の都市観光——路都と美食はまち歩きの醍醐味

鳥羽　都子

1　京都観光に求められているもの

（1）観光都市・京都の現状と課題

「京都ブーム」と言われて久しい。平成二〇年には入洛観光客数が五〇二一万人にのぼり、八年連続過去最高を更新するという事実もみられた。外国人宿泊客数は五年間で倍増し、年間約九四万人もの外国人が京都市内に宿泊する。雑誌では「京都特集」が頻繁に組まれ続ける。経済の長期低迷で、日帰り旅行ニーズは高く、近隣諸国からの旅行者も増えている。

もはや、「ブーム」ではない。旅に、そこでしか味わえない文化性やレベルの高いサービスが求められ、日本文化に対する関心が国内外で高まっているおり、日本文化の象徴・京都は憧れの対象であり続けている。

一方で、観光シーズンや名所に集中する観光客による交通渋滞の問題や、都市イメージの低下、すなわち、「京都らしさ」自体が安易な消費の対象となっていることが懸念される。イメージの陳腐化は、顧客離れの要因になる。中長期的視点をもって、増加するリピーターや、外国人観光客の期待する高いレベルに応えることが、日本を代表する成熟した観光都市としての使命であろう。

本章では、リピーターや外国人が京都観光にどのようなものを求めているのかという観点から、都市観光資源として、「路地」を取り上げ写真を交えて紹介する。路地の魅力を再発見するヒントとなり、路地を歩くきっかけともなれば幸いである。

（2）リピーターの心理――知られていないからこそ、嬉しい

京都は、リピーター、それもハードリピーターが多い観光地である。「京都市観光調査年報」によると、入洛観光客中、実に八割が、五回目以上の訪問、一〇回目以上が五割を占める。

京都は、花街、繁華街、郊外の豊かな自然など、各エリアに個性があり、何度訪れても飽きることはない。歴史、文学、景観、食べ物、伝統芸能、買い物など、あらゆる志向に応えられる深みもある。また、季節ごとの特別公開や展覧会など、豊富で魅力的なイベントも多い。

初めは、ガイドブックを片手に名所旧跡に足を運ぶ。次は、まだ訪れたことのない所に加えて、新たな知識を得たり、知人に案内してもらったりして、市バスの複雑な路線や、ちょっとした寄り道を体験したりもする。お気に入りをみつけると、ちょっとした京都通の気分で人にも薦め、次の機会に再び訪ねる。最近は、ネットや各種の京都本も充実し、さまざまな情報も入手できる。次第に隠れた趣味的な店や小さな寺院や美術館にも足を運ぶようになっていくのが、多くのリピーター行動であろう。

訪問客の八割を占めるリピーターは、どうして何回も訪れるのか。雑誌の京都特集を通し、リピーターの期待感のあり方を見てみよう。ここでは、以下の三つの雑誌を取り上げる。

京都の観光客の約六〇％が女性であり、特に五〇歳以上の女性に好まれていることから、その世代の女性をターゲットにした月刊女性誌『和楽』をみる。美しい写真を多く配する誌面づくりで、読者層は、日本文化や伝統芸能

に高い関心をもつ女性である。

もう一誌は、観光客の年齢別では男女とも約五〇%が五〇代以上であることから、シニア向け雑誌のパイオニア『サライ』をみる。読者層は、時間的・経済的にゆとりのある熟年世代で、旅・食・健康・人物・服飾品など、多彩なジャンルを毎号特集し、時に男性読者を意識した記事作りをしている。以上二誌は、それぞれ、中高年の高級志向や知的欲求に応える雑誌といえよう。

さらにもう一誌は、デートやショッピング、友人・家族との外出で、若い女性が情報源とする『SAVVY』をみる。同誌は、関西圏で働く女性をターゲットに、関西に特化した情報を発信している。東京の出版社から発行されるOL向けファッション誌と比較すると、創造的なセンスをもち流行に簡単にはとびつかない読者が浮かぶ。京都は京阪神地域の日帰り旅行先としても人気があり、入洛観光客の約六〇%が近畿地方からである。人口一九〇〇万人の京阪神大都市圏が、最大のリピーター供給源なのだ。

過去五年間（二〇〇五（平成一七）年一月〜二〇〇九（平成二一）年五月）の上記三誌の第一特集で京都をテーマにした号の特集タイトルと、主な記事三本のタイトルを表にした（表12-1）。

いずれの雑誌も、それぞれの読者傾向を反映した京都特集をコンスタントに組んでおり、さまざまな楽しみ方ができる懐の深さが京都にあると、あらためてうかがえる。例えば、中高年女性が読者の『和楽』が紹介するのは、京都御所や桂離宮などの王道・京都であり、味覚に関しても「料亭ランチ」など、名店志向。何が名物でどんな由来があるのかが読者の知りたい情報である。それに応え、「有名老舗の女将」の紹介する「秘密の店」（とはいえ、やはり老舗の名店）が掲載される。京都特集が定番企画であるこの雑誌も、二〇〇六（平成一八）年一一月号では、恒例の名店路線から少し視点を変えた。その切り口は、「この街はなぜリピーターを呼ぶのか」である。雅な京都も魅力だが、「隠された」「京都人だけが知っている」「秘密の」などの言葉が並ぶ。

表12－1　雑誌の京都特集一覧

雑誌	号	特集メインタイトル	主な記事
和楽	2009年５月	通は５月に「京都」へ向かう	葵祭りへ
			天皇家の庭へ 京都の名庭で雅なる新緑を愛でる
			紫の花　千年前の美景と香りがここにあります
	2007年10月	粋人たちが案内する京都へ	ゆかりの人々にしか語れない　天才たちの「京の庭」
			美味の冒険は，やはり「祇園」で
			女将だけが知っている“秘中の秘”の店
	2006年11月	霜月，京都をそぞろ歩く 私たちを虜にする古くて新しい町　なぜ人は京都へ向かうのか？	谷崎も！　川端も！　漱石も！　あの名作とともに京都へ
			京都人だけが知っている　秘密の京都案内
			古都に隠された力の源を探って　聖なる地，京都の深奥
	2005年７月	いつもと違う古都の姿がそこにある　五感で楽しむ！　夏の京都へ誘ふ	上賀茂神社（水），神護寺（石），光悦寺（竹），東福寺（苔）
			京都在住20年のドイツ人が案内する日々の京都
			京都の夏の味はコレ！　京都人三人のとっておきをご紹介
サライ	2008年秋（18号）	何度でも訪れたい，日本史の要衝 京都 さらなる旅	『源氏物語』を歩く
			とっておきの紅葉散歩道
			京の偉人　歴史の舞台を辿る
	2007年秋（18号）	さらなる，新発見を求めて京都へ	世界遺産の紅葉を撮る
			京懐石　基本のき
			「町家」で半日漫遊
	2007年春版 7号	花を愛で，歴史を学び，旬を味わう春の京めぐり	京を彩る花景色
			白洲次郎・正子夫妻流京都の歩き方
			「筍料理」と「おばんざい」の美味処
	2006年秋版 18号	錦繡彩る京都　紅葉・歴史・美味を再発見	京都人が「秋景色の特等席」を案内
			闇に浮かぶ「夜紅葉」を愛でる
			時代劇，あの名場面を歩く
	2006年春版 6号	春爛漫の京都　桜・歴史・美味の旅	案内します秘め置きの「花名所」へ
			もう一度２泊３日で京都修学旅行
			平成の洛陽三十三所観音巡礼

	2005年秋版18号	錦秋の京都サライは，こう旅する	宮家縁の名庭を歩く
			とっておきの紅葉と花名所私だけの「秋景色」
			京の趣漂う器を探す，買う
	2005年春版6号	春爛漫の古都，新発見　京都サライは，こう旅する	京都の春を語る　森　毅（評論家，京都大学名誉教授・77歳）16代佐野藤右衛門（桜守，造園家・76歳）
			古都の「夜桜」を愛でる
			京都人が心に秘めた，花洛の風景
SAVVY	2009年3月	京都3,000円でごはんとお茶とおかいもの	街なか2,000円～の晩ごはん
			3,000円で楽しむゆったりランチ
			気になる作家さんの工房＆ショップへ
	2008年8月	京都　ちょこちょこ地図	ちょこちょこ散歩マップ
			街なかランチ
			祇園ぐるぐるマップ
	2008年3月	京都ぷらぷら地図本	祇園・河原町・烏丸・JR 京都駅 困った時の……街なかお昼ごはん
			特別付録京都おさんぽ地図
			月イチで通いたい！ ごはんとお菓子のおけいこ
	2007年8月	京都てくてく地図本	歩いて，が楽しいよ！　てくてく……散歩
			河原町，烏丸　おかいものニュース
			美術館と寄り道
	2007年3月	京都人　おやつとおかいもん	甘いもん好き11人のマイ・ベスト・おやつ
			ちょこちょこ買い歩き
			街なかお昼ごはん　河原町，烏丸，祇園
	2006年3月	京都人　おやつとごはん	わたしのおやつ
			KYOTO ブランドと暮らす
			とっておきの隠れ寺教えてください
	2005年3月	京都人わが家のご近所おいしいもん	京都ご近所おでかけマップ
			これが私達京都人の食卓です
			私の普段使い，15人の15メニュー

（出所）　筆者作成。

『サライ』では、銀座・マナーなどと並び、京都は恒例の特集である。切り口も趣味探求型で、「歴史」や「和食器」と絡め、「隠れ家」が頻出キーワードである。

『SAVVY』は、気軽に、〝おでかけ〟感覚で、三〇〇〇円以内のおしゃれな食事などを、実用的な地図をつけて紹介している。

三誌に共通するのは、「京都人」が「とっておき」を「そっと案内」し「推薦」するパターンである。つまり、リピーターは、ガイドブックには食傷し、「地元の人だけが知る、まだ観ぬ京都があるに違いない」という期待を抱いている。口コミレベルの、日常性のある京都を体験したいという潜在欲求を抱いているのだ。

（3）外国人観光客の志向――創造力と直感で歩きたい

海外からの訪問客にとって、京都の象徴は、ガイドブックの表紙にあしらわれる平安神宮の赤い大きな鳥居や、舞妓であろう。しかし、シェアハウスや町屋泊の人気からもわかるとおり、より体験型の、素の京都も喜ばれている。実際、海外の友人を案内すると、興味を示すのは有名寺院ではなく、うどんやの精巧な食品見本に目を見張り、なんでもないような骨董屋で、埃をかぶった行燈に興味を示したりする。

一二三年の歴史をもつ外国人観光客のための英字フリーペーパー *"Kyoto Visitor's Guide"*（二〇〇九年六月号）では、「ほとんどの旅行者は、京都に数日しかいないのに、何もかも観ようとしすぎる。むしろ、京都は、一息ついてほっとするのに最適な街」と、提言している。そして、そのやり方として、大通りをはずれることを、真っ先にアドバイスしている。「多くの観光客はメインストリートと有名な場所にとどまるというミスを犯している。京都のエキゾチックな真髄は、そんな観光客向けのところにはない。代わりに、一歩入って、大通りに並行している細い路地を探検しよう。京都は、格子状に道が走っているので、迷う心配はない。京都は秘密の宝庫。自分のイマジネーションと直感を使って、発見し、何か自分だけの特別なものをみよ」（筆者抄訳）。

個人旅行が基本の欧米人にとって、自分だけの感性と直感で自由に歩き回りたいという感覚は強い。外国人観光客は、日常の京都の魅力を、日本人より敏感に感じ取っているといえる。

（4）ブランドイメージを維持しつつプラスαの魅力を

リピーターも外国人旅行客も、〝京都で暮らすような〟息遣いを感じたいということが、あらためて確認された。必要以上に「京都」を振りかざす店、品書きに踊る「京風」の文字は、目の肥えたリピーターを、「過剰な演出」と、興ざめさせる。わざとらしい千代紙や和風の飾りなど、外国人観光客を意識した店に、本物の京都は存在すまい。

修学旅行生から大人まで、王朝文化や寺社仏閣、伝統工芸や食事から、ライブハウスやギャラリーまで楽しめる、裾野が広く重層的な魅力が観光都市・京都を支えている。

その強みを生かすには、完成されたブランドイメージを維持し、高める一方で、増加するリピーターや外国人観光客の期待に応えることである。

いわゆる名所旧跡や有名店は、京都の一部にしか過ぎない。リピーターや外国人が、「清水寺も嵐山も確かに素晴らしいが、まだ知らない本当の京都の日常を味わいたい」と感じているのは、単純な憧憬や思い入れではない。リピーターには、それまでの積み重ねがあり、受け入れる準備ができている（表12－2）。

そんな彼らのために、「路地」を観光資源としてあらためて提示し、路地とは何か、どこに魅力があるのかについて次節で考える。

表 12－2　観光客の訪問傾向

訪問回数	形態	観光のパターン	訪 問 地 例
初めて	団体	マスメディア情報の再確認	清水寺，河原町通など
リピーター	個人	趣味志向の基いた情報源・クチコミによる行動型	趣味の場所，小規模美術館寺院など
ハード・リピーター	個人	自分で感じて考える発見，体験	路地，再訪

（出所）　筆者作成。

2　京の魅力は路地にあり

（1）　路地と「ろおじ」

一般に路地というと、下町の飲み屋横丁や、迷宮のようなヴェネチアの路地、車が一台通れるかどうかの細い道を思い描かれるかも知れない。区画整理の進んだ街の人がみると、石畳の小路やノスタルジックな情緒の漂う通りなど、京都の道はほとんどが「路地」にみえるらしい。よく、ガイドブックに、車が通れる程の幅がある道を指して、「路地裏に潜む宿」などと記されている。

京の「路地」は、表通りに面した建物と建物の間の狭い通路のことを指し、行き止まりもあれば、通り抜け可能なものもある。路地の入り口には屋根のついた門があり、奥の家の表札がかかっていることも多い（なお、本章では、主に文化的価値に絞りたい）。さて、このようなパブリックとも私有地ともつかない空間を、京女の筆者の母は、「ろおじ」と発音する。

感覚的には、一・二mから二m未満で、車は進入できず、人が傘をさして歩けるくらいの幅が「ろおじ」である。例えば、先斗町通などは、細いには細いが、三条と四条を結ぶ重要な通りで人通りも多く、パブリックな空間なので、「ろおじ」とはいわない。典型的な「ろおじ」で有名なのは、先斗町通から、木屋町通へ抜けるビルの間の通路であろうか。

本章では、京都特有の路地を「ろおじ」、細い道という意味合いの一般的な路地は「通り」とし、区別せずに使う場合は「路地」と記す。

さて、京都に、「ろおじ」が多いのは、表通りに面した門口が狭く、奥行きが深い独特の家の造りにもよる。大きな寺社やお屋敷なら、表通りに囲まれた区画を占有するが、民家は、門口三間（約六メートル）程度しかなく、奥行き二〇間（約六〇メートル）に達する。町家が密集して次第に地割が細分化し、その地割の内部にアクセスするための通路ろおじが生まれた。

碁盤の目に走る表通りに抜けられるよう、「ろおじ」も東西・南北に走り、曲がるとしても、ほぼ直角。だから、「室町通」や「新町通」など、しっかりした通りにまた戻れるのである。

ほぼ昔ながらの風情のまま、「ろおじ」が維持されているのは、寺が土地を所有して宅地用の借地にし、転売が行われないという、京都ならではの不動産事情もあると思われる。

（2）　ろおじを歩く——写真レポート

言葉を重ねるよりも、写真を交えつつ、西陣・室町・祇園の三つのエリアのろおじを紹介したい。西陣は職人の街、室町は商いの街、祇園は遊興の街といえよう。それぞれ、文化やまちの個性が継承されている。

「西陣」は、町名や道の名前ではない。応仁の乱のとき西軍の山名宗全が陣を置いたところから称されるようになった一帯である。地下鉄今出川駅から西へ徒歩一五分くらいの、古くからの機業の地で、織機の音が聞こえることもある。「ろおじ」には、民家が軒を連ね、丁寧に世話をされているお地蔵さんや鉢植えが心を和ませる。茶の湯の宗家も近く、大通りが近い割に落ち着いた雰囲気がある（図12－1）。

「室町」は、南北に走る室町通を中心に、全国有数の呉服問屋や呉服関連業の集積地域である。室町通は、室町幕府が置かれ、幕府名の由来ともなった由緒ある通りで、現在でも「紋染め」「染み抜き」「呉服卸」「京絞」「手ゆのし」「たとう（文庫）」など、呉服の町ならではの看板が興をそそる。江戸期から続くような、番頭さんを抱えた呉服屋が、会社形態になると同時に、帳場や蔵のある店舗兼家屋を建て替え、ビル街となってしまった。しかし、駐車場やビルの狭間に、ろおじ長屋がかろうじて残っている。「ろおじ」の奥の区画はマンションになっていることも多いが、ビルと駐車場の間の狭い路地の突き当たりには、地域で愛されている古い喫茶店もみつけられる（図12－2）。

「祇園」は、鴨川の東側、八坂神社までの四条通の両側のエリアである。花街らしく、ろおじの入り口にいくつかの表札が掛かり、打ち水がされ、しっとりとした風情の屋根つきの狭い石畳が奥へと続く。一見敷居が高い「ろおじ」だが、高級店だけでなく、喫茶店やバーやスナックなど、庶民的な店もある。飲食店が並ぶ「ろおじ」が多く、個人宅は少ないので、住人の迷惑になることなく探索ができる。あみだくじのような路地を、いきつもどりつし、明るい四条通と、夜の雰囲気がある、「大人のろおじの世界」を惑うのも、おもしろい（図12－3）。

京都には、至るところにろおじがある。

市役所の北あたりはアクセスも良く、お茶の一保堂などの老舗や古書店等と、高感度ショップが共存する魅力で、寺町通を歩く観光客は多い。敷地面積の広い区画が多いので、ろおじの数は少ないながらも、寺町通の一、二本奥には、新旧の個性的な店や「ろおじ」を発見できる（図12－4）。

美術館等が集まる文教地区、岡崎界隈を訪れる人も多いだろう。「ろおじ」ではないが、ぶらぶらと「路地」を

図 12－1　西陣

（出所）筆者撮影。

図 12－2　室町

（出所）筆者撮影。

図 12－3　祇園

（出所）筆者撮影。

図 12 - 4　寺町

（出所）　筆者撮影。

図 12 - 5　岡崎

（出所）　筆者撮影。

歩いて三条から岡崎に向かうのは、距離もちょうどよく、お勧めである。表通りから外れると、山紫水明の京都を実感できる。南座の隣に店舗をかまえる祇園饅頭さんの工場が、三条白川橋近くにあり、軒先で出来たてを売ってくれる。端午の節句の時期限定の、みそあん柏餅がおいしい（図12－5）。

（3）ろおじ観光の魅力——自ら発見する京都

このように、大通りを外れ、「ろおじ」に入ると、観光都市の喧騒とは無縁の暮らしに触れることができる。日傘を差してゆっくり歩く老婦人に挨拶しつつ、集金人の自転車が通りすぎる。「ろおじ」には、生活の気配、息遣いがある。そこに住む人の営みがあってこそ、まちは美しい。古いものや本物に囲まれ、誰もが主張するわけではなく、それぞれが一番美しくみえるように生活するという美意識に長けた暮らし方。多くの日本の街では失われたものが、「ろおじ」に感じられる。

ろおじ観光は、「自ら発見する観光」の入り口である。なぜこのような道路パターンになっているのか、なぜ古い長屋が残っているのか、なぜここにこの専門店があるのか、その成り立ちを知ろうとすることで、より深く京都を理解し、京都の生活文化を肌で感じることができる。

ろおじ観光の魅力は、次のように整理できる。

一つは、〝発見する〟楽しみである。言いかえれば、情報に頼る観光の在り方を見直せることである。事前情報は、そこを訪れる人の心にフィルターをかけてしまう。最近は、〝個人〟旅行が極まり、ネットやガイドブックの情報を鵜呑みにする傾向がある。ところが、「ろおじ」を歩こうと思っても意外に情報がない。本章にも詳細情報はあえて載せていない。そこで、人に話しかけ、自分の目で観察することになる。一息いれた小さな店で会話を交わす。すると、情報がない理由がわかるだろう。誰もが一人ひとりの感性で楽しむので、「おすすめルート」が、ありえないのだ。「ろおじ」は、自分だけの楽しみ方ができる。連れ立って歩けば、眼のつけどころや連れの教養や相槌などによって、見える景色がさまざまに変わってくる。花を育て、水を打ち、生活の周辺の美しさに心を配る京都庶民の暮らしを感じ取れるだろう。ろおじを中心にコミュニティが残っているため、古い店がまだ商いを続けてもいる。観光マップに載らない、毛細血管のような道が、まちの生気を伝えてくれる。

二つめは、未だ残されるまちの個性を味わえることだ。京都市内の各エリアは、寺院を中心に形成された地区、美術館や記念館の多い文教地区、風情の漂う閑静な住宅地など、それぞれ、一つの観光地に匹敵するほどの魅力を有している。地域に根ざす行事も多い。開発から逃れ、ろおじが遺っているエリアには、古い店も散在している。個人商店や専門店が存続しつづけてこそ、まちの独自性が育っていく。

三つめは、情景の面白さである。「ろおじ」は幅が狭く、通りとの境目に門のようなものがあり、表通りからみると額縁のような構図になる。明るい部分が際立ち、陰は濃さを増す。明暗の差や空間の狭さにより、表通りと隔絶された別世界の雰囲気が漂う。絵や写真を趣味とする人の心をとらえるであろう。

ろおじ観光をすると、「名所・名物」に囚われすぎていたのだと気づき、情報に頼っては心から満足することは難しいことを実感する。

3　ようこそ「ろおじ」へ

（1）「ろおじ」の楽しみを深めてくれる食

どの街でも、美味しい店は、横丁にある。良い店は、店構えでわかる。そんな嗅覚を働かせるのが、「ろおじ」の食の楽しみである。

ショッピングモールや駅前の一等地は、資金力のあるチェーン店が画一的な造りで均質なサービスを提供する。最近京都に多いリノベーションのビルも素敵だが、重厚、モダン、高級感、そんな〝よそ行き〟感覚のリノベーションビルとはまた違う、普段着の楽しみ方ができるのが「ろおじ」の店である。

例えば、春の宵。祇園で飲んだ後、円山公園の夜桜を観がてら、ぶらりと腹ごなしに散歩。少し冷えてもきたので、おいしいおうどんの店へと「ろおじ」を曲がる。ふたりで歩くのにしっくり馴染む。

京都の人の多くは、「ろおじの店、どこか紹介して」と頼まれたら、一つや二つは、頭に浮かぶのではないだろうか。

京都全体をキャンパスに見立て、文化や伝統産業などに触れる体験・学習型の京都市観光協会が推進する「京都おこしやす大学」の学長をつとめるなど、京女の代表的存在といえる市田ひろみ（服飾研究家）も、すらすらといくつかの店をあげる。南座の楽屋見舞いによろこばれる注文製造のおいなりさんの店、老夫婦が二人でせんべいを商っている京都駅近くの店、郵便ポストを目印に曲がったところにあるうなぎの美味しい四条の店……など、たちどころに出てくる。

市田によると、あまり住民の入れ代わりがなく、固定ファンで成り立つのが、「ろおじ」に古くからの美味しい店がある理由。それに、「京の客は、ああでもないこうでもないとうるさいですやろ、そやから、店も育つし、いいものが残るんや」と言う。

路地の食では、〝よそいき〟でない味覚が楽しめる。秘密めいていて、「自分だけが知っている」「仲間に入れた」気がする。リピーターや外国の人にとっても、そこが魅力であろう。

（2）ろおじ観光の付加価値

観光政策では、消費金額や訪問者数などの数字や、広報効果などが指標となる。「ろおじ」には、多くの受け入れ能力はないし、お金が落ちる仕組みもない。また、多くの観光客が訪れるに従い、魅力であるはずの静かな生活環境や歴史的建築物が損傷する恐れがあるのも事実である。地域が騒がしくなる、生活環境を乱される、と拒否感をもつ人もいるだろう。

観光客も観光関係者も、「旅する人は他人の靴を履くようにその街をみせてもらっていると考えたらよろしい」という裏千家一六代家元坐忘斎宗室の言葉に学び、調和を模索する必要がある。

かつて、映画「古都」では、千年の歴史をもつ京都も主役とされた。オープニングの京都の町並みの空撮では、軒を連ねた平屋建ての美しい瓦屋根が高さをそろえ、どこの外国の世界遺産都市にも劣らない景観美をみせている。わずか五〇年足らずでその面影はない。あらためて「ろおじ」を歩くと、ビルや現代工法の家のほうがむしろ多い。京都らしい景観が失われていくことは、京都観光にとっての大きな損失である。

ろおじ観光で、生活文化の質の高さを外部から評価されることによって、住人が「狭くて不便、防災上も不安」とマイナスにとらえがちな「ろおじ」が、その価値に気づく機会となり、景観保全へとつながる。歴史的・文化的厚みは、観光資源の厚みにもつながる。ろおじ観光では、経済的価値ばかりでない付加価値も見出すことができる。

京都の観光振興における、ろおじ観光の利点を三つ挙げる。

一つは、観光客の時期的・場所的な集中が渋滞や満足度の低下をも招いているという課題に対し、ろおじ観光は、徒歩観光の促進や観光客の分散を促すことができる。

また、海外観光客を迎えるに当たっての弱点となっている不足気味の夜の観光の魅力を、路地の飲食店が補える。

夕刻以降の外出・飲食ニーズが高い外国人観光客に応えるだけでなく、「観光客向けの店は嫌」「気さくな店が好み」などの多様なニーズに、味・雰囲気・地元感・価格満足も含めて対応できる。

最後は、京都の路地は〝閉じて〟いないので、一人歩きが楽しめること。迷子になってしまいそうな空間にみえるが、東西南北がはっきりわかる京都の町は、他の都市と違って、「ろおじ」も碁盤の目。迷う心配は少ない。旅行者が、その町のディープな場所に足を踏み入れるのは、勇気が要ることが少なくないが、その点、京都の大切な顧客である女性にも、地図をもたずに歩いてみれば――、とお勧めできる。

(3)　伝統技術と結びいて

近年、若年層において「伝統的技術」「ものづくり」「景観」「日本文化」等への関心が強まっている。また、職人や伝統産業事業者の意識の高まりを受け、京都の伝統的な空間において、さまざまな職人技の実演や体験が行われている。

例えば、築八〇年以上という伝統的建造物を改修した「京町家　繭」では、町家独特の細長い通り庭を、飛び石が敷かれたろおじ風に造り、伝統工芸を体験できる工房としている。ここでは、情報交換の場であり、職人の仕事場であった「ろおじ」の特色が引き継がれ、一点一点手作りの京友禅染めのTシャツをショップで買うこともできる。

カフェやギャラリーを目当てにやってくる人が、京友禅染め体験をしていくことも多い。繁華街からは離れている立地条件が逆に長所となっている。

このように、魅力的で持続可能な産業が周辺環境と調和し、地域に根ざした文化が人々の心を潤すことで、「ろおじ」の保全だけでなく、再生・活用と文化的な奥行きに結びつくといえる。

「ろおじを歩く」ことは、歴史や文化のなかに受け継がれているまちの固有性をとらえることである。「ろおじ」と通りの関係や建物の佇まいから、都市の歴史がみえ、人々の生活に、受け継がれる精神的風土がみえてくる。まちの魅力は、ある種の〝渋み〟にある。にわか作りのまちには、陰影が少ないが、京都には、独特の麗しさが漂う「路」が無数にある。

名所旧跡に集中する観光客対策やリピーターの願いに応える可能性を、「ろおじ」が秘め、急速なまち並みの変化に遅れることによるズレがかえって特性になり、その特性を活かした産業も成果をあげている。

意外性の連続こそが旅の醍醐味である。自分らしさに合わせて、自由に足の向く方向を変更していく楽しみ。「ろおじ」を歩く旅にもって行きたいものは、好奇心と住人への敬意だけ。この二つさえあれば、「ろおじ」は、その世界を限りなく広げてくれるに違いない。

参考文献

上田正昭監修・芳賀徹・冨士谷あつ子編（二〇〇二）『京都学を学ぶ人のために』世界思想社。

京都市教育委員会、京都市学校歴史博物館編（二〇〇六）『京都・学校物語』京都市学校歴史博物館。

京都市産業観光局（二〇〇八）『京都市観光調査年報』。

京都市産業観光局観光部観光企画課（二〇〇六）『新京都市観光振興推進計画』。

国土交通省住宅局市街地建築課（二〇〇六）『京都を中心とした歴史都市の総合的魅力向上調査』。

住まい・まちづくり活動推進協議会（二〇〇八）『まちを読み、描く～まちの個性★のつかみ方～』。

『日経おとなのＯＦＦ』（二〇〇三年四月号）日経ホーム出版社。

辻ミチ子（一九九九）『転生の都市・京都――民衆の社会と生活』阿吽社。

森谷尅久監修（二〇〇三）『京都の大路小路――ビジュアル・ワイド』小学館。

コラム

右京の隠れ里と援農型グリーンツーリズムの可能性

三条木屋町を少し上がったところにその店はある。ヨーロッパのどこかのまちの露地沿いでみかけられそうな瀟洒な建物は「京都らしい」とはいえないが、高瀬川の川音が聞こえてきそうである。イートインも可能なこのケーキ店は、女の子たちの人気が高く、いつもグループやカップルで賑わっている。タルト中心のケーキのフルーツは、地域性のあるメニューを開発する企業努力をしているようだ。この店の秋の季節限定の人気メニューの一つに、「水尾の柚子タルト」がある。

京都市右京区水尾。京都駅からJR嵯峨野線に乗っておよそ二〇分、保津峡駅が最寄り駅であるが、ここから愛宕山のふもとを目指しておよそ一時間歩かなければこの集落には入れない。もっとも最近では、地元の自治会バスが一日五往復走っており、旅人も二五〇円を払えば一五分で着くことができる。

実は、かつて清和天皇（八五〇〜八八〇）がこの地を愛しここで隠棲し亡くなっている。以来一一〇〇年、この地の人々はその御陵を守り続けてきた。

四方は山に囲まれ、競うようにして柚子の木が群生している。まさに、現代の隠れ里といってよいだろう（江戸時代以前は千人を超える人口を有し、京と丹波を結ぶ要衝として栄えていたようだ）。

そしてこの柚子こそが、水尾の人々の生業を司ってきたのであり、小さな山里のブランドであり続けたのである。もちろん現在でも多方面に出荷され、上記したケーキ店は一例にしか過ぎない。実は、ここの目玉ともいえるのが、九軒の柚子農家が営む「柚子風呂と鶏鍋料理」だ。宿泊はできないが、五〇〇〇円とちょっとで堪能でき、一一月から三月ぐらいまではとりわけ京阪神方面からの来訪者を多く迎えもてなしている。筆者がゼミ生とともに訪れる目的も実はこれにある。ただし必ず赴いた際は、半日柚子の収穫のお手伝いをすることにしている。いわば、援農型グリーンツーリズムを体験しているわけであるが、これはマス的な対応には不向きであり、まさにオールタナティブな京都観光の可能性を広げるものであると確信している。確かに天皇陵はあるものの、神社仏閣型ともあるいはアーバンツーリズムとも違う、もうひとつの京都観光がここにはあるのである。なおゼミ生たちは、さらに大学生協と連携しながら、水尾の柚子を仕入れ素材とした柚子料理とデザートのレシピを考案して、毎年季節限定で「水尾フェア」を企画している。市内の都市部と農村部の連携ともいえるこの試みの例も、意義あるものではないだろうかと思う。

かつて水尾女《みずおめ》と呼ばれた女性行商人が、はるばる洛中まで柚子の販売に赴いていたという。

最近では、「限界集落」という言辞が流行り言葉のように使用され、あるいは「地域再生」の取組みが至るところで展開されているが、都市部と農村部の関係性の修復こそが求められなければならないのではないだろうか。

そしてそこにおいて果たすべきツーリズム、とりわけオールタナティブなそれの役割は大きい。（井口　貢）

第一三章　京都花街と舞妓の文化経営——三五〇年持続の秘密

西尾久美子

1　京都花街の概要

（1）舞　妓

「舞妓さん」と聞くと、日本髪に花かんざし、だらりの長い帯に華やかな振袖姿で、町家の家並みが続く京都花街を歩く姿を思い浮かべる人が多いのではないだろうか。この舞妓の装束は明治時代初めの舞妓の写真と比較しても、ほとんど変わっていない。また、舞妓や芸妓を顧客のニーズに応じて手配し、「おもてなし」をコーディネートするお茶屋は三五〇年以上も続く日本固有のサービス業である。

本章では、日本人なら誰でも知っている舞妓に代表される伝統文化産業「京都花街」が、なぜ三五〇年以上も継続しているのかを経営学の視点から考えていく。特に、伝統文化を伝え表現する若い人材「舞妓」に着目し、世界中の多くの人を惹きつけ、活躍の場が広がっている現状を分析することで、長期にわたる持続の秘密を解き明かしていく。

この数年、京都で日本の伝統的「おもてなし」サービス産業に従事する舞妓は約一〇〇名、実はその多くが京都以外の出身者で、舞妓になろうと思う前にはこの業界とは何の関係もなかった未経験者である。一〇代の舞妓志望の少女たちは、TVやインターネットなどで情報を収集し、中学卒業後に京都の花街にやってくる。そして、置屋に住込み、約一年間の修業生活中に日本舞踊や邦楽などの伝統的な芸事や、接客に必要な立居振る舞いを学ぶ。舞妓になるための必須の技能「日本舞踊」の試験に合格後、見習い茶屋での就業体験を経て、サービス・プロフェッショナル「舞妓」としてデビューする。舞妓とは、日本舞踊を披露する女性を表す職業の名称なのだ。舞妓は、キャリアに応じて化粧や装束などに細かな差異があり、経験年数が一目でわかるようになっている。

舞妓になった彼女たちは、京都を訪れる国内外の顧客にサービスを提供するだけでなく、ときには自分の髪で結い上げた日本髪のまま海外出張をして、日本舞踊を披露したり、茶道のお手前をしたりと、日本の伝統文化を広く発信する役割を果たすこともある。

(2) 芸《げい》妓《こ》

舞妓にデビュー後、平均して四～五年ほどで「芸妓」になる。芸妓になると日本舞踊だけでなく、邦楽の唄や楽器の演奏など複数の伝統的な芸事に秀でていることが求められる。芸妓に定年はなく、一〇代の舞妓と三〇代と七〇代の芸妓がお座敷でいっしょに仕事をするなど、顧客によりよいサービスを提供するためには年齢の壁を超えてチームを組み、仕事をする。なお、年齢にかかわらず、経験が一日でも「長い」先輩の芸舞妓のことは、「お姉さん」と呼び、お座敷では経験のもっとも長い芸舞妓がチームリーダーとなって顧客のニーズに応じた接客をメンバーの技能に応じて組み立てる責任をもつ。

芸妓になって一～二年たつと、独立自営業者「自前《じまえ》さん芸妓」となり、後述する置屋から独立し、自分の営業成績に応じた独立採算で、生活をしなければならない。大学卒業程度の年齢で、まさにおもてなしのプロ中のプロを目指すキャリアを選択する、そんな道を京都出身者でもなく伝統文化芸能にも未経験だった多くの若い女性たちが京都花街で歩んでいる。

（3）置屋とお茶屋

舞妓になりたいという志望者は、置屋（屋形〔やかた〕と京都では呼ばれることが多い）に所属して教育をうけないと、舞妓にデビューすることはできない。舞妓志望者は、置屋に住み込み、「お母さん」と呼ばれる置屋の経営者から基礎教育を受ける。この時期の少女は仕込みと呼ばれる。舞妓にデビューする前の仕込みの期間と舞妓の期間の合計数年間は「年季」と呼ばれ、この期間は、生活からお稽古、学校、高額な衣裳など仕事にかかる経費も含めて、すべては置屋側が負担する。

図 13-1　祇園甲部の街並み

（出所）筆者撮影（2010年）。

年季期間中の舞妓たちは置屋から給与ではなく、お小遣いをもらっている。つまり、置屋と舞妓の関係は、雇用者・被雇用者の関係ではなく、例えると、プロダクションと所属する芸能人のようなものである。

芸舞妓たちの仕事場にあたる「お座敷」という場を切り盛りするのが、お茶屋である。芸舞妓だけでなく、料理など接客に必要なサービスを複数の専門業者から顧客のニーズにあわせて購入し、各お茶屋の「お母さん」と呼ばれる経営者のコーディネート力によってそれらを組み立て、「もてなし」のサービスとして提供している。また、一見さんお断りで有名な京都花街の会員制度の窓口は、このお茶屋である。顧客は芸舞妓と直接的な取引はできず、必ずお茶屋を通してお座敷への依頼をする慣行となっている。

京都でお茶屋と呼ぶ業態は、東京では料亭に相当する。東京の料亭がお茶屋と料理屋の機能を兼ね備えているが、京都のお茶屋は料理を提供しないことが大きな違いである。京都では、伝統文化産業として集積する料理屋や芸妓など複数の専門業者に提供するサービスの質を競わせ、よりよいサービスを選択できる環境を整えている。

また、お茶屋は芸舞妓の育成にも深くかかわっている。例えば舞妓にデビューする前の約一ヶ月間、特定のお茶屋でインターンシップのような形で現場教育を受けるが、このお茶屋は「見習い茶屋」と呼ばれ、デビュー直後の舞妓と顧客との接点を積極的にアレンジしたり、舞妓のキャリアの育成のプロセスに応じてアドバイスをしたりと、年齢が若い舞妓にとっては、置屋のお母さんを京都花街での母親役に例えれば、第二の母親役とも呼べる親しく頼りになる存在である。

（4）五花街

京都には国内外の観光客が年間約五〇〇〇万人訪れているが、その多くが京都ならではの舞妓を一目でいいからみたいと、彼女たちの生活と仕事の場である花街の地域をカメラやビデオを手に散策している。現在、京都で舞妓が就業している、祇園甲部・宮川町・先斗町・上七軒・祇園東の五つの花街は、総称して五花街と呼ばれ、その産業としての歴史は三五〇年以上前までさかのぼることができる。

二〇一一（平成二三）年三月三一日現在、五花街には舞妓八五人・芸妓二〇〇人、そして、彼女たちの働く現場をプロデュースするお茶屋は一四七軒ある（表13－1）。

西尾（二〇〇七）によると、京都花街での花代（芸舞妓のサービス売上）の総合計は近年増加傾向にあり、事業規模

表 13－1　京都五花街の芸舞妓の人数とお茶屋の軒数

五花街の名称	芸　妓	舞　妓	お茶屋
祇　園　甲　部	82	26	64
宮　　川　　町	45	34	36
先　　斗　　町	40	9	26
上　　七　　軒	22	12	10
祇　　園　　東	11	4	11
合　　計	200	85	147

（出所）　財団法人京都伝統技芸振興財団調査に基づき筆者作成。
（注）　2011年３月31日現在。

が縮小した東京や大阪などの花街と比べると、高付加価値のもてなし産業として競争優位性を有している。これは、特定顧客向けのサービスだけでなく、伝統文化を生かした観光客向けの行事やサービス、国内外への芸舞妓の出張など、収益の柱が複数あるからだと考えられる。

インターネットを利用すると、手軽に情報検索ができるようになったこともあり、この一〇年ほどは日本全国から舞妓になりたいという希望者が増えている。実際、舞妓の人数は図13－2からわかるように、ここ十数年横ばいから増加傾向へ転じている。その背景には、舞妓希望者の中学三年生が、夏休みに約一週間まるでインターンシップのような実地体験をしたうえで、舞妓になる修業をするかどうか決めるなど、「おもてなし」伝統文化産業の背後には、現代の事情に応じた人材育成のための制度的な工夫も見受けられる。

2　女紅場

（1）学校で得る「四つのメリット」

現代っ子の少女たちが伝統文化技能を身につけるための工夫として、京都花街の学校制度の充実をあげることができる。それが「女紅場」（にょこうば）と呼ばれ、一八七二（明治五）年に祇園甲部に設立されたことにその起源がある学校だ。芸舞妓たちは、各花街にある学校に週に三～四日通い、日

図 13－2　京都五花街の芸舞妓数

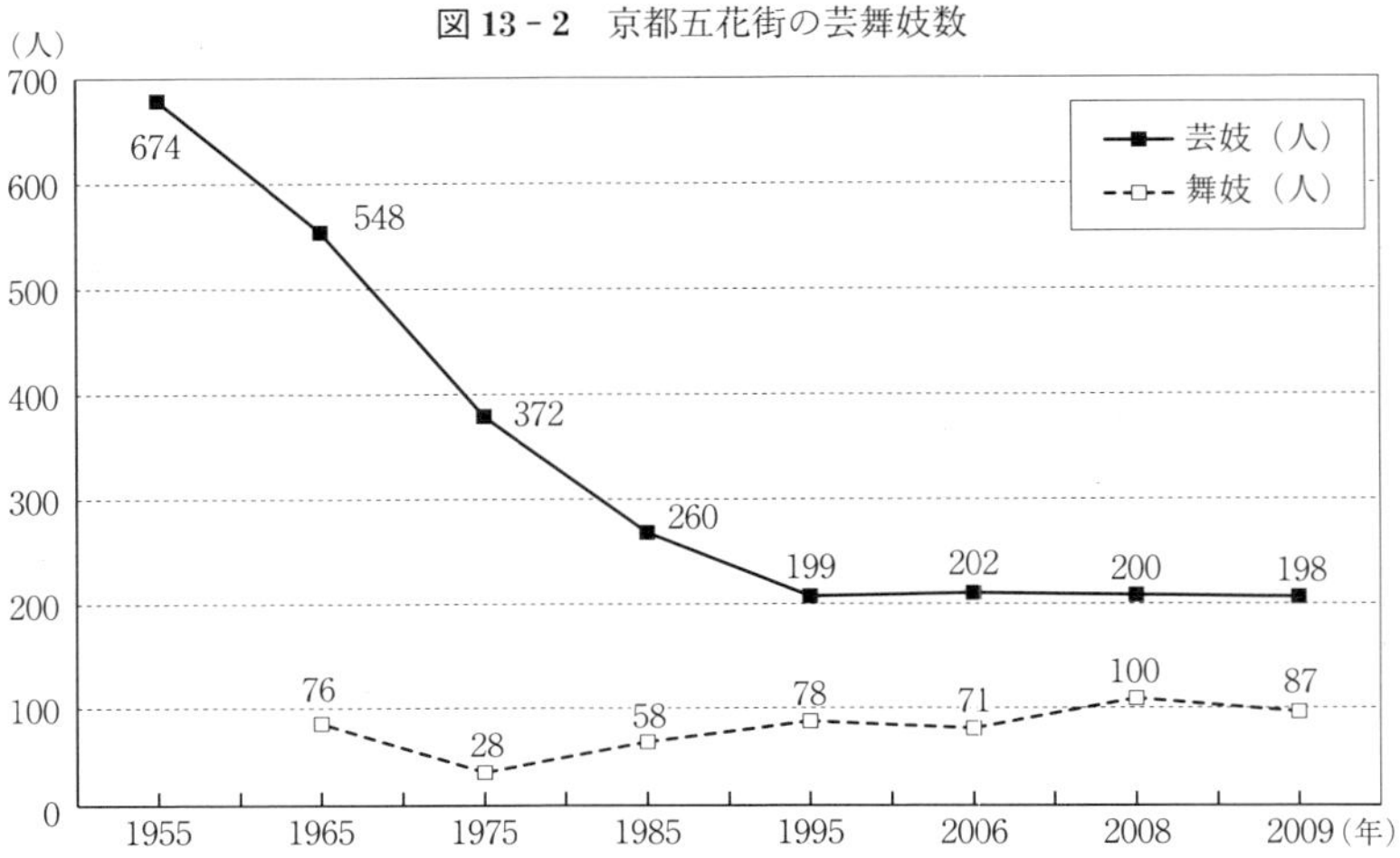

（出所）　京都花街組合連合会調べに基づき筆者作成。

図 13－3　女紅場の授業日程表

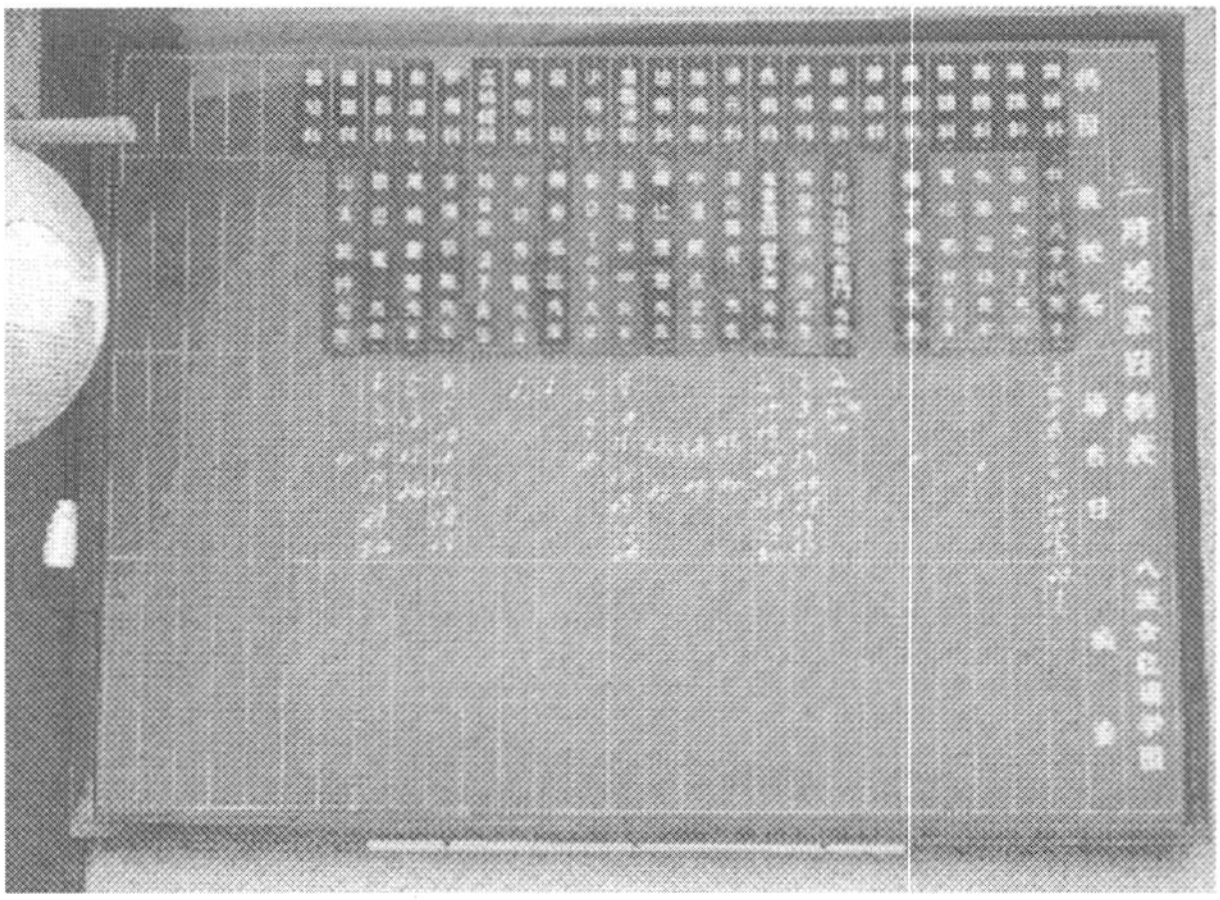

（出所）　筆者撮影（2010年）。

本舞踊、長唄や常磐津などの邦楽の唄、三味線や太鼓・笛などの邦楽器の演奏、茶道などを、家元など専門家から学ぶ。「型」と呼ばれる基本動作を全員が見て学ぶ古典的な学習方法には、西尾（二〇〇七）によると伝統文化技能を身につける上で次の四つのポイントがある。

①「型」の統一による美しさ

芸舞妓全員が同じ流派の技能を習得することで、事前に詳細な打ち合わせがなくても、同じ花街の芸舞妓であればお座敷の場でのごく簡単な打ち合わせだけで、「型」がそろった美しい技能の発露ができ、集団としての芸の質にもつながっている。

②即興性の高い技能の発露

全員が学校でお互いの技能レベルや性格を知ることができるので、お座敷での協調がしやすくなる。そのため、お座敷の広さや同席する人数を考慮し、さらにお客様の要望に配慮して、現場にあわせたより即興性の高い対応ができる。

③モチベーションのアップ

目標となる人やライバルとなる人をみつけやすく、切磋琢磨を促すことになる。また、新人芸舞妓たちにとっては、学校は複数の同期と会える機会であり、お互いに励まし合うとともに、情報共有と息抜きの場にもなる。

④費用と機会のメリット

学校では、多人数が一度に学ぶことができるので、家元など専門家から指導を受けても、一人あたりの費用を比較的安価に設定できる。そのため、置屋の規模や経営の状態に左右されることなく、継続的に学ぶことができる。また、必修の科目以外にも複数の開講科目を用意しているので、個人の興味にあわせて技能科目を選択でき、芸舞妓たちの多面的な素養を伸ばしている。

（2）技能発表の場

この学校は、さらに芸舞妓たちに技能の発表の場も提供している。大きな舞台を踏ませて、研鑽の機会を与えて、次へのステップ・アップの機会を作っているのだ。それが花街の踊りの会なのである。

京都の五花街では、春や秋の観光シーズンに合わせて毎年踊りの会を開催し、この時期の花街は地元のファンだけでなく観光客でも大いに賑わっている。芸舞妓のお茶席での接待と踊りの披露をみて四五〇〇円程度という手軽な金額もあって、最も期間が長く会場も大きな祇園甲部の「都をどり」では、一ヶ月の踊りの開催期間に、延べ一〇万人もの観客が訪れる大きなイベントとなっている。

この花街の踊りの会は、芸舞妓たちの学校の発表会となっているため、芸舞妓にとっては晴れ舞台といえる。特に、新人の舞妓たちにとっては、日ごろの練習の成果を一般の顧客に大きな舞台で発揮することができる場であり、その経験を通じて、芸事の手があがり、またお稽古を頑張ろうという気持ちにもつながり、伝統文化を積極的に身につけるモチベーションの維持にもつながっている。

踊りの会のチケットは、旅行代理店やＪＲの窓口など手軽な場所で購入できるようになっており、数多くの一般観光客が訪れるような仕組みができている。ここ数年中国や台湾などの観光客のツアーが踊りの会に訪れる様子をみかけることも多くなっている。このように舞妓という伝統文化の担い手と一般の人との間の垣根が低くなり、若い舞妓が技能を一生懸命披露するひたむきな姿に親しみを感じる場にもなっている。その結果、お座敷には行かないが、手軽に切符を購入できる踊りの会には毎年足を運ぶという顧客層もできている。

(3) 歌舞練場の意味

東京や大阪の花街でも、昭和の半ばには京都のような踊りの会が盛大に開催されていたが、最近では芸舞妓の数の減少に象徴されるように花街の事業規模が縮小したため、京都のように常設的かつ長期間の開催はされていない。また、京都の花街のように観光シーズンに合わせて開催され、数多くの一般観光客が訪れるような仕組みにもなっていない。伝統文化の担い手の様子に一般の人々が触れられるためには、場の設定が重要であることは認識されてはいるが、常設的な興行にはなかなか至っていないのが現状である。

これは東京の花街には、自分たちの都合にあわせて主に使うことができる京都の歌舞練場のような施設がないため、組合などが興行主になって観光シーズンや他のイベントなどとの相乗効果を考慮して興行的に都合のよい時期に踊りの会をできない事情があるからだと考えられる。既存の劇場を興行主との契約で借りての上演となれば、一ヶ月単位の興行になることが多く、それだけロングランの上演を東京の花街が主体となってすることは、人材育成の効果を考慮しても、興行マネジメントの負担から事実上無理だと推測される。

京都花街にとっても、歌舞練場の運営は多大な経費がかかるため、簡単なことではない。しかし、学校制度の維持と集客向上の両面を満たす、発表方式の運営方法により、一八七二（明治五）年の祇園甲部と先斗町での踊りの会の開始以降、継続して歌舞練場での踊りの会開催がなされている。この仕組みを、ほかの三つの花街も見習い、五花街すべてで、観光シーズンに踊りの会が開催され、京都観光のコンテンツの一つとして定着している。

一見すると無駄な投資のように思える歌舞練場の維持は、踊りの会の継続的な開催を支え、伝統文化を伝える人材育成と花街の伝統文化の広報の面から重要な機能をもっていることがわかる。

図 13－4　お座敷の成り立ち

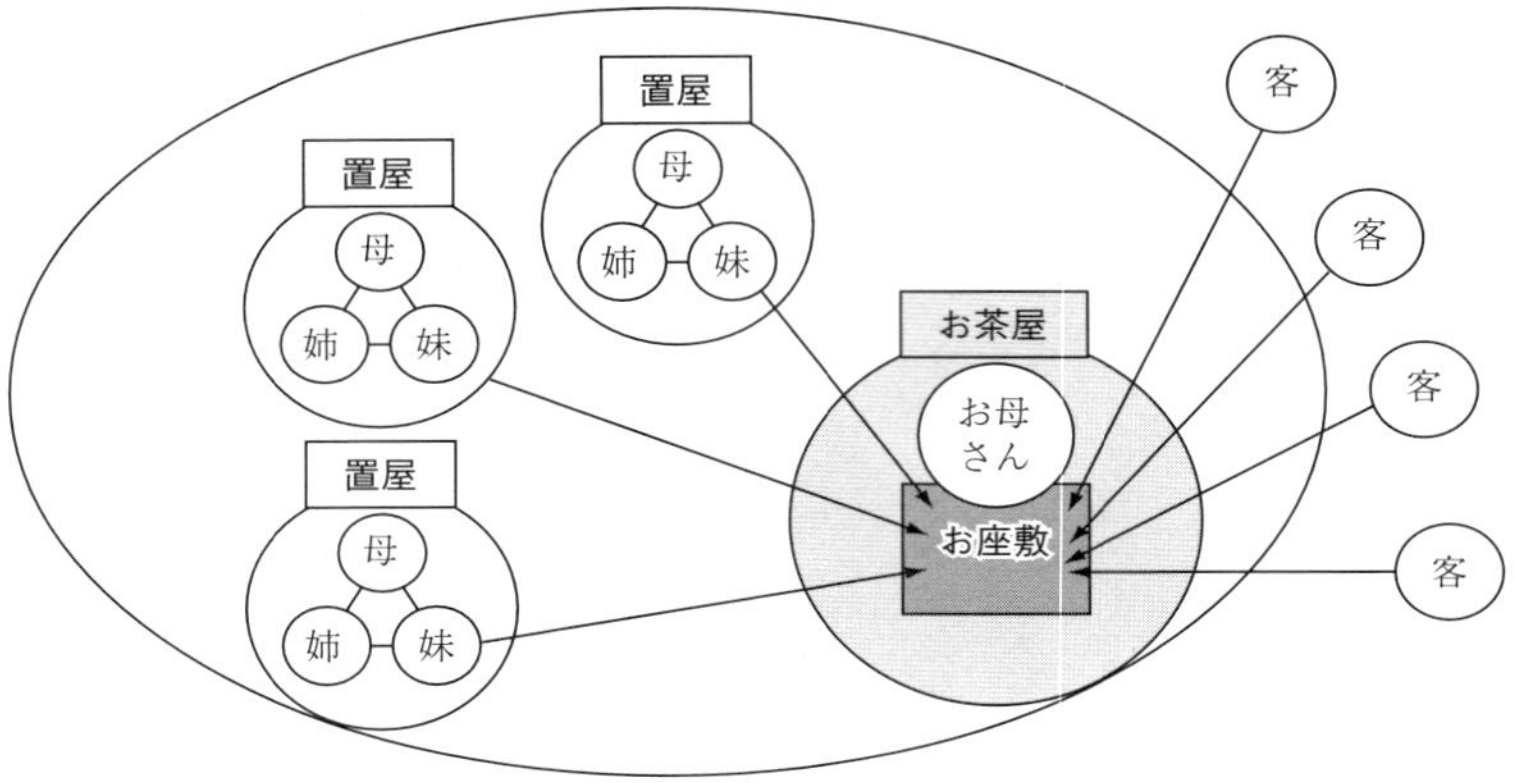

お茶屋のお母さんは，顧客の来店の目的（接待，息抜き，法事等）と好みを考えて，どの芸妓・舞妓を呼ぶか決める

（出所）　西尾（2007）より。

3　文化経営

（1）一見さんお断りの意味

芸舞妓たちの仕事の現場は、ホテルでの立食パーティでも、日本国内や海外に出張しても、すべて「お座敷」と呼ばれる。芸舞妓のおもてなしサービスを受けたいと思う顧客は、必ずこの「お座敷」利用のための窓口となるお茶屋を経由する必要がある（図13－4）。お茶屋が、テレビに出ているような超有名人であっても、紹介者がない場合はおもてなしを提供することを断る、そんな慣習のことを「一見さんお断り」と呼ぶ。

この慣習が継続した理由として、接客の現場であるお座敷がお茶屋のなかに限られていたことが多かったため、職住一致の女性ばかりが暮らすお茶屋に知らない男性顧客が居座ることを避ける、安全上の必要からといわれることが多い。しかし、それだけが、この仕組みのメリットではない。京都花街は伝統文化に裏打ちされたおもてなしサービスを提供しており、その内容を理解し納得して対価を支払う顧客を対象とするために、一見さんお断りを続けているのだ（図13－5）。

図 13－5　「一見さんお断り」を支えるお茶屋を中心とした取引関係

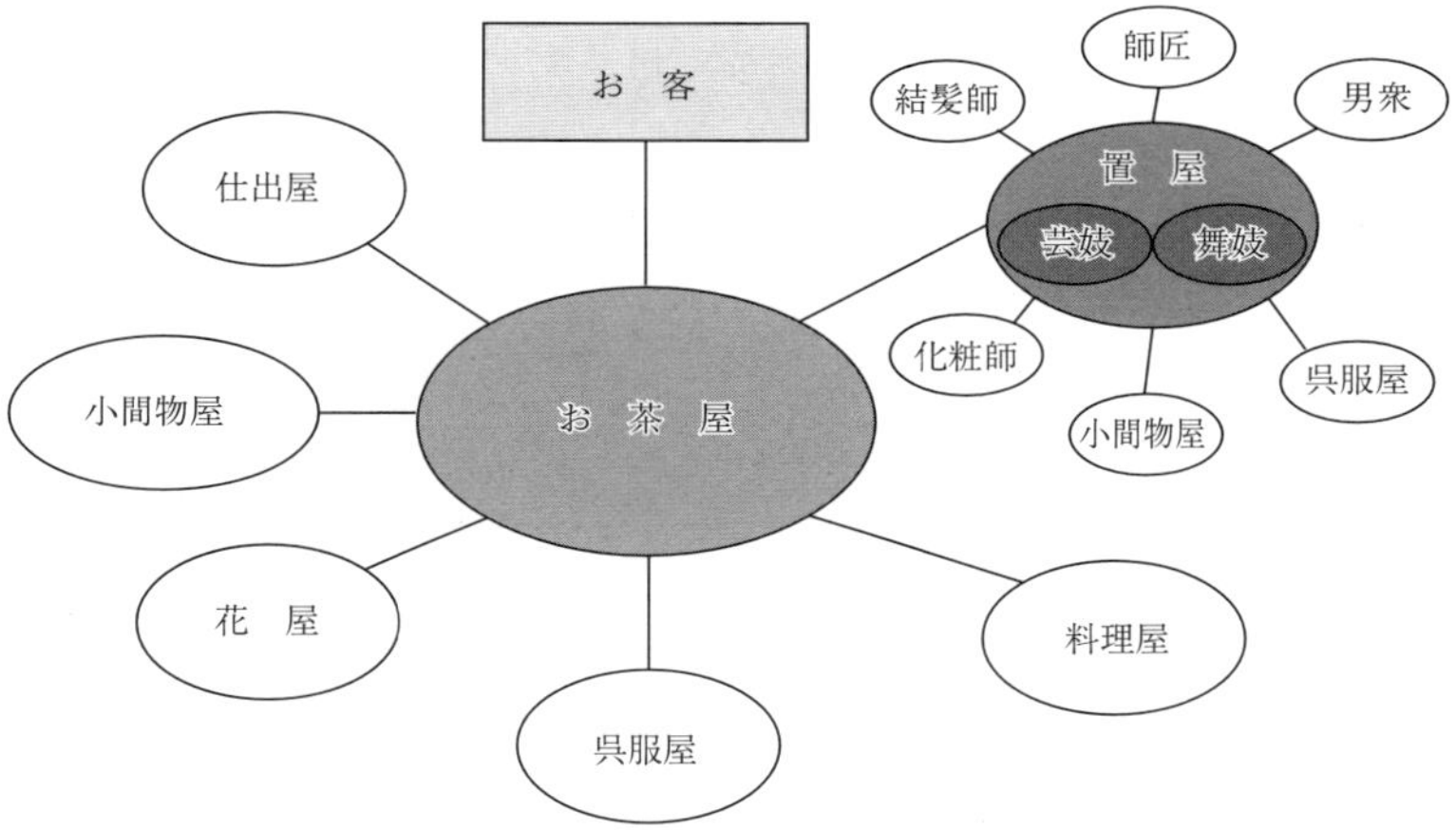

（出所）　西尾（2007）より。

（2）　組み立てることのメリット

お茶屋を窓口に京都花街を利用する顧客は、自分の嗜好に応じた芸妓や舞妓をお座敷に指名することはできるが、芸舞妓と直接的な取引はできない。顧客はお座敷に芸妓や舞妓を呼ぶ場合は、必ずお茶屋を通して依頼をする仕組みになっている。また顧客は一つの花街の中で特定の一軒のお茶屋を継続的に利用するルールもある。

お茶屋は、おもてなしの現場でサービスを提供する芸妓や舞妓だけでなく、複数の専門業者から顧客のニーズにあわせて料理やしつらえなどのサービスを購入し、それらを組み立てて、「おもてなし」のサービスとして形にし、顧客へ提供している。つまり、お茶屋が複数のサービスを組み立てて、京都花街らしいものとしているといえよう。舞妓はそれだけでも伝統文化の結晶のような存在にみえるが、コーディネートのお茶屋がより相応しいという場を設定すれば、さらにその文化的な良さがひきだされるようになっている。

お茶屋は顧客の要望があれば、芸舞妓たちを海外にも派遣する。例えば、海外のホテルで京都の舞妓が日本舞踊を披露したり、お茶のお手前をしたりすることも現実として可能である。

図 13 - 6　花街の取引制度と目利き

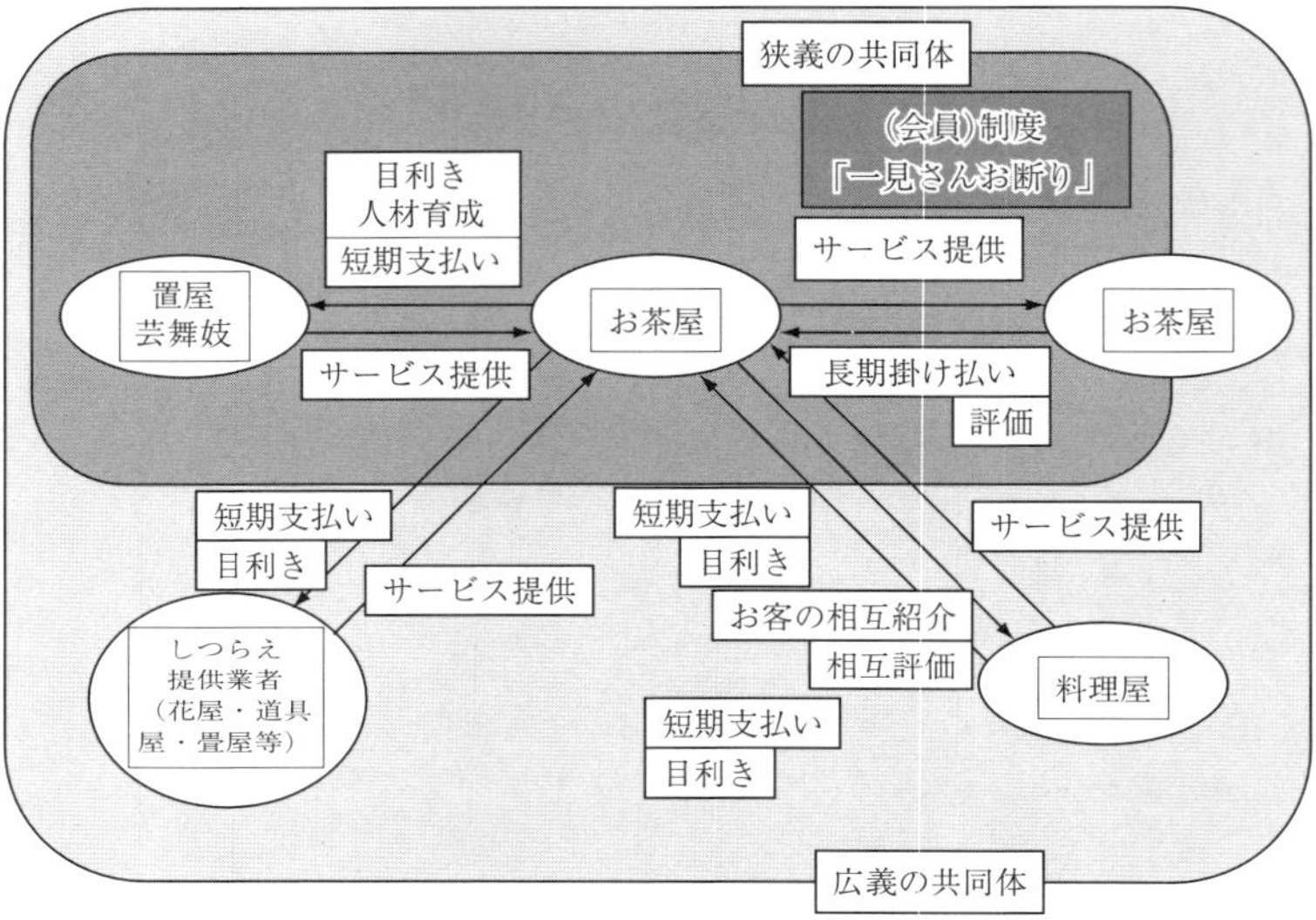

（出所）　西尾（2007）より。

それが実現するためには、京都花街のルールを理解し舞妓の提供するサービスの価値がわかる顧客だとお茶屋が取引関係から認知し、その関係性に基づき出張をお茶屋がコーディネートするという前提が必要になる。舞妓という伝統文化を体現する人材は、その良さを適切に披露できる場を設定する技能をもつお茶屋があって、その文化的な価値を広く海外にも発信することができる。

お茶屋は伝統文化の良さという尺度のない価値を届けるために、顧客のニーズに応じて必要なものを顧客の利用ごとに専門事業者から調達し組み立て、言語化が難しい文化的な価値観をそれなりの形として提供することに特化した業態だといえる。そのため、お茶屋にはメニューリストも価格表も掲示されておらず、顧客の利用後にその価格を決定して、後日請求する。顧客はお茶屋からの請求が届いて初めて自分の利用額を知り、お茶屋の請求額通りに支払う仕組みになっている。

（3）目利きと文化経営

接客の現場で「おもてなし」サービスの提供の重責を担う舞妓たちも、お茶屋からみると、おもてなしサービスの構成要素の一つという位置づけになる。したがって、期待したサービス品質を彼女たちが提供できなかったときには、置屋のお母さんや、指導責任者の姉芸妓を通じて改善点が具体的に提示され、品質を上げることが強く求められる。新人時代の一年間は絶え間なくフィードバックを受けるが、この期間を過ぎ中堅になっても舞妓の座持ち技能が上らない場合には、お座敷には呼ばれなくなってしまうことさえあるという。

伝統文化を体現する舞妓のおもてなしというサービスは、顧客が時間を消費することによって成り立っており、一度過ぎた顧客の時間はクレームがあったからといって、取り替えることが不可能なものである、取り返しのつかない消費という特色がある。そのため、失敗を許されない状況が常に舞妓には求められる。特に、高付加価値の京都花街の「おもてなし」サービスでは、繰り返しサービスを利用する特定顧客欲求水準や、観光客のように舞妓に魅かれてそのサービスを一度、体験してみたいというような顧客の期待水準が高いため、クレームを発生させない仕組みを作ることは、業界として地位を保つために非常に重要である。これを可能にしているのは、お茶屋がサービス提供に不可決である芸妓や舞妓、提供する料理などに対して、顧客の期待と要求のレベルを熟知し、それに応じたサービス内容が提供されているのかどうかをチェックできる品質管理の目「目利き」と、舞妓の人材育成に積極的にかかわるといった現場で品質をよりよいものに育てる仕組みを持っているからだ。

特に、舞妓というサービス産業に従事した経験が浅く技能が未熟な人材を含めた提供サービスの質のチェックとその品質向上のためのマネジメントを、お茶屋を中心として業界全体で行うことが、京都花街が長期間サービス産業地域として継続する間に練り上げられている。舞妓の衣裳一つをとっても、美しいから伝統だからという理由だけではなく、その衣裳をみると、彼女の経験がわかりお座敷でのチームプレーがしやすくなるといった合理的な意味が伝統文化の背後に隠されている。

私たちはブランドイメージがあるから、京都花街が伝統文化産業として継続していると思いがちだが、それだけでは、京都花街が産業として継続してきた理由を本当に理解したとはいえない。京都花街が美しくかつしなやかに文化産業として継続してきた秘密は、観光客であってもリピーターの特定顧客であっても、期待を裏切らないおもてなしサービスを、新人の舞妓も提供できるようになる工夫がビジネスシステムとして仕組みになっていることである。文化を提供しつつマネジメントとしても合理性が高い「文化経営」ができることが、その継続の源泉となっている。

参考文献

浅原須美（二〇〇七）『東京六花街　芸者さんから教わる和のこころ』ダイヤモンド社。
加護野忠男（一九九九）『競争優位の事業システム』ＰＨＰ新書。
近藤隆雄（二〇〇七）『サービスマネジメント入門　第三版』生産性出版。
西尾久美子（二〇〇七）『京都花街の経営学』東洋経済新報社。
西尾久美子（二〇〇八）「伝統産業のビジネスシステム――三五〇年続くサービス産業「京都花街」のダイナミズム」『一橋ビジネスレビュー』五六（一）：一八―三三頁
西尾久美子（二〇一〇）「おもてなしサービスのマネジメント――京都花街の舞妓と芸芸妓」伊藤宗彦・高室裕史編著『一からのサービス経営』中央経済社
リクルートワークス編集部（二〇〇七）『おもてなしの源流』英治出版。

第一四章　今昔博物館事情——都市観光の成熟と博物館の役割

木下　達文

1　京都の博物館

（1）博物館の役割とその種類

京都というまちは、見方によってはまち全体が博物館であるといえよう。京都は、平安京が成立した後から明治天皇が東京に行幸するまでの長きに渡り、歴代の天皇が住まわれた地であったため、多くの産業や文化、そして自然等を育み、それらが歴史となって積み重なっている。また、第二次世界大戦中における空襲の被害が少なかったこともあり、古い建造物などの文化財が非常に多く残されているという特徴がある。したがって、京都にはこうした固有資源が多数存在していることから、国内でも有数の観光都市となっており、まちが一つの歴史テーマパーク的な状況を生みだしている。また、市内にはそうした地域の資源を保管・展示をする様々な博物館施設もある。本節では、まず一般的な博物館についての概要を整理すると同時に、京都市内における博物館の概況と国公立施設の概況について触れていきたい。

まず、「博物館」についてである。京都に限らず、国内にはさまざまな博物館的施設が存在する。歴史館や科学館、あるいは美術館など、その種類も多様である。実は、これらは全て博物館に包含される。日本には一九五一年につくられた「博物館法」が存在し、それに詳細に規定されている。博物館法によれば、博物館とは「歴史、芸術、民俗、産業、自然科学等に関する資料を収集し、保管（育成を含む。以下同じ）し、展示して教育的配慮の下に一般公衆の利用に供し、その教養、調査研究、レクリエーション等に資するために必要な事業を行い、あわせてこれらの資料に関する調査研究をすることを目的とする機関」であると定義されている。つまり、歴史館は歴史博物館であり、美術館は美術博物館、科学館は科学博物館と称するのが正確なのであり、博物館の概念には、生きた資料を扱う動物園、植物園、水族館も含まれる。これは、国際的な博物館概念とほぼ同等となっている。日本の場合は、博物館の存在する地域の教育委員会（都道府県）に「登録」をしないと、法的な登録博物館とはならない（国立博物館は適用外）。登録をするまでには整っていないが、登録に「相当」する施設や、「類似」する施設の基準もある。『平成一七年度文部科学省社会教育調査報告書』（二〇〇六）によれば、現在日本に、この登録博物館、相当博物館、類似博物館を含む施設の総数は五六一四館となっている。このように、国内の博物館は数こそ増えたが、一館当たりの利用者数は年々減少傾向にあり、また財政難も加わり、閉館する施設や民間会社が指定管理者となる例も増えてきている。

（2）市内の博物館について

それでは、現在、京都にはどのくらいの博物館があるのであろうか。京都といってもその範囲は広いため、ここでは京都市内に限って見ていくこととする。さて、京都市内に限定してみると、市内の博物館施設の総数は一九七施設となっている（二〇一一年二月現在）。これは、京都市教育委員会が所管する「京都市内博物館施設連絡協議会（通称：京博連）」に加盟している施設の総数である（末尾の参考ＨＰを参照のこと）。京都市は市内にある博物館と連携をして、連絡協議会を組織している。国内には都道府県単位で博物館協会のようなネットワーク組織は大抵存在するが、政令指定都市単位での連絡組織は京都市ならではであろう。この協議会では、市内の施設紹介をするための情報も整備し、一般向けに『京都市内博物館ガイドブック――京のかるちゃーすぽっと（英文対訳付・京のかるちゃーすぽっとマップ付）』を発行している。現在発行されているものは第五版（二〇〇七年発行）で、この時点では一六一施設が紹介されている。市内だけ一九七施設もあるわけであるから、博物館を観光してまわるだけでも大変なものである。ただ、そのほとんどが国や自治体以外の組織や個人が設立した施設なのである。たとえば、お寺の宝物館であったり、財団や個人の博物館であったり、大学や企業の博物館であったりする。また、協議会に参加しない小さな展示施設なども他に存在する。本項では、まずは主に国公立博物館の概要について国立・府立・市立の順に整理し、第2節では国公立以外の博物館を分野毎に主要な施設を取り上げてみたい。

① 国立博物館施設

京都市内にある代表的な国立の博物館施設には、京都国立博物館と京都国立近代美術館がある。京都国立博物館は、一八九七（明治三〇）年に開館している。京都市内でも非常に古い博物館の一つである。当時は帝国京都博物館という名称であった。場所は、東山の七条通り沿い、三十三間堂の北に位置し東山界隈の観光地との繋がりがある。本館の建物は、日本の建築界の草分けの一人である片山東熊で、バロック様式を取り入れた華麗な作りとなっていて、概観的にはヨーロッパの雰囲気が漂う施設となっている。美術工芸品を中心に、約一万点の資料を収蔵しており、季節毎に話題性のある展

図14－1　京都国立博物館

（出所）　筆者撮影。

示を展開している。運営は二〇〇七年から独立行政法人国立文化財機構京都国立博物館となっている。

一方、京都国立近代美術館は、京都会館や府立図書館などたくさんの文化施設が集中する岡崎公園内に位置し、平安神宮の大鳥居の左脇にある近代的な趣のある美術館である。そもそもは、京都市勧業館の別館であったものを一九六三年に改装し、国立近代美術館京都分館として開館した。その後独立し、現在の建物（新館）は、一九八六年に竣工した（建築家は槇文彦）。国内外の近代美術を収集しているのはもちろんのこと、この美術館では良質な企画の展覧会が数多く行われており、京都の中でも高いインスピレーションを感じられる空間の一つとなっている。

② 府立博物館施設

京都府が設立した代表的な施設としては、京都府立植物園、京都府立総合資料館、京都府立堂本印象美術館、京都府京都文化博物館がある。まず、府立植物園であるが、開園が一九二四年と日本の総合植物園としては最も古く、保有植物は一万二千種、一二万株を数え、世界でも有数の植物園であるといえよう。ここでしか見ることのできない珍しい種も多い。もともとは大正大典記念京都博覧会の会場として予定されていたが、その後植物園として整備された。北山駅から近く、年々整備が進んでいるため、市内でも人気の高い施設の一つとなっている。

府立総合資料館は、主に古文書資料を扱う博物館として、府立植物園の東側に一九六三年に設立された。国宝「東寺百合文書」等が保管・展示されている。その性格から、観光というよりはむしろ調査・研究に重きがおかれている施設であるが、こうした地域資料やデータベースを、これからの観光・まちづくりとの関係の中で、どう生かしていくのかが問われてこよう。

堂本印象美術館は、日本画家であった堂本印象（一八九一―一九七五）が自らデザインし一九六六年に設立した美術館で、その後所蔵作品とともに京都府が寄贈を受け、一九九二年に府の美術館として開館し、二〇〇六年からは目の前にある学校法人立命館が指定管理者として運営を行っている。立地的には金閣寺と龍安寺の丁度中間にあり、観光客も多い場所ではあるが、少々性格の異なる施設であるため、ターゲットの位置づけが難しい施設ともいえよう。

京都文化博物館は、京都で初めての総合的な歴史博物館として一九八八年に旧日本銀行京都支店の近代西洋建築を取り込んだ形でオープンした。前身は平安博物館であった。多彩な企画展示だけでなく、収蔵品の古い映画フィルムを生かした上映会も、この施設の特色となっている。市内の中心部（烏丸通りに近い三条通り沿い）にあり、観光客だけでなく、市民も気軽に立ち寄れる博物館として、非常に親しみ易い施設となっている。京の町家空間を再現したショップとレストランの複合施設である「ろうじ店舗」は、博物館としては大変ユニークな発想でつくられている。

③　市立博物館施設

京都市が設立した代表的施設としては、京都市動物園、京都市美術館、京都市青少年科学センター、京都市考古資料館、京都市歴史資料館、京都市学校歴史博物館、京都芸術センター、京都国際マンガミュージアムなどがあり、その数は多い。

最も歴史があるのは岡崎公園内にある動物園である。開園が一九〇三年であり、日本では上野動物園に次いで二番目に古い施設で、一〇〇年以上の歴史がある。とくに、希少野生動物種の保存・繁殖といった課題に積極的に取り組んでいる。ただし、動物園活動も激動の時代にあり、今後動物園の役割は大きく変わってくることが予想される。

美術館も岡崎公園内にあって、国立近代美術館の正面にある。昭和天皇の即位記念として一九三三年に開設された。大規模公立美術館としては東京都美術館に次いで二番目の施設である。美術館らしい美術館として日展・院展はもとより、海外美術品展なども数多く開催されてきた実績がある。ただ、様々な施設が誕生してきたため、その存在感が薄れると同時に、役割についても再考が必要となろう。

青少年科学センターは、京都市内において唯一科学を総合的に扱った施設である。設立は以外に古く、一九六九年である。ターゲットが青少年であるため、展示はかなり体験的に楽しめるよう工夫されている。隣接して環境を学べる京エコロジーセンターもある。しかし、立地が伏見区深草であるため、地域外の人が訪れるには不便である。京都南部の観光開発と絡めて、観光動線を工夫する必要があろう。

考古資料館（一九七九年開館）と歴史資料館（一九八二年開館）は、京都市の歴史に関する重要な博物館である。立地がそれぞれ離れており、規模もそれほど大きくないため、存在自体が薄い感がある。本来はきちんとした博物館か、各区に分館が欲しいところである。あるいは、市内には史跡がたくさんあるので、これまで収集した資料を活用し、主要な観光スポットに小さい展示館があることが望ましく感じる。

学校歴史博物館（一九九八年開館、学校の歴史を展示）、京都芸術センター（二〇〇〇年開館、芸術制作と発表の拠点）、国際マンガミュージアム（二〇〇六年開館、わが国最初の総合的マンガ博物館。運営は京都精華大学と共同）は、それぞれ京都市の中心市街地の少子化に伴う学校統廃合の一環から、開智・明倫・龍池の各小学校の再利用計画の一環として、博物館利用された施設である。学校の建物を改修して利用しているため、それぞれ非常に味のある施設となっており、今後の再生計画のモデルとなると考えられる。

2　京都観光と博物館

（1）寺院・歴史観光と博物館

京都観光といえば、「お寺巡り」「庭園巡り」であろう。今ひとつは、歴史の舞台を訪れたり、体感できることにある。本項ではおもに寺院の博物館と歴史を体験できる博物館をいくつかとりあげる。

京都には数多くの寺院があり、寺宝や庭園とともに観賞する楽しみがある。その寺宝を伝える空間として、一般的に宝物館と呼ばれる博物館施設がある。京都で最も重要な宝物館は、太秦にある広隆寺霊宝殿であろう。広隆寺は聖徳太子ゆかりの寺院で、この霊宝殿にある木造弥勒菩薩半跏思惟像は、飛鳥時代から今日に伝えられている仏像で、国宝第一号（彫刻）に指定されたものでもある。京都の主要寺院には、大小の違いはあれ、こうした宝物館的施設を有する所は少なくない。

① 寺院施設

また、京都を代表する宝物館としては、南区九条町にある東寺宝物館が挙げられよう。東寺（公称は教王護国寺）は、真言密教の根本道場として知られ、五重の塔は京都のシンボルともいわれている。空海以来の密教芸術関係の資料が二万点以上もあり、その規模は大きく、年に二回企画展示も実施されているのは注目できる。広隆寺や東寺のような宝物館は、典型的な収蔵庫型の博物館であるといえよう。

ところが、近年一般の博物館と変わらない機能をもつ宝物館も登場してきている。その先駆けとなった施設に、宇治市にある平等院ミュージアム鳳翔館（二〇〇一年開館）がある。モダンな建築と展示デザインそれに広いミュージアムショップやレストスペースを有した施設は、寺院博物館に大きな衝撃を与えた。京都市内においては、同じ二〇〇一年に伏見区醍醐にある醍醐寺霊宝館がリニューアルされ、国宝や重要文化財を展示する施設として注目された。霊宝館は春期と終期のみの期間限定の開館となっている。二〇〇四年に霊宝館で実施された「カルティエ宝飾デザイン展」は、その異色の組み合わせに斬新さを伺わせた企画の一つであった。

そして、近年活動が活発になっているのが、京都御苑の真北にある相国寺承天閣美術館である。二〇〇七年に増改築が終了し、全面オープンとなったのを契機として、「若冲展」など、話題性のある企画で注目を浴びている。

このように、京都の宝物館は時代とともに進化をしてきている。

②　歴史観光施設

前節で、いわゆる自治体立の歴史系博物館については説明を行ったので、ここではそれ以外の施設をスポット的にとりあげる。京都の場合は、幾重にも重なる歴史があるため、ここでは「源氏物語」と「幕末・維新」に関する施設にとどめておきたい。まず、源氏物語であるが、京都市外では宇治市がまちづくりの一環として一九九八年に設立し、源氏物語千年紀の二〇〇八年に展示リニューアルを行った源氏物語ミュージアムが最も著名な施設であろう。一方、宇治とは別に市内にも長年親しまれている施設がある。それが下京区・西本願寺の北東にある風俗博物館（COSTUME MUSEUM）である。井筒法衣店が一九七四年に開館させた施設である（運営は財団）。当時は、日本の古代から明治にいたる服飾の変遷を展示する施設であったが、一九九八年にもっと時代を体験できる場所へとするため、光源氏の邸宅（六条院の春の御殿）を四分の一サイズで復元し、また建物・調度品・衣装等を再現することで、絵巻物の世界を身近に体感することのできる空間となった。ビルの五階にある施設なので、それほど大きくはないが、源氏物語の世界に没入することができる。また単に見るだけでなく、衣装を着用したり写真撮影も可能なので、とくに女性に人気のある博物館となっている。

一方、京都といえば幕末・維新の舞台等として、ＮＨＫの大河ドラマでも頻繁に取り上げられる。近年では、アイドルタレントであるＳＭＡＰ・香取慎吾が主演した「新選組！」（放送は二〇〇四年）は、京都観光においても新選組ブームを巻き起こし、関連する博物館の存在を浮き彫りにした。幕末・維新を中心に展示を行っている代表的な施設に、霊山歴史館がある。東山・高台寺の東、霊山護国神社の脇にある。霊山は幕末・維新の志士たちの諸霊を祀る場であったが、第二次大戦後は荒廃してしまった。その後、松下幸之助をはじめとする関西財界人等の尽力により、一九六八年に顕彰会が設立され、歴史館は一九七〇年に開館した。二〇〇四年には、大河ドラマ「新撰組！」を契機に改装され、二〇〇五年にリニューアルオープンした。展示内容も子どもを意識した分かりやすい解説がなされ、また、別称も「幕末維新ミュージアム」とした。そのため、歴史ファンのみならず、一般にも親しみのもてる施設として生まれ変わった。

江戸時代から幕末・維新の歴史・文化を今日に伝える重要な施設として忘れてはならないものに、下京区・島原の「角屋もてなしの文化美術館」がある。角屋は、花街における揚屋建築の唯一の遺構として、一九五二年に国の重要文化財に指定されたものである。幕末期には新選組の隊士もしばしば利用したとされている。注目すべきはその建築で、部屋毎に全て異なる斬新なデザインは今日でも十分インパクトを与えることのできる様式である。島原にはこのほか、個人宅を改装して新選組記念館として運営するユニークな施設も存在する。壬生寺や西本願寺も近く、この一帯が幕末の歴史を体感できる場所でもある。

（2）産業観光と博物館

京都に存在する博物館の多くは、民間企業（あるいはそうした組織が出資した財団や組合等）が設立した施設が多い。その目的は多岐に渡り、企業のコレクションを扱う施設から工場見学施設まで、設置形態も多様である。また、京都の場合は伝統産業に関係する施設が比較的多いのも特徴である。これら全てを紐解くことはできないので、おもに伝統工芸に関わる施設と、その他の産業に関わる施設とに分類し、観光産業の核となる事例をあげておきたい。

①　伝統工芸と博物館

京都は現在でも伝統産業の宝庫である。経済事情あるいは生活スタイルの変化などで、その存続に問題はかかえながらも、長い年月の間に培われてきた産業文化がある。京都を感じるには、こうした京都が生み出した「モノの文化」を知ることが大切であろう。京都・岡崎公園内にある京都市勧業館（みやこめっせ）には、こうした伝統産

図14－2　島津創業記念資料館

（出所）　筆者撮影。

業を一堂に集めた施設がある。それが京都伝統産業ふれあい館である。この施設は民間団体ではなく、京都市が運営する組織であるが、全体像を把握するにはまず訪れたいところである。勧業館の地下一階にあり、京都の伝統工芸品が六六品目、展示点数は約四五〇点見ることができる。単に作品が並べられているだけでなく、作品が作られる過程をサンプル見本を通じて体感的に理解できるところがありがたい。その他、体験コーナーなどが設けられているが、一角に図書室もあり、ここで伝統工芸に関する研究も行うことができる。また、ふれあいしょっぷと呼ばれる売店があり、京都の伝統産業だけを扱うセレクトショップ的な意味合いもあろう。この施設はＨＰも充実しており、主要な伝統工芸については分かりやすい映像が動画で見られるようになっている。

京都の代表的な伝統産業の一つに西陣織がある。京都の人でもめっきり着物を身につけなくなってしまったが、最近では着物パスポート（着物を着ていると割引などの特典を受けられる制度）などの試みが行われ、和服の見直しも始まってきている。西陣織については、長年その文化を紹介する施設として、京都には西陣織会館がある。堀川通り沿い、晴明神社近くにあるこの会館は、国内の観光客というよりはむしろ海外の観光客向けに構成されている向きがある。一階にはステージがあり、定期的に着物ショーが上演される。まさに着物のファッションショーである。三階に史料館があり、そこでこの施設の持つコレクションが見学でき、二階の販売店では豊富な西陣織商品を扱っている。実演・体験コーナーも充実しており、注目したいのは単に触るだけでなく、後継者を育てるための努力もみられることである。

②　その他の産業と博物館

京都は周囲を山に囲まれ盆地を形成している。その地形的特色から古来より良質の地下水に恵まれ、水を利用した産業、つまりお酒造りが発達した。伏見には昔ながらの酒造文化を今に伝える月桂冠大倉記念館がある。濠川沿いに建つ酒蔵、酒造所などは、当時の面影のまま、周囲の景観とマッチしシンボル的存在となっている。記念館の中では、おもに製造工程ごとに、酒造用具が展示されている。一つひとつの道具が大きいためとても迫力があり、空間内に酒造り唄が流れているため、あたかも昔にタイムスリップした感覚となる。予約をすれば、酒香房にて日本酒の醸造見学も可能である。ロビー脇には売店があり、そこで「きき酒」もできるようになっているので、それを目的に来場する人も多いであろう。

京都には伝統産業とともに、先端産業が多いことで知られている。ノーベル賞を受賞する人も比較的多い。二〇〇二年にノーベル化学賞を受賞した田中耕一博士が所属している会社は島津製作所である。島津製作所は仏具製造から教育用理化学器械、そして医療用機器から産業用機械に至るまで、今日では先端技術メーカーとしてその存在は広く内外に知られている。一三〇年以上の歴史があり、一九七五年に創業一〇〇年を記念して島津創業記念資料館が設立された。場所は創業の地である木屋町二条にあり、建物も当時の面影を残している。展示資料は、島津製作所が長い年月をかけて発明してきた品々が展示されており、日本の近代化学の発達と京都の底力をかいま見ることのできる施設となっている。展示室の一角にはおもしろ実験コーナーがあり、単に見るだけでなく、体験することで物事の不思議を感じられる展示も設けられている。

京都は「映画発祥の地」としてもよく知られている。その関係で、太秦には東映太秦映画村がある。映画村自体は撮影セットを見せるいわばテーマパーク、あるいはエンターテイメント施設といえようが、実は映画村の中に映

図 14-3　東映太秦映画村

（出所）　筆者撮影。

画文化館という施設が存在する。これは京都で唯一の映画博物館と呼べるものである。名作ミニ映画劇場、電子映画アルバム、映画制作工程コーナー、牧野省三賞コーナー、映画の殿堂などの展示があり、実物、パネル、映像を使って展開がなされている。しかし、少々古くなってきているので、そろそろリニューアルが必要かもしれない。古い映画フィルムについては、京都文化博物館にも数多く残されており、貴重なフィルムの上映会も定期的になされている。

3　地域における新たな博物館の役割

(1)　今後の動向について

京都の博物館も近年大きく変化を見せ始めている。大型のリニューアル計画ならびに、新設の施設計画がある。以下には、その概略を示しておきたい。

大型リニューアルがすでに決定しているのは、京都国立博物館の平常展示館（新館）である。平常展示館は一九六六年に竣工され（設計は森田慶一）、本館に対して新館として常設展示を中心に使用されてきたが、四〇年以上も経過しているため、全体的に老朽化が進んできたため、このほどリニューアルが決定した。二〇〇八年一二月にいったん閉鎖し、解体工事が行われた後、平常展示機能を持つ百年記念館（仮称）として生まれ変わることとなった。博物館施設であるため、空調安定のために期間を長くもち、リニューアルオープンは二〇一三年度中ということとなっている。その間、展示品は仮設の収蔵庫に保管し、特別展示会期間以外は閉館となっている。新施設の設計を担当するのは、同博物館の南門や東京の葛西臨海水族園、ニューヨーク近代美術館（ＭｏＭＡ）などを手がけてきた谷口吉生である。展示だけでなく、建築としても期待のできる施設が誕生することになろう。

自治体の施設でのリニューアルは、京都市動物園がある。動物園については第一節でも多少触れているが、全国でも二番目に古い施設である。したがって、設備的にも変更しなくてはならない箇所が多々あるため、全面リニューアルが決定された。新しい展示は、動物同士を仕切らずに複合飼育するコーナーを設けたり、ガラスを多用することで動物との距離を近くするなど、斬新なアイデアが盛り込まれている。二〇〇九年四月には、その第一弾として、チンパンジーの学習の様子を見学できる類人猿舎「サルワールド」がオープンした。今後も工事期間中は休園せずに順次整備をしていき、最終的には二〇一五年度までに完成させる予定となっている。動物園は、北海道の旭山動物園の成功を受け、各地の動物園が改善に取り組んでおり、京都も一〇〇年にしてようやく新たなスタートを切った形となった。そして、もう一つのリニューアルは、京都文化博物館である。一九八八年の設立から二〇年以上の歳月が経ち、常設空間等の更新・改修の必要が生じ、二〇一〇年一二月からとくに常設展示を中心とした大幅なリニューアルが行われ、二〇一一年七月に開館した。

これらのリニューアルに対して、大型施設の新設も行なわれている。その一つが京都駅の西、梅小路公園内の「京都水族館」である。総合リース・金融サービス大手のオリックス系列の会社であるオリックス不動産が、土地を所有する京都市とこの計画を推進した。立地的に海沿いでないため、海水の輸送や廃水処理等のコストが嵩むこととなるが、同不動産は神奈川県藤沢市の新江ノ島水族館の経営を手がけている事業ノウハウを生かすことにより採算には問題ないとしている。本施設は二〇一二年三月一四日に完成した。水族館は、博物館施設の中でも集客が見込める施設ではあるが、環境問題や京都という土地に馴染むかどうかということ、さらには、近隣の海遊館や須磨海浜水族園、琵琶湖博物館などとどう差別化するのか等が課題となろう。海が近くにない環境だからこそ、水族展示だけでなく、プールやウォーターパーク的な要素を取り入れるのも良いかと考える。

同じ梅小路公園内に別の施設の新設計画がある。それがＪＲ西日本が進めている鉄道博物館計画である。現在、梅小路公園の南西部に同社が運営する梅小路蒸気機関車館があるが、この施設に隣接した形で建設し、運営は統合して経営する予定となっている。完成は二〇一四度から二〇一五年度頃を予定しているという。ＪＲ西日本には、大阪・弁天町の交通科学博物館という施設があり、ここに収蔵している車体や展示を移設も考慮されているようである。鉄道博物館については、二〇〇七年一〇月にＪＲ東日本が埼玉県さいたま市にオープンさせた施設が人気を博していることから、梅小路公園を西の拠点となるであろう（ちなみに、二〇一一年三月にはＪＲ東海が名古屋市港区金城ふ頭にリニア・鉄道館をオープンさせている）。水族館と合わせて公園一帯が一つの巨大レクリエーションゾーンが誕生することになる。近い将来、これらの施設に加えて大型ショッピングセンターや民間の美術館などが誕生していくかも知れない。

こうした新規事業に対して、後ろ向きな動きもあった。それが京都市歴史資料館の移転報道である。京都市の財政健全化を検討する活動の中で、二〇一一年度をめどに資料館の土地を売却して財源不足を補い、機能としては京都市考古資料館に統合するとのことである。歴史都市である京都から歴史資料館が消えてしまうという動きには少々疑問があったが、その後、この計画自体が消滅したとのことであるから最悪の事態は回避されたようである。そもそも、京都にはいわゆる「京都市立博物館」というものが存在していない。歴史、考古の両資料館はあるものの、その規模や立地的にも課題がなかったわけではない。筆者もとくに山科を中心に地域プロジェクトを展開しているが、やはり歴史センターとしての機能のみならず、サテライト的な施設を望む声も大きい。単に財政的な側面から検討されるのではなく、京都だからこそ文化的側面からの検討もぜひなされることを望みたい。

（２）課題と展望

これまで、京都の博物館施設についてその一端に触れてきたが、狭い空間の中にそれこそさまざまな機能が点在していることがわかる。しかしながら、民間組織が運営する施設の割合が多いため、まだまだ足りない機能というものもある。たとえば、先の歴史系の博物館もそうであるが、京都には実は自然史系の資料を総合的に扱う博物館が存在していないのである。また、他の課題としては、紹介はするけれど、文化の継承やまちづくりにまで発展しないケースも多々見られる。点で努力されている施設はあるけれど、それがなかなか面になりきれていない部分もある。やはりこれからの時代、苦しいからこそ皆が手を取り合い、つながり合い、そして博物館がその核となって、地域全体を結びつけ新たな文化創造にあるいは人材育成、産業創出など、多様に動きに広がっていく新しい考え方に基づくミッションをもっとほしいところである。それが、新たな魅力となり地域振興や観光振興へと繋がっていくことになろう。

参考文献

（財）日本博物館協会編（加除式）『全国博物館総覧』ぎょうせい。

アルカダッシュ當村まり（一九九八）『京都工房めぐり――伝統工芸・体験と見学』丸善メイツ。

椎名仙卓（二〇〇〇）『図解　博物館史』雄山閣出版。

千地万造・木下達文（二〇〇七）『ひろがる日本のミュージアム――みんなで育て楽しむ文化の時代』晃洋書房。

アドブレーン編（二〇〇七）『京都市内博物館ガイドブック――京のかるちゃーすぽっと』京都市内博物館施設連絡協議会・京都市教育委員会。

全国大学博物館学講座協議会西日本部会編（二〇〇八）『新しい博物館学』芙蓉書房出版。

参考ＨＰ

京都市内博物館施設連絡協議会（京博連）（二〇一一年八月取得）

http://www.city.kyoto.lg.jp/kyoiku/page/0000007321.html

京都市科学系博物館等連絡協議会（二〇一一年八月取得）

http://www.edu.city.kyoto.jp/science/network/kahakuren.html

京都市歴史資料館情報提供システム

「フィールド・ミュージアム京都」（二〇一一年八月取得）

http://www.city.kyoto.jp/somu/rekishi/fm/index.html

京都伝統工芸体験工房ガイド（二〇一一年八月取得）

http://www.taikenkobo.jp/

コラム

子どもとおとなの「対話の場」となる美術館

「子どもと美術館へ遊びに行きますか?」と訊ねられたらどう答えるだろう。子どもを連れて気軽に遊びに行くところといえば、遊園地、動物園、公園といったところであり、美術館は遊びに行く先というよりも学習のための場というのが一般的にイメージされる姿かもしれない。しかし、美術館は鑑賞方法によって多彩な顔をみせる。ここでは「遊び」の要素を組み入れた鑑賞によって、美術館が子どもとおとなの対話の場となることを紹介したい。

二〇〇七(平成一九)年の秋、京都国立近代美術館において「ギャラリー・ラボ２００７」が開催された。

この「ラボ」は、鑑賞空間での会話は悪しきものなのか、美術館では子どもは邪魔なノイズであり異物なのか、といった疑問に対する同館主催の実験的な取組みであった。美術館側からは、「ラボ」の期間のコレクション・ギャラリーは①鑑賞者が積極的に会話をする場とすることと、②子どもたちの来館を歓迎するというふたつの枠組みが設定された。そして、鑑賞空間の公共性について検証する提案と参加が募られた。そこで筆者は、「子どもとおとなの対話を促す鑑賞プログラム」による鑑賞会(以下、鑑賞会と表記)を計画し、「ラボ」に参加した。

なぜ、美術館が「子どもとおとなの対話の場」となるという仮説をたてたのか。その理由は、美術館を『正解・不正解という概念のない非日常の空間』として想定できると考えたからである。そしておとなが正しいとすることを子どもに教えるという日常生活の束縛から解放され、多様な表現と多元的な価値が存在する美術鑑賞によって、互いの価値観を尊重する対話を生み出したいと希求した。

まず鑑賞プログラムを作成するにあたり、対話を生み出す要素として「遊び」に注目した。ただし「遊び」を前面に出すのではなく「タスク」に隠した。「タスク」として、鑑賞会の最初に「今日は、〇〇をしてもらいますよ」と、まず取り組まなければならないことを具体的に参加者に提示する。というのは、「さあ遊びましょう」と主催者が呼びかけても、自己目的を持った主体的な活動としての「遊び」にはならないからである。そして、鑑賞のなかで「タスク」が「遊び」に転換するところを、対話が生まれる重要なポイントであると考えた。次に実施例として、公募の親子四組の鑑賞会の概要を記すことにする。設定した「タスク」は、子どもがひとりで選んだ作品の説明を聞いて親が絵に描き、その絵をもとに実物を当てるというものである。

鑑賞会がはじまり、子どもたちは四階のコレクション・ギャラリーを個々にそれぞれのスタイルで鑑賞し、気に入った作品一点を選び取った。親と離れての鑑賞によって、自分で決定し、きちんと親に伝えるのだという使命感を抱いた。また親がちゃんと当ててくれるだろうかという期待とスリルがあった。そして、どんな作品かを伝える言葉を見出し、携えながら、親の待つ一階へと駆け降りた。

親のところへ戻ってくるやいなや説明を始めた。「そ

図1　選んだ作品を伝えているところ

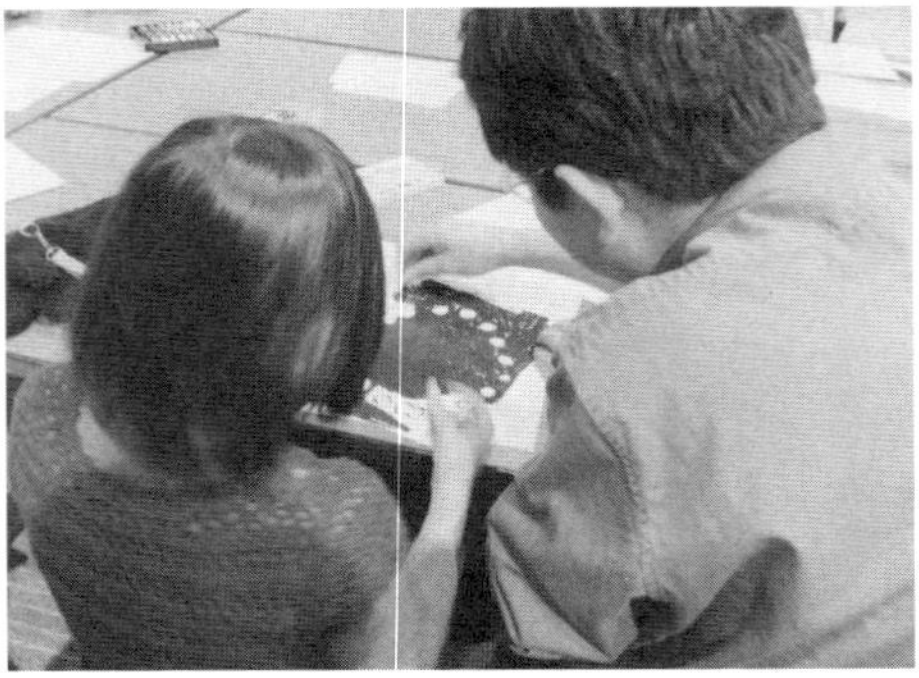

（出所）　筆者撮影。

の線はもっと斜め」「色の順番がある」と言葉や絵や身体で丹念に伝え、親の方も丁寧に子どもの説明を聴き、描いた。そして絵ができていく過程で、「伝えなければいけないこと」が「伝えたいこと」に変わり、「聴かなければいけないこと」が「聴きたいこと」へと変わっていった。すなわち、与えられた「タスク」が、親子が一緒にやろうする「遊び」へと転換する姿をみて取ることができた。

そこでは、親から子どもへの一方通行の教示ではなく、ともに思いを伝え、受けとめ合う「対話」が生まれた。子どもが作品の細部にこだわり続け、親がそれを最後まで表現しようとしたことで発見の喜びを共有したといえる。

図2　親が子どもの選んだ作品を当てたところ

（出所）　筆者撮影。

図2は、「ウン、ほんとだ、よくみてるよ。」と実物作品と何度も並べて照らし合わせているところである。さらに、作品当てが終わった子どもたちは、自然に展覧会場を案内しはじめた。「この絵はね、こっちから順に見ると、よくわかるよ」「これはね、お話しがつくれるの」と、次々に自分の鑑賞ポイントとなったところに親を連れて行ったのである。この鑑賞会ではお互いの感じ方の違いや共感するところに気づき、親子が改めて出会い直したように思ったという参加者の感想もあった。

「ラボ」の翌年にも京都国立近代美術館において、引き続き鑑賞会を実施させていただいた。それは、同館の「学習支援」という立場に依拠したものである。鑑賞者からの自発的な取組みを受け入れ、鑑賞者の学習を支援するという同館の立場によって、筆者は研究フィールドを得ることができ、「ルノワール＋ルノワール展」でも実践的研究を行った。ここでは、子どもが気に入った絵を選ぶ以外にも、ルノワールの絵のなかに入って交わされているおしゃべりを聞いてみるという「タスク」を設定し、「吹き出し」を子どもとおとなの対話につながるきっかけとして用意した。

鑑賞会を通じて、おとなが意外に感じたのは、子どもが気に入る作品であった。例えば、ルノワールならば、代表的な人物画の大作ではなく、風景画の小品が好きだという。「そんな作品あったかな?」と後から親子で見直したりもした。また、作品の見方にも驚きがあった。例えば、「子どもがしているようにしゃがみ込んで壺をみあげたら全くちがってみえた」という体験や、タイトルは読めるのに自分で新しいタイトルをつけていく子どもの姿に「自分たちは絵をみる時、タイトルを手がかりに、象徴されているものや作家の意図を見抜かなければと思うが、描いてあるものに自分の味つけをしながら飲み込んでいく感じに逆に惹きつけられた」という人もあった。

図3　「吹き出し」を入れた一例

（出所）　オーギュストルノワール「田舎のダンス」に筆者が吹き出しをつけたもの。

これらの鑑賞会を通じて、子ども向きに企画された展覧会でなくても、例えば「遊び」の要素を盛り込んだ鑑賞のきっかけを示すことで、子どもとおとなの「対話」ができることがわかった。そして、おとなとは違った感性で美術館を歩く子どもたちを異物ととらえずに、おとなの方が子どもにリードしてもらうように立ち位置を変えることによって、今まで見過ごしていたものを発見することもできたのである。

そこで提案であるが、たまには「音声ガイド」を借りないで、「子どものガイド」で展覧会場をめぐってみてはどうだろう。子どもに案内されていく美術館は、順路どおりではないかもしれないが、子どもとおとなが互いに感じる心を育てる「対話の場」となることを期待している。

（横田香世）

第Ⅳ部

外からのまなざし

——憧憬と畏怖

第一五章　東都江戸からのまなざし——江戸人の自尊と憧憬の観点から

森田　晃一

1　都としての京都と江戸

（1）「ミヤコ」と京都

本章は、つぎに示すような枠組みで論を進めるため、内容的に他の各章と趣を異にしている。まず、①江戸人（後述）の京都観は、新興都市である江戸に生まれ育った者の京都文化への憧憬と、発展めざましい都市・江戸を基盤とした自尊の複合という複雑な意識から構成されている、と考えている。また、②近世の「首都」と考えられる京都と江戸の歴史的な位相に基づきながら、江戸人の京都観は、現代の東京に住む人々の京都観にも影響を与えている、という認識に立っている。以上の前者をいわば横軸、後者を縦軸と考えて、本章では「東都江戸からのまなざし」の素描を試みることとしたい（なお、①と②はそれぞれ村井章介と園田英弘の論点に示唆を得ている）。

さて、本書の各章で、さまざまな観点から論及されるように、京都は現在、古い「伝統」に彩られた観光都市として世界的に有名である。だが、それは京都の限定された一面にすぎず、京都は、時代によって異なる都市的な意味が絶えず与奪されてきた都市である。例えば、近世の京都は、江戸・大坂とともに三都と総称された幕府の直轄都市であったが（三都の総称は一八世紀前半の享保～宝暦期に成立するとされている）、巨大人口を有する幕藩体制の中心地・江戸、物資の集散地として栄えた商業の中心地・大坂に対して、寺社が多く手工業がさかんな都市としての特徴が明確となって、この三都はさまざまに比較の対象とされたのである。

幕末の儒者・広瀬旭荘は、三都の「人気《じんき》」（気風・気質）の違いを、次のように記している。

京都　「京ノ人ハ細ナリ」「京ノ人ハ矜気多ク」「京ノ人ハ土地ヲ尊フ」「其意ニ曰ク。江戸大坂トイヘトモ。皆田舎ナリ。スムハ都ニ如クハナシト」

大坂　「大坂ノ人ハ貧ナリ」「大坂ノ人ハ殺気多ク」「大阪ノ人ハ富ヲ尊フ」「其意ニ曰ク。公卿官禄高シト雖トモ。貧シキカ故ニ。我輩ノ商賈ニ手ヲ下クル。世ノ中ニ。富ホト尊キ物ハナシト」

江戸　「江戸ノ人ハ夸（誇）ナリ」「江戸ノ人ハ客気多シ」「江戸ノ人ハ官爵ヲ尊フ」「其意ニ曰ク。諸侯サヘモ貧シキ時節ナリ。貧ハ愧ルニ足ラス。質ヲ置テモ。立身ハスルスルカヨシト」

概して京都に好意的なようだが、現代人の誰もがなるほどと膝を打つであろう、みごとな腑分けとなっている。これを記した旭荘は、豊後国（大分県）日田の人で、漢学塾の咸宜園（大村益次郎・高野長英らが学んだことで有名）を一八一七（文化一四）年に設立した淡窓の、一五歳年下の末弟にあたる。旭荘は、淡窓に代わって塾を運営したが、後に上方と江戸に遊学し、数多くの文化人と交流した。このような経歴から、旭荘は、三都の違いを肌で感じ得た人物といってもよく、みごとな三部作の人気の腑分けとなったのである。

もちろん三都比較とは、京都のほか、大坂と江戸を「ミヤコ」と認めることからはじまった。『国書総目録』から「東都」という文字がタイトルについた文献について調査した園田英弘は、それが、一八世紀前半に登場しはじめたことを明らかにしている（園田、一九九四）。例えば、筆者に手近なものでは、神田雉子町の名主を務め、『江戸名所図会』『武江年表』などの著述で知られる斎藤月岑には、一九三八（天保九）年出版の『東都歳事記（とうとさいじき）』という書物がある。そのほか、一七九六（寛政八）年出板の望月窓秋輔の黄表紙『東都自慢花名物（えどじまんはなのめいぶつ）』、一八〇四（文化元）年出板の三笑亭可楽の咄本『東都真衛（えどまえ）』など、枚挙にいとまがない。つまり、江戸を一つの「ミヤコ」とする考え方は、当時の人々に共有されていたといえるだろう。

それでは、いったい「ミヤコ」とはどのような場所なのだろうか。古代の「ミヤコ」とは、「宮（みや）」＋「処（こ）」が語義とされ、天皇の居住地を指している。果たしてそのような「ミヤコ」観念は、いつの時代も妥当なものといえるのだろうか。園田は「ミヤコ」観念を整理し、それを、王宮性・首都性・都会性という三つの要素から分析している。それは、現代的な観点から日本の都市の「ミヤコ」観念を考察した成果として、興味深い内容を有する、と評価できよう（王宮性は、古代の「ミヤコ」を同じ。首都性は、歴史学上もさまざまに論じられている近代的な概念。都会性は、経済的発展の基盤に乗って文化が繁栄しているか、ということ）。そして、三つの要素を完全に備えていたのは、八世紀末から一二世紀末の京都に限られる、としている。王宮性と首都性から出発した京都は、都会性も発展させて三要素を完備する「ミヤコ」となったのである。

その後の京都は、この三要素をつねに満たしていたのではなく、鎌倉や江戸などライバル都市の出現によって、三要素を部分的に有するのみとなり、京都のもつ「ミヤコ」性にも変化が生じた。しかし、源頼朝により幕府が開設された鎌倉は、当時の首都だったとしても「ミヤコ」であるとはいえないという。それは、京都が唯一の都会文化の生産地であり、都会性の点で優越していたからだ、と園田は指摘している。近世都市として江戸と大坂が成長し、それぞれ政治と経済の中心となって京都の「ミヤコ」性はさらに後退したが、注目すべきなのは、京都が王宮性と首都性よりも、都会性に立脚した新たな「ミヤコ」観念を創造した点にある、としていることである。

（2）東京遷都をめぐって

近世に入り、前述のような新しい「ミヤコ」観念に基づいた都市に変容した京都は、近代以降さらにその方向に進路を取り続け（余儀なく?）、現代都市・京都はその延長線上に確固とした地歩を占めている、といえる。ここでは、幕末維新期の遷都をめぐる動向を振り返り、その方向へと進んだ契機を確認しておきたい。

幕末維新期の政治的激動のなかで「新国家」を建設するにあたり、その地域的「中心」をどこにおくかが（遷都）、権力者の間で慎重に検討された。植民地化の危機に瀕し、欧米列強に伍して「自立」を保つため、「中心」の所在地をめぐって大坂論・江戸論・東西二都論など、近世の三都のメリットとデメリットを総合的に検証する議論が展開されたのである。結果として東西二都論が選択されたのだが、事実上は、京都から「ミヤコ」の要素である王宮性が消滅してしまった。その情況を簡潔に紹介して行こう。

①大　坂　論

幕末の京都は、徳川将軍も長期に滞在し諸事にあたるほど政治都市化していたが、京都を離れた場所に政治の「中心」を設けようという意見が権力者の間にもち上がった。大坂論は、新政府の実力者であった大久保利通が主張したことで有名だが、大久保の主張を紹介する前に、なぜ「中心」が京都ではないのか、まずは、薩摩藩士で戊辰戦争では東山道先鋒総督参謀として活躍した伊地知正治の大坂論に、耳を傾けてみよう。伊地知は、つぎのように大坂への遷都を主張している。京都は「土地偏少」「人気狭隘」で堂々たる皇国の都の地ではないが、大坂であれば海辺で外国への対応にも便利なことから、「浪花遷都之事内定相成候上之御事ニ被成度候」（『大久保利通関係文書二』一九六五）というのである。

このような伊地知の論点は、大久保の遷都論に影響を与えたとされる。大久保は「数百年来一塊したる因循の腐臭を一新し」「大変革せらるべきは、遷都の典を挙げらるるにあるべし」と、まず、変革にあたって遷都することの必要性を論じ、「遷都之地は浪華に如くべからず」と大坂を推挙したのである。その根拠は「外国交際の道、富国強兵の術、攻守の大権を取り、海陸軍を起す等のことに於て地形適当なるべし」（大久保、一九二七）として、外交・軍事両面での大坂の優位性にあったのだった。なお、大久保が遷都を企図した理由については、佐々木克が、政治の一新を目指し、また朝廷改革をも目的とし、あわせて若い天皇をヨーロッパの王宮のように積極的かつ能動的に育てることをねらったものである、と考察している（佐々木、一九九四）。

②江　戸　論

大坂論に対して、江戸への遷都を主張する人も出てきた。その先鞭をつけたのは前島密であった。前島は幕臣の出身で開成所の教授を務め、新政府では郵便制度を確立した人物として著名である。江戸開城後ほどなく、前島は大坂にいた大久保を訪ね、遷都に関する意見書を届けたという。前島の自伝『鴻爪痕』によると、前島は「大久保利通卿の遷都論を読みて、賛嘆敬服したるも、遷都地を大坂と指定したるを見てこれに服せず、おもえらく遷都の地は必然江戸ならざる可らず」と江戸遷都の必然性を述べている。「鴻爪痕」の「副陳書」にその理由が詳しく記されているが、その内容を要約すると、つぎの六点にまとめられる。


(ⅰ)蝦夷地（北海道）開拓後の帝都は、帝国中央の地・江戸であるべきである。

(ⅱ)大坂は運輸に便利な土地だが、大艦巨船の時代となったからには、安全な港を建設できて、修繕も容易い江戸湾を擁する江戸が相応しい。

(ⅲ)江戸は四方に道路が広く風景雄大で、大帝都を建設するのに適地である。

(ⅳ)江戸は市街の改築に経費がかからない。

(ⅴ)江戸は新たに宮闕・官衙・第邸・学校など建築しなくともよい。

(vi)江戸は世界の大都会であり、もし帝都とならなければ、この大都会が衰退してしまう。

前島は、きわめて現実的な江戸遷都への利点を論じていたのである。

③東西二都論

江戸論の利点を理解しつつも、東西に二つの都をおくという折衷的な二都論の主張は、新政府が財政の多くを畿内・西国の商人に頼るとともに、京都の公家や市民が、江戸への遷都に激しく反発していたことに配慮したものであった。

さまざまな主張が交錯するなか、ついに大久保は東西両都論を政府決定とし、岩倉具視らとともに天皇の東幸を準備したのである。これを梃子に一八六八（慶応四）年七月、有名な「自今江戸を称シテ東京トセン」と記された詔書も出され、西京・京都に対して、江戸が「東京」と改称されることになった。同年さっそく天皇の東幸が行われ、いったん京都還幸もあったが、翌年ふたたび東幸が実施されて、改称なった東京において天皇親政が本格的に開始されたのである。また、決定に至るまでの諸般の事情が考慮されて「遷都」の文言を憚り、事実上の遷都は正式には布告されないまま、新たな都を設置する意味の「奠都」という文言が使われ、遷都の形式が整えられたのであった。京都と東京の「ミヤコ」観念（王宮性）には、近代に移行する際の歴史的経緯が現代に至るまで影響を与えているといえるだろう。

2 江戸人の京都認識

（1） 江戸人のみた京都

人を惹きつける「ミヤコ」性の後退がいかにあったとしても、京都は、古代から変わることなく、諸国人（外国人も含めて）にとって魅力的な都市であり続けている。それゆえ、諸国人の京都に関する見聞記の類が、古来数多く伝えられている。ここでは、近世後期の江戸人の残した代表的な見聞記から、江戸人の京都観をある意味で典型的に表していると思われる三作品を紹介しよう。

ところで、本章でいう江戸人とは、つぎに紹介する曲亭馬琴・大田南畝・二鐘亭半山など「江戸の人。江戸で生まれ育った人」ほどの意味で用いている（本来は、厳密に概念を規定することも必要であろう）。江戸は、諸国から出稼ぎ人などが来往したことから「日本の掃溜」ともいわれ、反対に「掃溜」という言葉が江戸を指すようにもなっていた。こうした諸国人が多い都市生活のなかで、江戸根生いの人々は、生活文化全般に洗練の度を加えて行き、特有の人間群像としての「江戸っ子」が顕在化した（西山、一九八〇）。それでは江戸人、あえていい換えるなら「江戸っ子」たちの京都観の要素をかいつまんで紹介してみよう。

①曲亭馬琴『羇旅漫録』

馬琴は、私たちにも馴染み深い『南総里見八犬伝』『椿説弓張月』などで知られる江戸を代表する戯作者である。彼は、一八〇二（享和二）年五月から八月にかけて、東海道を京都・大坂に上り、伊勢を経て江戸に帰るという旅を行った。ここに挙げた『羇旅漫録』は、その時の旅行記である。三六歳にしてはじめての上方旅行、それも駆け足での短い滞在ではあったが、馬琴は、取材者（戯作者）としての専門的な観察眼を遺憾なく発揮し、自身の見聞を詳細に書き著した。この作品中に、京都によいもの三点（「女子、加茂川の水、寺社」）、わるいもの三点（「人気の吝嗇、料理、舟便」）、不足しているもの五点（「魚類、物もらひ、よきせんじ茶、よきたばこ、実ある妓女」）を挙げている。京都を評した有名な文言だが、あらためて読んでみると、わるいものに含まれる「料理」などは、今日では意外に感じる人も多いことだろう。

②大田南畝『半日閑話』

もう一人、幕臣で天明狂歌の中心人物、戯作にも達者だった大田南畝の随筆『半日閑話』に収録された「京風いろは短歌稿」に江戸人の京都観を探ってみよう。いろは順に記した長文のものでもあるので、そのなかのいくつかをピックアップしてみたい。「短歌稿」は「いまぞしる花の都の人心」にはじまり、「にても似つかぬうら表」「くるりとまくつて立小便」「まれにさかなの顔も見ず」「もつての外にけちくさし」など数々の悪口を書き連ね、「京にはあきはて候かしく」で締めくくっている。つまり、表と裏のある態度、女性の立小便、魚の種類の不足、吝嗇なことなどが批判の的となっているが、馬琴の『羇旅漫録』と重なる事柄もあって興味深いところである。なお、「短歌稿」の末尾には「右はへぬきの花の江戸つ子五七　小便くさき京都の旅館に戯述」と記され、実際のところは誰が草したものかは確定できないが、あるいは南畝自身の筆によるものとも推定されている。

③二鐘亭半山『見た京物語』

最後に、幕臣で狂歌師の二鐘亭半山『見た京物語』を取り上げよう。半山は安永年間（一七七二―八〇）の末頃、職務で一年半ほど京都に滞在したが、その折の見聞記が『見た京物語』である。これにも「京は砂糖漬のやうなる所なり。一体雅有て味に比せば甘し。然れども、かみしめてむまみなし。からびたるやうにて潤沢なる事なし。きれゐなれど、どこやらさびし」と京都は「砂糖漬」のようなもので瑞々しさに欠けると冷評し、「花の都は二百年前にて、今は花の田舎たり。田舎にしては花残れり」と、きわめて辛辣な批判をするのである。

以上紹介した江戸人による京都観三作品は、内容としてごく一面的なようで、著名な人物が作品として書き残しているという点で、当時の江戸人が共通に抱いていた京都への感情の一端を表している、といえるのではないだろうか。江戸人にとって、京都はつねに憧れの対象でありながら、その感情は三作品のような京都観が著され流布したように、複雑なものがあったように思われる。

（2）京都批判の基盤——都市・江戸の発展

このような江戸人の京都への感情は、それではいったい何に由来するものだろうか。そのすべてを明らかにすることは困難をきわめるが、考察すべき論点の一つに、一六〇三（慶長八）年開府以降の江戸の都市的発展（前掲の「ミヤコ」性の首都性と都会性）がある、といえるのではないだろうか。あるいは、文化史的に「江戸っ子」意識が形成する過程、と捉えることも可能かもしれない。一八世紀になると、京都に追随し江戸も観光都市化していた（都会性の増大）ともされている。そこで以下、江戸の都市的な発展過程を簡単にまとめておきたい。

都市・江戸の近世は、徳川家康が一五九〇（天正一八）年豊臣秀吉に命じられて、封地を東海から関東へと移されたことからはじまる。従来の説によると、当時の江戸は太田道灌（扇谷上杉家の家老）が建設した江戸城が辛うじて残り、城外は葦原が茂って家が点在する寂れた漁村だったとされていたが、近年は、関東の中心に位置して相応の発展をみていたと見解があらためられている（当然、城も道灌以後整備が加えられて家康に引き継がれたとされる）。政治的な拠点として、鎌倉や小田原ではなく江戸を選択した家康は、現実的に、そして将来的な江戸の発展を見越していたものといえよう。

ここで、一六〇三（慶長七）年に家康が征夷大将軍に任じられる以前と以後の江戸では、城下町としての意味合いが異なっていることにも注目しなければならない。それは、豊臣政権の一大名である徳川氏の城下町だった江戸が、全国の大名を動員する「天下普請」（千石夫＝諸大名は石高一〇〇〇石につき一名の人夫を出した）を命じられた結果、いわゆる「天下の総城下町」の都市建設が推進された、という意味の変化である。以降、継続して行われた「天下普請」によって（他の大名に卓越した幕府の権力とともに）、幕藩体制下の政治都市としての江戸の地位もいっそうの確立をみたのである。

ところで、臨海部に大規模な埋め立てが行われた江戸は、地形の特徴から山の手と下町（海手）に分かれ、広大な武蔵野台地の広がる山の手は武家の住む空間に、下町は町人の住む空間に区分された。一ブロックを京間六〇間（一間＝約一・九七メートル）四方とし、中央の二〇間四方の土地を会所地とした町は、道路をはさんだ両側町を基本としているが、京都を模してプランが立てられたとされている。完成をみた寛永期（一六二四～四四）の豪華絢爛たる江戸の姿は、今も「江戸図屏風」（三代将軍家光の事績顕彰がモチーフ）や「江戸名所図屏風」（遊郭や芝居などを描き込んだ風俗図）などの絵画資料で、視覚的に確かめることができる。どちらも、江戸城と日本橋を中心に据えてデザインされた都・江戸の投影図といえるものである（水本、二〇〇八）。

都市・江戸は、時代が下るに従い巨大化して行ったが、その事実は、人口の増大に端的に示されている。「天下普請」による城下町建設が完成をみる寛永期に、江戸の人口は約一五万人と推定されているが、一六五七（明暦三）年の明暦の大火を経て「大江戸」が形成される寛文期（一六六一～七三）には三五万人、享保期（一七一七～三六）には五三万人となって、これに武家をあわせると、一〇〇万人を超える巨大人口を擁するまでに成長していた。

同時期の京都は一七一五（正徳五）年に約三五万人、大坂は一七〇九（宝永二）年に約三八万人であったし、海外では、ロンドンが一六六一年に四六万人、パリが一八〇一年に五五万人、ベルリンが一七八六年に一五万人というから、一八世紀前半の江戸はすでに、世界最大級の人口を数える都市になっていたのである。

（３）　江戸人の自尊意識――十方庵敬順『遊歴雑記』から

本節（１）（２）でみたように、近世後期の江戸人の京都観は、一つの見方として、都市・江戸の発展に促されて形成されてきたものと捉えることが可能であろう。本項では、もう一人の江戸人の文言に注目したい。その人物とは十方庵敬順である。敬順は、江戸小日向水道端にあった東本願寺の末寺で、高源山随自意院本法寺の地中二寺の一つ、廓然寺の住職だった。敬順は、一七九七（寛政九）年に京都・大坂を旅行したが、彼の随筆『遊歴雑記』には、伏見から大坂までの船中で上方の住人と交わした会話が記されている。以下、現代語に訳してみよう。

①船頭との会話

川下りの船頭が「旅の方々、この河岸の土蔵が建ち並んでいるのをご覧なさい。たくさんあるでしょう」と自慢したところ、敬順は「私が住む、江戸日本橋の東、江戸橋より大川端までは一三町もあって、その間には縦横に川が流れ、その川筋の両岸に建ち並ぶ土蔵は幾百万億もあり、かすんで目も及ばないくらいだ。また新川・深川あたりの酒問屋の土蔵は夥しい数で、この程度の数の土蔵を自慢しているようでは、将軍のいる町々の河岸蔵をみたら、肝をつぶし目をまわしてしまだろうよ」と応えた。これに対して船頭は「そうでしょう」と黙ってしまった。

②商人との会話

四〇歳ぐらいの商人らしい男が「江戸は広いといっても四里四方、町家の賑わいは三都で一番といっても、町数は八〇八町じゃないか。町のなかには、屋敷のほかに寺社・山川・城もあるだろう。将軍のいる土地なら、もう少し広くてもよいが」と問いかけたので、敬順は次のように応じた。「四里四方、八〇八町というのは、徳川家康が入国した当時の呼び方だ。すでに三代家光の代には、武蔵国と下総国の境を、両国川の東三里半の利根川に移して武蔵国を広げた。武蔵国は西北の方が広く、東西が約三九里、南北が二七里、郡が二一ある内、四郡が江戸に入る。新地・代地・寺社門前地を加え、今は二〇〇〇町もある。江戸の面積は、七、八里四方にも及んでいる。京都に洛中と洛外があるように、八〇八町は御府内として公儀の能を観ることが許される範囲なのだ」と、江戸が巨大化した事実を多分に誇張を含めて説明する。

続けて、江戸城・大名屋敷・旗本御家人屋敷・寺社が広がる様子を具体的に述べた後、「京都は大坂より狭く、その大坂は繁華な土地で広いといっても、江戸に比べれば一〇分の一だ。しかも江戸は、土地が広いだけでなく、土地は人にも関わって人の心も豊かで広い。上方のように毎朝茶粥を啜るのと違って、士農工商の四民とも意志強固で人情に厚く、江戸の風儀はさすがに将軍のお膝元だ」と結論づけた。相手の男は「まことに、そうでしょう」と黙ってしまった。

③比丘尼との会話

六〇歳に近い比丘尼が「先年江戸に下ったが、食事がみな塩辛く、上方まで評判の浅草寺門前の菜めし田楽は、風味はよいが味噌が塩辛かった。田舎の人はいつも塩辛いものを好むのか」と、江戸の人を田舎者と蔑むいい方で尋ねてきた。そこで敬順は次のように応えた。「浅草寺門前の田楽はだいたい甘いのだが、好みによって塩辛くも甘くもして、口に合うように調整することで名物となったのだ。あなたがいうように、田舎者は塩辛い味噌を好む。思うに、あなた方は旅人と思われ、田舎者と判断されて、わざと味噌の加減を辛くされたのだろう。また、田舎者と判断したのも見誤りとはいえない」と述べ、さらに京都の女性の立小便や吝嗇であることを指摘し（これらは馬琴・南畝・半山も記している）江戸と京都の比較をあらためて挙げた上で、田楽屋が不当でないと強弁する。すると、比丘尼はじめ四人の女性たちは、一同に顔を赤らめて不快そうに黙ってしまった。

そこで敬順は、「東武（江戸）に生まれ、清らかな上水で育った身は、将軍のご威光を両肩ににならゆえ、若年のときから数十度他国に遊んだが、例えわが住む所（江戸のこと）をそしりなじる者に出会ったとしても、鸚鵡返しに反論して、これまで一度たりとも引けを取ったことはないのだ。東武の人の気持ちはみな、この通りである。

私は今は老齢となって、歯を抜け落ち、顔も昔とは異なるけれども、江戸っ子には違いないのだ」と自慢げに結ぶのである。船頭との会話、商人との会話、比丘尼との会話をみたが、順に経済的、政治的、文化的な面での江戸の優越性を敬順は主張している、と読み取ることもできる。また、この記事から、「ミヤコ」観念の首都性と都会性の肥大化が、京都の存在を相対化しているということも指摘できよう。

すでに、首都性が近代的な概念であることはふれたが、前近代の都市の首都性をどう捉えるかは、歴史学上の課題として議論されてきた経緯がある。いまだ定説にはいたっていないが、近世の首都は、三都の内、政治センターのなかった大坂を除いて江戸と京都に分かれる、とする見解が有力である（都市史研究会、一九九九）。このような議論のなかで玉井哲雄は、江戸の首都性を、規模の巨大さ、正方形街区の町割り（平安京・中世京都を継承している）、都市景観としているが、規模の巨大さと都市景観は敬順の応答にも窺える要素である。また大石学は、首都を「政治・行政の中枢的管理機能が集中する地域」で、首都である江戸は「近代国家形成と首都機能の蓄積過程として」みることができるとしているが（大石、二〇〇二）、敬順の応答には、王宮性を除いて首都性と都会性で京都を凌駕している江戸、そして「江戸っ子」の自尊が漲っているといえるだろう。

3　文化的伝統と京都

（1）京都文化への憧憬

じつは前掲の馬琴『羇旅漫録』からの引用部分は、つぎに文言の後に記されたものである。

夫皇城の豊饒なる三条橋上より頭をめぐらして四方をのぞみ見れば、緑山高く聳て尖がらず。加茂川長く流れて水きよらかなり。人物亦柔和にして、路をゆくもの争論せず、家にあるもの人を罵らず、上国の風俗事々物々自然に備はる。予江戸に生れて三十六年、今年はじめて、京師に遊で、暫時俗腸をあらひぬ

定型的な世辞のようにも思えるが、批判の一方で京都の自然と人を高く評価し、好ましい伝統を讃える馬琴がここにいることも確かである。江戸発展の自尊から発する京都への批判と同時に、その表現が定型的であるがゆえに、かえって一般的な京都への憧憬を認めることも可能であろう。

前節で紹介した玉井が指摘する首都性の要素の一つ、正方形街区の町割りのように、江戸は、京都をモデルにしてつくられた都市でもある。例えば、江戸城下町の構造における京都との類似をみるのに、寛永寺の「位置づけ」などは格好の事例といえよう。家康が関東に入国した当初、徳川家の菩提寺は浄土宗の寺院である増上寺に定められたが、家康・秀忠・家光の歴代将軍に対して大きな影響力をもち続けた天台僧・南光坊天海が、祈禱寺として寛永寺を建立すると、寛永寺はしだいに増上寺をしのぐ権威をもつようになった（後に増上寺と並んで、徳川家の菩提寺の地位も獲得する）。

元来「東叡山（東の比叡山）」寛永寺は、比叡山延暦寺が京都の鬼門を守護したのになぞらえて、江戸の鬼門の方角に創建された寺院であった。このため、根本中堂・常行堂・法華堂などの堂塔伽藍も、延暦寺をモデルにして建設された。例えば、境内には清水観音堂があり「清水の舞台」も設けられ、また、規模は小さいものの琵琶湖竹生嶋の弁財天に比して、琵琶湖に見立てた不忍池にも弁財天が勧請された。寛永寺は、延暦寺と平安京との関係のように、鎮護国家と徳川家の安泰、および万民の豊楽を祈るために祈禱をする寺だったのである。

開祖の天海は、江戸に天台宗の拠点を築いて、そこに皇子（法親王）を迎えたいと構想していたという。それが実現したのが一六五四（承応三）年のことで、後水尾天皇の第三皇子の守澄法親王が、寛永寺の山主として正式に

入山したのである（輪王寺宮）。以後、寛永寺の住職は、天皇の皇子あるいは猶子だった人物が京都から江戸へ下向した。輪王寺宮は最高の格式を有し、代々天台座主（比叡山主）の座に就き、また、東叡山・日光山の山主でもあったので、「三山管領宮」と呼ばれて当時の宗教界で別格の権威的存在を誇った。このように、江戸における寛永寺の存在とその位置づけ、延暦寺との類似性、そして天皇家に系譜をもつ輪王寺宮の存在をみることで、京都の伝統への憧憬を読むことができるのではないだろうか。

（2）茶人・川上不白の京都と江戸

第1節（1）で、園田による、近世の京都は都会性に立脚した新たな「ミヤコ」観念を創造した、という興味深い説を紹介した。ここでは、都会性を具体化している構成要素の一つとして、今では代表的な伝統文化にも数えられる茶道を素材に、京都で修行し江戸に千家の茶を広めた川上不白という茶人の京都観を考察し、京都文化への憧憬の一例として提示してみたい。

①茶　道

ごく一般的には、現代に伝わる茶道は、村田珠光が新しい茶（わび茶）を創始し、それを武野紹鷗が継承・発展させ、さらに千利休が新しい要素を付け加えて大成した、と説明される。

利休が、豊臣秀吉から罪に問われ死をたまわったため、その後を担うべき千家はいったん絶家となり、やがて養嗣子・少庵によって千家は再興を果たした後、少庵の子・宗旦の三子によって表千家（宗左）・裏千家（宗室）・武者小路千家（宗守）の三千家が京都に成立した。以降、町人の茶道は、この三千家に藪内家を加えて展開した。

一方、武家の茶道は、利休後の名人と称された古田織部、選定した名品が「中興名物」と称されるようになった小堀遠州、「石州三百ケ条」で有名な片桐石州らを後継者として新たな展開をみせ、将軍・大名家に浸透した。

やがて一八世紀に入ると、茶道は都市住民の遊芸として親しまれるようになり、教授者と学習者が広く厚く存在するようになり、七事式などの新しい稽古法が工夫されて、家元制度も確立したのである。

②川上不白

都市・江戸に千家の茶を広めたのが、表千家七代・如心斎の高弟である川上不白だった。不白は、一七一九（享保四）年に紀伊国（和歌山県）新宮に生まれ、一六歳から三二歳までの一六年間、京都の如心斎のもとで修行生活を送り、その後師の命で江戸に下向し、茶道の教授を行うようになった。ちょうど一八世紀後半の江戸が独自の清新な文化を創造する時期にあたっており、六〇年以上にわたる不白の精力的な活動と、幕藩体制下の都市という江戸の特殊な事情により、皇族・大名・大名家中・幕臣・寺社・町人など、多くの人々が不白の門に集った。その門流は現在も、「江戸千家」の流儀名で東京のみならず全国に広く展開している。不白は、新宮に生まれ、青年期を京都で過ごし、壮年期以降死ぬまで江戸に居住していた点で、人生の軌跡がこの三地域と分かちがたく結びついていた人物であった（森田、二〇〇六b）。

③『不白翁句集』

不白は、江戸で茶道教授を行うほか、雪中庵三世・大島蓼太門で俳諧に親しみ、ときどきに読み捨てた句が『不白翁句集』としてまとめられ、現在に伝わっている。この句集のなかには京都を詠んだ部分もいくつかみえるので、つぎに挙げてみよう。

「洛外」の二句　「わか草や乾坤杖の立所」「蒲公や野渡まつ夢の枕元」
「清水にて」の一句　「願へた丶慈悲の光の柳かな」
「聚光院詣」の一句　「春毎に勅許の居士や塚の花」

「先師如心翁と、もに嵯峨に遊ひけるころ西行堂にて」の一句　「西行のむかしをけふの桜哉」
「あらし山」の一句　「いとはしの花やあらしの山桜」
「野々宮」の一句　「ちる花を雪に黒木の鳥居哉」
ふたたび「清水」の一句　「白雲もひとつに地主の桜哉」
「茶摘　宇治」の一句　「唐音の外に花あり茶摘唄」
「北野」の一句　「さてハ此絵馬か啼たか時鳥」
「葵祭」の二句　「御車の跡に二葉のあふひかな」「二いろに神風ふくやくらへ馬」
三たび「清水にて」の一句　「清かりし滝の音羽や夏木立」
「銀閣寺」の一句　「涼しさや雪にしてみる銀閣寺」
「四条」の一句　「川中の中に火宅のすゝみかな」
「しゝか谷の大文字ハ弘法大師の御作とて　筆力の余勢　今も盂蘭盆の送り火に凡俗の闇をてらしつ」の一句
「加茂河の底をこかすや大文字」

洛外・清水寺・聚光院・嵯峨・嵐山・賀茂社・宇治・北野社・銀閣寺・四条等々、俳諧集という性格から、故事に彩られた京都の自然の美しさを讃美する句となっている。美しい自然と豊かな歴史をもち、不白にとって厳しい修行に明け暮れた青年期を過ごした京都は、不白の心に日常生活を送る江戸とは異なるイメージ（憧憬の地）として意識されていたことと思われる。

④『不白筆記』

不白の著書『不白筆記』は、近世を代表する茶書の一つである。執筆の目的は、不白が師・如心斎から伝授された実体験に基づいた茶道の心得を、如心斎が死去したときにまだ幼かった、如心斎の実子・啐啄斎に残すためであった。不白は、この書のなかで「此書ハ事サ尽キテ後ノ為ノ物也」と記している。技術的な記述もあるが、如心斎との師弟交流の場面が、ときに厳しく、ときに温かく、印象的に語られている。

なかには、師の考え方から発展させた不白独自の考え方も示され、不白の茶を考察する点からは興味深い内容を有している。例えば、つぎのように門人の教育に関する師との考え方の相違が記されている。

御弟子あつかいの事ハ師ノ思召ハ悪ルイをのけテ善キ計リ可被成思召ニ候　予モ其時ハ左様ニ御同心申上候　後師ノ御死去後六七年相考ヘ候ニ是ハ大キニ違申候

不白はさまざまな階層の人々が生活する江戸で教授する内に、師の考え方とは異なる境地に辿り着いたのである。それは、「悪ルイ」も「善キ」も含めて、それぞれに適切な教育を施すことが千家の流儀であるという境地であり、不白の江戸での活動の充実と自信とが窺われる文言である。その一方で、不白は師の存在というものを、つぎのようにも捉えている。

当ル相手（師・如心斎）ノ有ルハ、中々京江戸トへた（隔）て候テモ、ぬ（抜）ける物ニテナク候、師生キてサへ候ハ、、天竺ニ居ルとも、ケ様之事ハなく候

ここでは、師の存在の大切さを説いている。茶道修行にあたって江戸と京都と、例え距離は離れていようとも、師がこの世に存在するか否かが重要である、と述べているのである。「天竺」云々の文言もあって、京都への意識

を直接に知ることはできないが、不白にとっての京都が、師に就いて修業時代を過ごした思い出の場所であり、茶道という文化を育んだ尊重すべき場所でもあったことを考えるなら、師と茶道と京都は分かちがたく結びついて、思い入れの深い場所であったと捉えることは容易であろう。

このように『不白翁句集』と『不白筆記』には、不白の京都への憧憬が潜んでいたと思われる。不白は、京都文化への憧憬を胸に秘めて、しかし「ミヤコ」性を発展させる魅力的な都市・江戸に居住し、千家の茶を広めるという師から与えられた使命を果たすことに、自尊の意識ももっていたのではないだろうか。

不白の道統は現在、「江戸千家」として一流を立てて、多くの門人を擁しているが、不白自身に独立の意志があったかどうか、それは確認できない。京都の師家を尊重するに厚いことは現在の江戸千家宗家も同様で、そこには自ずから京都の文化的伝統を大切にする心が顕れているといえよう。

ここまで、冒頭で述べた枠組みを前提に、限られた史料からではあるが、「東都江戸からのまなざし」と題してその一端を述べてきた。

第1節では、中世以降の京都が都会性に優越するという新しい概念のもとで、都市として再創造を行ってきたこと、そして、近代のはじまりの東京「遷都」以降その流れは決定的となり、京都は、文化都市としての存在感をいや増しにして行くことを記した（すべての伝統は京都に、という風潮さえ生じている）。

第2節では、近世後期の江戸人の作品に著された京都観のいくつかを示し、江戸人が京都批判を行う理由の一端にふれ（都市・江戸の首都性と都会性の肥大化）、江戸人が抱く京都観のなかに自尊意識を探ってみた（それは江戸っ子の成立とも軌を一にしている）。

第3節では、一転して江戸人の京都文化への憧憬という、自尊意識と表裏一体とも考えられる複雑な感情について、京都と江戸を深く知る茶人・川上不白を一例にふれてみた。

以上は、もちろん東都江戸から京都を一瞥したに過ぎないものである。さらに史料を博捜して検討を加えることは当然の課題であり、また反対に、京都からみた江戸（東京）という観点も深めて行く必要があるのではないだろうか。

参考文献

青木美智男編（一九九四）『日本の近世　第一七巻　東と西江戸と上方』中央公論社。

大石学（二〇〇二）『首都江戸の誕生』角川学芸出版。

大久保利通（一九二七）「大坂遷都の建白書」『大久保利通文書　第二』日本史籍協会。

大田南畝（一九七五）「半日閑話」『日本随筆大成〈第一期〉8』吉川弘文館。

川上不白（一九二七）「不白翁句集」神田豊穂『日本俳書大系（14）』日本俳書大系刊行会、勝峰晋風編（一九九五復刻）『日本俳書大系　第15巻』日本図書センター。

川上不白（一九七九）「不白筆記」江戸千家茶の湯研究所編『不白筆記』茶の湯研究所。

曲亭馬琴（一九七五）「羇旅漫録」『日本随筆大成〈第一期〉1』吉川弘文館。

佐々木克（一九九四）『江戸が東京になった日』講談社。

園田英弘（一九九四）『「みやこ」という宇宙』日本放送出版協会。

高埜利彦（一九九四）「一八世紀前半の日本――太平のなかの転換」『岩波講座　日本通史　第13巻　近世3』岩波書店。

竹内誠編（一九九三）『日本の近世　第14巻　文化の大衆化』中央公論社。

田中優子（一九八六）『江戸の想像力』筑摩書房（ちくま学芸文庫所収）。

都市史研究会編（一九九九）『年報　都市史研究7　首都性』山川出版社。

西山松之助（一九八〇）『江戸っ子』吉川弘文館。

二鐘亭半山（一九七七）「見た京物語」『日本随筆大成〈第三期〉8』吉川弘文館。

広瀬旭荘（一九七八）「九桂草堂随筆」『日本儒林叢書』鳳出版。

藤田覚・大岡聡編（二〇〇三）『街道の日本史20　江戸　街道の起点』吉川弘文館。

前島密（一九八一）「鴻爪痕」『日本人の自伝　1』平凡社。

水本邦彦（二〇〇八）『全集　日本の歴史　第10巻　徳川の国家デザイン』小学館。

村井章介（一九九九）『日本中世の内と外』筑摩書房。

森田晃一（二〇〇六ａ）「家元制度」福田アジオ編『結社の世界史1　結衆・結社の日本史』山川出版社。

森田晃一（二〇〇六ｂ）「茶人・川上不白と江戸の文化社会」西山松之助編『江戸町人の研究　6』吉川弘文館。

守屋毅（一九八一）『三都』柳原書店。

吉田伸之（二〇〇二）『日本の歴史　第17巻　成熟する江戸』講談社。

立教大学日本史研究室（一九六五）『大久保利通関係文書　一』吉川弘文館。

脇田修・脇田晴子（二〇〇八）『物語　京都の歴史』中央公論新社。

第一六章　中心と周縁の都市論——小盆地・福知山からのまなざし

安藤　隆一

1　中心と周縁の関係性

(1)　中心と周縁

「私自身の直感的理解によれば、『中心』を『周縁』と対比して論じることには、どうしても無理がつきまとうように思われる。『中心』は、じつは『周縁』であり、『周縁』は、じつは『中心』であるというのが、この世のからくりの根本にひそんでいるダイナミズムの実相であるような気がしてならない」(大岡、一九八一、五六頁)とは、詩人で評論家の大岡信の言葉である。

大岡は、さらに続けていう。「そこには、抑圧として機能する『中心』の存在も認めず、また『中心』から遠い位置に固定されているだけの『周縁』の存在も認めない、動的な人間像がある。それは、語の本源的な意味での、eccentric な人間であり、私たちが振り返って何ごとかを学ぶに足る人間である」(大岡、一九八一、九七頁)と。

ある意味、懐かしい響きも伴うが、本来、「中心」と「周縁」という概念は位置関係を示すものである。国語辞典で「中心」を引くと、「まんなか。物事が集中する所。」とあり、「周縁」は「もののまわり」とある(三省堂『大辞林』)。地理学上の「都市」や「地域」そのものは、固定化されていて動かすことはできない。しかし、その「都市」や「地域」の関係ならば必ずしも、固定的とはいえない。

文化人類学者の山口昌男は、「次元の異なる現実の中では象徴としての中心が、周縁と等価物で入れ換えが可能であったり、または周縁が中心的位置を占めるという転換が起こりうる」（山口、一九七五、二二八頁）としている。つまりある条件の下では、その関係は容易に変化が可能だということである。

（2）周縁のもつ創造力

さらに、大岡は詩人なので、「創造」という行為を問題としている。それゆえに、「『創造』と呼ばれる行為は、つまるところ『中心』を不断に『周縁』へ経歴させ、『周縁』を不断に『中心』へ経歴させる行為にほかならないからである」（大岡、一九八一、六六頁）としている。ここには一方的に「中心」が優れていて、「周縁」が一段劣っている考えはない。それぞれに「不断に経歴させること」が「創造」であるとされている。

また、京都銀行の創始者が「中心」の京都市ではなく、その「周縁」の福知山市出身であるという例をみてもわかるように、もう一歩進んで「周縁」にこそ「創造の源」である「想像力」が潜んでいるという事もいえる。映画監督の吉田喜重はこう述べている。「そのためにはたえず周縁がはらむ想像力に身をゆだね、中心に向かって仕掛けてゆく必要があるだろう。あの辺境のインディオ、コーラ族が伝統的な仮面と、それとは対照的な現代の猿の仮面とを、同じ水平の平等のレベルでとらえたような、強靭な想像力こそもとめられるであろう」（吉田、一九八一、二四九頁）。

（3）中心と周縁の循環

「創造」という言葉を「まちづくり」や「地域活性化」という言葉に置き換えてみよう。つまり「まちづくり」

や「地域活性化」は「中心」が優れていて、「周縁」はそれより劣るということは必ずしもそうではない。むしろ、「周縁」の方が優れている可能性が高いという事例も多い。多くの優れたまちづくりの事例に、(当時の市町村名でいうと)北海道の池田町、長野県の小布施町、滋賀県の長浜市、大分県の湯布院町などがあげられるが、日本の「中心」である首都・東京からみても「周縁」に位置しているし、それぞれの県の県庁所在地からみても「周縁」に存在している。

もう一歩進んでいえば、「中心」だからどう、「周縁」だからどうということではない、むしろその関係性をどう生かすかではないだろうか。

例えば、江戸時代の城下町をみてみよう。城下町(中心)は、城を中心に武家屋敷や町人の町屋などで成り立っている。しかしそこには、人間の生存のために必要な食料の生産はない。城下町を取り巻く農村地帯(周縁)があってはじめて、食料が供給できるのである。明治時代になると、周縁である農村地帯で作物を作り、中心である城下町・地方都市でそれを売る。農家はその販売代金で、地方都市の商店から生活用品を買うことで、経済の循環が生まれ、「中心」と「周縁」のいい関係ができ上がるのである。

環境問題についても然りである。都市で発生した糞尿は、かつては周辺の農家がこれを引き取りにやって来て、これを回収し、肥料として作物に施していた。そこでできた作物を都市に売りにいくという循環ができ上がっていた。このように環境問題をも解決してきたのである。

つまり経済の面でも、環境の面でも「中心」と「周縁」との間で、それぞれに循環していくという、いい関係が成立していたのである。

2　周縁としての小盆地・福知山

（1）小盆地宇宙

「小盆地宇宙」という概念を最初に用いた文化人類学者の米山俊直は、こう定義する。「小盆地を中心とする文化領域は、いわばひとつの世界である。この世界を、私は『小盆地宇宙』という名で呼ぶことにしている。小盆地宇宙とは、盆地底にひと、もの、情報の集散する拠点としての城や城下町、市場をもち、その周辺に平坦な農村地帯をもち、その外郭の丘陵部には棚田に加えて畑地や果樹園をもち、その背後に山林と分水嶺につながる山地をもった世界である」（米山、一九八九、一二頁）。

日本では、断層を伴う地盤運動の結果生まれた盆地が列をなしている場合が多く、これらは盆地列と呼ばれている。米山によると、北海道、東北の中央盆地列、甲府、長野などの盆地群、京都盆地、奈良盆地などであり、岡山県や広島県でも顕著にみられるという。

京都府下においても、京都市を「中心」とすれば、その「周縁」といえる丹波・丹後地方にもこの盆地列がみられる。丹波でいえば、亀岡盆地をはじめとして、綾部、福知山、丹後に入ると峰山といった小盆地群である。

これらは、すべて城と城下町をもっており、政治、経済、文化の分野で、一つのまとまりをもっており、「中心」である京都市に対峙している。と同時に前節で述べた「城下町」と「農村部」という関係性のなかでの「中心」と「周縁」という二重の構造をもっているのである。本章では、具体例として小盆地に存在する福知山市を取り上げることとする。

図 16 - 1　福知山市内を流れる由良川

（出所）福知山市観光振興課提供。

（2）福知山市の地理

福知山市は京都府の北西部位置しており、東西三七・一km、南北三四・三km、面積五五二・五七km²の市域を有している。市内最高峰の三岳山（八三九m）、千丈ケ嶽、烏ケ岳など、四方山に囲まれた典型的な盆地である。市域面積の七六％は林野であり、耕地面積は七％程度である。二〇一一（平成二三）年七月末の推計の総人口は八万一六七〇人である。

市域内には、丹後（京都府）、近江（滋賀県）、若狭（福井県）の三国の国境にある三国岳（六一七m）を源とする一級河川の由良川（図16 - 1）が貫通している。この河川は、数々の大水害をもたらすと同時に、水運や農業用水などにも広く利用され、歴史的に経済や文化に及ぼした影響は大なるものである。

（3）福知山の歴史（江戸時代まで）

福知山地方では、和田賀遺跡から旧石器時代の削器が発見されており、すでに旧石器時代の最末期から縄文時代の初めに人が住んでいたといえる。

「福知山」という名前が登場するのは、時代が移って近世まで待たねばならない。織田信長の家臣、明智光秀が主君の命により丹波の平定を完了したのが一五七九（天正七）年である。一五八〇（天正八）年に光秀がこの地方を平定した後、それまでの横山城を改築し、この城を「福智山城」、この地を「福智山」と命名したからで

図16－2　城下町の風情を残す治水記念館

（出所）　筆者撮影。

ある。この名前は、和泉式部の歌「丹波なる　吹風（ふくち）の山の　もみじ葉は　散らぬ先より　散るかとぞおもう」から取り、明智の「智」を当てたという説がある（江戸時代に「智」は「知」と改められた）。

一五八二（天正一〇）年に、光秀は本能寺の変を起こし織田信長を討つが、数日で豊臣秀吉に滅ぼされ、光秀の福知山の支配はわずか二年間で幕を閉じるのである。その後藩主は何人か交代するが、江戸時代の一六六九（寛文九）年に、朽木氏が（現在の茨城県）土浦から転封され、三万二千石の大名として、一八七一（明治四）年の廃藩置県まで二〇二年間にわたって支配するのである。歴史の時間の長さからみれば、福知山は明智氏のまちというより、朽木氏のまちといったほうが、正確である。

一六七二（寛文一二）年河村瑞軒による西廻りの日本海航路が開発されると、日本海に流れ出る河川の水上交通が急速に発達した。由良川も例外ではなく、この水運の重要港湾となった福知山は大阪、京都と但馬、丹後、丹波、若狭とを結ぶ重要な結節点なった。そしてこれらの地方の産物がこの福知山に集まり、その産物が由良川を利用して日本海へ送られ、そこから西廻り海運で大阪に運ばれていた。これらの事業に携わった町人の住むこの町は非常に栄えた。一七八八（文明八）年には人口三三〇三人、町屋数は九一五戸という記録が残っている。その繁栄の様は、「福知千軒」と呼ばれていた（図16－2）。

（4）福知山の歴史（明治時代以降）

福知山は一八七一（明治四）年の廃藩置県では、七月に福知山県となったが、一一月には福知山県が廃止され、福知山の属する天田郡（丹波）は丹後、但馬、丹波の氷上郡、多紀郡とともに、豊岡県になるのである。一八七六（明治九）年に、この豊岡県も廃止され、但馬と氷上・多紀両郡は兵庫県に編入される。そして、丹後と天田郡が京都府の管轄となり、福知山は初めて京都府となるのである。

一八九九（明治三二）年に阪鶴鉄道として、神崎（尼崎）・福知山（福知山南口）に鉄道が開通する。ちなみにこの年に京都・園部間の山陰線も開通している。一九〇四（明治三七）年には、福知山・新舞鶴間が、一九一二（明治四五）年には京都・出雲間が開通し、福知山を中心とする現在の鉄道網がほぼ完成するのである。

図16－3　新しくなった福知山駅

（出所）福知山市観光振興課提供。

このように輸送の主体が水運から鉄道に変わっても、山陰本線を通して京都市へ、福知山線を通しては大阪市へと交通の要衝としての福知山の地位は変わらない、というよりその比重はますます高まっていくのである。そして一九三七（昭和一二）年、福知山に市制がひかれる。京都市についで、府下第二の「市」の誕生である。ここでも、福知山市はいわば一流（中心）のバイプイヤー（周縁）の役を演じている。

水運、鉄道と続くモータリゼーションの時代にも、「舞鶴若狭道」福知山の高速道路によって、繁栄は続くのである。「舞鶴若狭道」福知山インターチェンジと現代の山陰道・国道九号線の結節点には、巨大な長田野工業団地がある。この団地は一九七四(昭和四九)年に完成したもので、広さ四〇〇ヘクタール、神戸市、大阪市方面の物流によって、多くの企業が誘致され、神戸市、大阪市への物流が盛んになり、福知山市全体の経済的発展に大きく寄与しているのである。

(5)　衰退する中心市街地

しかしながら、このモータリゼーションの発展は、逆に「中心市街地」と呼ばれる市の中心部を衰退させていく。水運、鉄道が輸送の中心であった時代はひと、ものが市の中心部へと集まってくるため、中心部の商店街等は目覚しく活況を呈するのである。また、前節でみてきたように、城下町としての繁栄は、その周縁としての農村部との関係のなかで築かれてきたものである。

福知山の場合、国鉄(あるいはJR)の鉄道網の結節点(図16-3)のおかげで、市内の農村部だけでなく、「三丹播若」と呼ばれる丹波、丹後、但馬、播磨、若狭の巨大マーケットから大きな集客を得ていたのである。つまり、福知山は市内の農村部という周縁だけでなく、この「三丹播若」という周縁に対する二重の中心でもあったわけである。

輸送が鉄道から車へとシフトすることによって、「三丹播若」からの客は、京都、大阪、神戸といった大都市へ直接流れると同時に、郊外に大型店が立地してそこに農村部からの客を奪われるという二重の構造が生まれたのである。そのためかつての繁栄に対応するようできていた過剰な「中心市街地の商店街」が残って、シャッターが閉まり、中心市街地衰退の象徴となったのである。

3　京都市と福知山市との関係性

（1）京都府の成り立ち

一八七一（明治四）年の廃藩置県では、山城国域に丹波国域の桑田、船井、何鹿の各郡を加え、京都府が成立する。その後、一八七六（明治九）年に丹後五郡と丹波国域の天田郡（福知山の属する）を併合して、ほぼ現在の京都府域がほぼ確定するのである。それゆえ、京都府のなかでは京都市は、図形的中心ではなく偏った場所に存在することになったのである。

（2）中心としての京都市

京都府における京都市の位置をみてみると、京都府は日本海側から南東の方向に長細い形をしており、府庁所在地の京都市は、全体からみると南東の端よりに位置している。京都市は必ずしも図形的には、京都府の中心には位置していないが、「物事が集中する場」という意味でいえば、あくまでも京都市が京都府の中心である。つまり、政治、経済、文化の京都府の「中心」は京都市であり、福知山市など京都府下のほかの都市はその関係性において「周縁」といえる。

（3）京都市と福知山市

本節では、京都府内における「中心」としての京都市と「周縁」としての福知山市との関係からみてみよう。福知山といえば、前節でみたようにわずか二年間の支配とはいえ、明智光秀と所縁が深い。光秀を祀った御霊神社や明智藪の名前の存在をみても明らかである。この地は京の都から伸びる「山陰道」の重要な戦略地点であったからこそ、光秀が城を築き治めたのである（ちなみに、この時の築城のかけ声が「どっこいせ」であり、そのかけ声が民謡となり「どっこいせ」という踊りも生まれ、現在では福知山の夏を彩る風物詩の夏祭りとなっている）。

福知山は戦略的拠点であっても、「京の都」という中心からみればそれは、周縁の地である。戦略的拠点とは、その地方では中心であるが、「京の都」からみれば周縁だという二重の意味をもっている。それはあたかも奈良、平安時代の「京の都」と太宰府（福岡県）の関係と同じである。

さらに、この周縁をよく物語っているのは、平成の市町村合併で福知山市となった旧大江町のさまざまな鬼伝説である。なかでも特に有名なのは、源頼光が酒呑童子を討つ話である。都の勢力がその周縁の勢力を平定するという寓話であると考えられる。その視点はあくまでも都である中心からのものである（これも余談となるが、現代において、旧大江町で「鬼の交流博物館」にみられるように、この周縁の産物を逆手に取って、優れた「まちづくり」を行っていることも紹介したい）。

（4）福知山の意識

周縁の人々は、中心に憧れ、あるいはコンプレックス、すなわち「憧憬と畏怖」を、抱き中心に向かうのである。現代でいえば、その現われが、一極集中である。「中心」は優れており、「周縁」は一段落ちるものと考えがちであるが、そうではない。このことは、第一節でも述べているが、京都府での例を示そう。

京野菜の代表の一つである「万願寺とうがらし」は舞鶴市が生産地であるし、京のお茶の代表「宇治茶」も、福知山市で生産されたものの多くが、宇治市に運ばれ「宇治茶」として売られているという。つまり、周縁である舞鶴市や福知山市は中心である京都市を支えているという事例の一つである。

福知山市民は福知山市が、京都市に対して周縁であるという意識は少ない。むしろ、歴史的にはたった二年間しか統治していない明智光秀（正に、徹底した周縁の人）を顕彰したり、経済的には、水運、鉄道の時代の発展の夢が忘れられず、また政治的にも但馬地方の豊岡県と合併し、福知山県であった時代もあり、丹波、但馬、丹後の中心だという意識の方が強い。

福知山市は、京都府内にあっては中心である京都市に対しては周縁であり、丹波、但馬、丹後のエリアからみると、中心として存在しているという二面性（ジレンマ）を抱えているのである。

この現象は、京都市に対する福知山だけでなく、中部圏でみれば名古屋市に対する岐阜市、関東圏でみれば東京二三区に対するさいたま市や水戸市と全国的に存在しているのである。

4　中心と周縁の「まちづくり」

（1）三つの中心と周縁

筆者は二〇〇八（平成二〇）年一〇月から半年間、福知山市のタウンマネージャーに就任した。その経験から福知山の「まちづくり」を考える上で、この「中心と周縁」の関係が三重の意味で重要と考える。

一つ目は、前節で述べた京都府内における「京都市」と「福知山市」との関係である。二つ目は、丹波、丹後、但馬の中心としての福知山と周縁としてのそれらの地域との関係である。三つ目は福知山市内におけるいわゆる中心市街地と周縁としての農村部との関係である。これらの関係を利用し、あるいは新たな関係を構築し、またかつてあった関係を修復することが「まちづくり」の大きなポイントとなるであろう。

（2）　京都市との関係

まず第一は、京都市との関係をどう利用するかである。京都市を訪れる外国人観光客は年々増加している。彼らは、自分の国にはない寺社仏閣などの建物や風景、祭りなど異国情緒をたのしむため、日本らしさの残る京都市を訪れるのである。それはまさに日本文化そのものを求めているといえる。

しかし、何度も日本を訪れる外国人観光客のなかには、京都の寺社仏閣では満足しない人たちも出てきている。もっと本来の、日常の日本に接したがっているのである。日本の原風景や日常の日本に触れてもらう旅も可能となってくるのである。福知山は京都市の奥座敷として、年間五〇〇〇万人を超えた京都市の観光客を誘致するのは有効な策である。

また前節で述べた福知山で生産されている「宇治茶」を活用して、「宇治茶」の生産地であることを全面的に宣伝することも可能であろう。「茶摘ツアー」などを企画して、中心市街地で生産されている伝統的な和菓子とのコラボレーションも考えられる。

このように京都市の周縁であることを逆手にとって、京都ブランドを大いに利用して地域活性化を図ることが重要である。

（3）　丹波、丹後、但馬の諸都市との関係

丹波、丹後、但馬の諸都市はそれぞれに小盆地宇宙を形成している。それ故、相対的に独自性を具え、個性の豊かな地方色をもった文化を育ててきたのである。この地域からみての福知山は、経済の視点からのみ、中心であった。それは、この地が交通の要衝であるがために、由良川の水運を利用した物資の集積点であったり、鉄道が主たる移動手段だった時代のことである。それがモータリゼーションの進展に伴い、この地域の人々は直接、京都、大

阪、神戸といった大都市とつながることになる。現在は、福知山はかつての丹波、丹後、但馬地方の経済的な中心ではなくなったということである。

これからは、それぞれの小盆地宇宙としての文化や個性を生かすためには、連携が必要である。例えば、外に向かって開かれた港町・舞鶴市、宗教的精神世界をもつ綾部市、そして商都・福知山市が連携すれば、それぞれに弱点を補完し合うこともできるし、全体としてユニークな都市郡として全国に対して相当なインパクトをもってアピールすることができる。これは、「中心と周縁」という関係から、新たに「対等な関係を構築する」ことによる地域活性化の試みといえる。

（4） 市内における中心部と農村部の関係

近年、衰退する「中心市街地」の活性化を論じた議論が多いが、それは「中心市街地」のみに着目したものが多い。「中心市街地」が活性化すれば、市全体が活性化する論調が目立つのである。中心がよくなれば、それに伴って周縁のよくなるという考え方である。しかし、福知山を例にとれば、実際には逆である。それは、これまでみてきたように、経済的に中心市街地が繁栄してきた理由は、周縁としての農村部のおかげだったからである（もちろん、その理由は市内の周縁部である農村部だけでなく、丹波、丹後、但馬、播磨、若狭という福知山盆地を取り巻く、巨大なマーケットの存在があったからでもある）。

福知山の活性化の第一歩は、商業地域としての中心市街地と農村部との関係性の修復が重要と考えるのである。周縁の農村部の人々にとって、中心市街地がものを買うだけの場所としての商業地域から、「文化的に魅力的な場所」となる必要がある。修学旅行のみの観光地としての京都市が、かつて観光客数の落ち込みから「文化の魅力」によって観光文化都市として再生していったことは大いに参考になるものである。古い伝統文化に加え、町家

図16-4　福知山のまちなかのカフェ

（出所）筆者撮影。

再生や古建築の保存修景などにより、お洒落なカフェやアートギャラリーなど新しい文化を創出しているのが京都である。

今、福知山でも、新しい動きが芽生え始めている。例えば、若い女性の間で、注目を集めているのは洋菓子類である。世界大会で優勝した若いパテシエが故郷である福知山に帰って来て、実家の洋菓子店を継いだり、全国的にも珍しい手焼きのバームクーヘンがあるなどの理由から、京都府内からもお客が集まって来ているのである。あるいは文化人のたまり場としてのカフェ（図16-4）などもできている。

二〇〇六（平成一八）年一月一日に近隣の農村部である大江、夜久野、三和の三町と合併し、市内の周縁としての農村部が拡大した。まさに今回の三町との合併は大いなるチャンスである。この機会に、中心市街地に魅力ある文化的エリアを創造し、新周縁部を含めた農村部を主たるターゲットに、かつての都市部と農村との循環の関係を復活させて、再び双方の利益を生み出していくことが重要である。

（5）中心と周縁の関係の再構築

「『中心』は、じつは『周縁』であり、『周縁』は、じつは『中心』である」（大岡、一九八一、五六頁）という命題を考察してきた。

日本の経済的、文化的構造が東京の一極集中によって、さまざまな社会の歪みを生み出し、これを解消するための議論が行われて久しい。つまりどう地方都市を、地域を活性化させるかという議論である。

本章でみてきた京都府内における京都市と福知山市の関係を始めとする「中心と周縁の関係の再構築」に、その答えの一つを提示したい。

参考文献

井口貢編（二〇〇八）『入門　文化政策』ミネルヴァ書房。

大岡信（一九八一）「創造的環境とはなにか」大江健三郎、中村雄二郎、山口昌男編『叢書　文化の現在四　中心と周縁』岩波書店。

福知山市市制施行五〇年誌編集委員会（一九八七）『福知山市五〇年のあゆみ』福知山市。

福知山市史編さん委員会（一九七六―一九九〇）『福知山市史』福知山市。

福知山商工会議所（二〇〇〇年）『福知山ドッコイセの街歴史散歩』。

山口昌男（一九七五）『文化と両義性』岩波書店。

吉田喜重（一九八一）「周縁がはらむ想像力」大江健三郎、中村雄二郎、山口昌男編『叢書　文化の現在四　中心と周縁』岩波書店。

米山俊直（一九八九）『小盆地宇宙と日本文化』岩波書店。

第一七章　三河の小京都からみた京都論——小京都ブランドをめぐる葛藤

古池　嘉和

1　内なる京都と外からの視線

（1）濃密な界隈性

本書では、多才な論者により、それぞれの京都論が語られている。そのなかで私の役割は、京都性をもった地方都市の視点から、京都的なるものを抽出することである。論を進めるに際して、ひとまず自らの体験を振り返り、編者により提示されたキーワードである憧憬と畏怖を手がかりとしながら、自分なりの京都論を整理しておきたい。

筆者は、学生時代、京都市内に住んでいた。すでに、三〇年も前の記憶であるが、鮮明に蘇るのは、四条大宮で暮していたころの思い出である。そこは、木造二階建ての長屋で、筆者は、そのなかの一軒を借りていた。道路を挟んで向かいに暮らしていた大家さんは、和菓子や麩などを作っていた。間口が狭く、奥行きが相当に長い町家の奥が製造現場であった。隣に住んでいた友人とともに、そこへお手伝いに行っては夕食をご馳走になったものである。食卓は、大家族のなかに我々のような〝丁稚〟が加わり、大変、賑やかなものであった。

一方で、筆者は、河原町の近くにある旅館でもアルバイトをしていたため、四条大宮と四条河原町の間を、東へ西へと自転車で駆けめぐっていた。そのため、筆者の記憶のなかの京都は、豊かな自然でも由緒正しい寺社仏閣でもない。四条大宮界隈の喧騒と、ほのぼのとした大家さんの家族、色とりどりの和菓子、幹線道路なのに意外と狭い四条通、バイト先の和風旅館などである。

こうした記憶の断片をつないでいくと、そこには、大都市であるはずなのに、何かしら人々の息遣いが聞こえる濃密な界隈があり、相当に多種多様なものが混在しながらも、そのうち大抵のものは許容してしまう町の姿がみえてくる。京都で暮しているときには気がつかなかったが、それをあらためて知ることができたのは、京都を離れた直後に暮した〝筑波研究学園都市〟との対比においてである。

（2）近代都市からの視線

筆者はその後、大学院進学のため、京都を離れ、筑波研究学園都市で過すこととなった。当時はまだ、「国際科学技術博覧会（〝TSUKUBA EXPO '85〟）」が開催される前である。今でこそ、成熟してきた感があるつくば市も、当時は、まだ「桜村」であり、ありふれた農村に突如出現した人工都市の黎明期であった。そこは、まっすぐに伸びる道路に整然と建築群が立ち並び、機能性と効率性に富んだ、いわば極限まで無駄を排した合理的な空間であった。

鷲田清一は、こうした郊外型のニュータウンにかけているものとして、大木、宗教施設、場末を挙げている。これらは「別なる世界が口をあけ、都市の闇を構成する」ものとしてとらえられており、実際にいくことはなくても、〝存在〟そのものが都市に奥行きを与え、心の安寧をもたらしている場である。

筑波においてはこうした隙間が見当たらず、窒息しかかってしまったのであるが、そのことが、筆者の修士論文研究のモチーフを「都市における濃密な盛り場界隈の意義」とする契機になったことは否めない。そして、調査対象とした横浜市の野毛地区は、焼鳥屋が多数集積する自然発生的な盛り場であり、再び濃密な界隈に住込んで調査を行うこととした。同地区にあった（現在はなくなってしまったが）、横浜で最も古いジャズ喫茶で寛ぐ日々は、京都時代に入り浸った〝サテン〟の記憶と重なり、実に、居心地が良かったことが思い起こされる。

大学院修了後筆者は、名古屋へと移ることになるが、出生地である名古屋も、大きく変わっていた。幼少時に過ごした名古屋駅の西側（雑踏のなかにも活気が溢れていた中村区界隈）は未だ下町の風情が残されていたが、駅の東側は、聳え立つ高層ビルが支配していた。巨大な資本による空間の支配が強すぎると、暮らしの表情はみえにくくなるものだ。久しぶりの名古屋は、筑波で経験した記憶と重なるような、近代的で画一的なまちになろうとしていた。

（3）憧憬と畏怖

都市には多様性が必要だ。その点では、京都は、たいそう羨ましい。未だに、色々なものが存在する。そこで何がみえるのかは、世代や性別、嗜好によって大きく変わるだろう。三山の自然や寺社仏閣、料理など〝定番〟の京都らしさに憧れることもあろう。メディアが作り出したともいえる〝古都のイメージ〟を消費する楽しみもあるからだ。

しかし、これら外からの憧憬のまなざしでみつめられる京都像と、筆者のわずかな生活体験を通じて感じている京都の魅力には奇妙なズレがある。もちろん、筆者のささやかな暮らしの経験など、取るに足らないであろう。しかし、外からの印象にあるような〝上品さ〟は、何でも呑み込んで自らのなかで咀嚼していく〝したたかさ〟と裏腹である気がする。

憧憬と畏怖があるとすれば、まさに、「なんやねんこの町は。何でもありか」的な許容力と、そこから何か生まれてきそうな場の力、そして、聖と俗、あるいは光と闇が共存する怖さ。それは、筑波や名古屋のように巨大な資本に圧倒される怖さではなく、闇に吸い込まれる怖さでもある。

さて、そろそろ本題に入らなければならないが、地方には、洗練された古都のイメージに肖ろうとする〝小京都〟のまちが多数存在するものの、こうした〝内実〟を生み出す多様性／異質性に欠けているのではないだろうか。

2　地方のなかの〝京都〟

(1) 小京都なるもの

一口に京都といっても、それは、極めて曖昧なものである。例えば、嵯峨野生まれの井上章一が、外からの視線と内なる視線の差異を、自らの体験をもとに振り返り「京都人からさげすまされていたのは、西の嵯峨野だけにかぎらない。南の伏見や、今筆者が住んでいる宇治、そして東の山科も、同様のあつかいをうけている」と述べているように、〝京都〟における洛中と洛外には、微妙な違いもあるようだ。

もちろん、地方の小京都のまなざしのなかでは、これらを峻別することなく、広く、「京都」の歴史や文化、産業的な要素を持つ地区の総称となっている。そのため、本章で取り上げる西尾においても、宇治茶との関係が、小京都のまちと呼ばれる一つの要因となっている。

ちなみに、一九八五（昭和六〇）年に京都市を含む二六市町で結成された「全国京都会議」では、加盟基準を次のように定めている。京都に似た自然と景観があること、京都との歴史的なつながりがあること、伝統的な産業と芸能があることの三つの条件である。また、同会議が発刊するパンフレットには、「小京都……わずか三文字の短い言葉に、私たちは不思議な懐かしさと憧憬を覚えます。悠久の歴史と豊かな自然に培われた伝統や文化、季節を彩る風物詩、そこに住まう人々の暮らし……。そんな文化を守り伝える小京都を訪ねてみませんか」との件がある。ここでは、京都のもっている古都の心象風景を共有するまちが小京都なのである。

こうした表層的なイメージに憧れ、全国京都会議に加盟する小京都のまちは、二〇一〇（平成二二）年一二月一日現在で、北は弘前（青森）から南は知覧（鹿児島）まで、京都市を含めて四六市町にも上る。角館（秋田県）や郡上八幡（岐阜県）、津和野（島根県）など、全国的にも知名度の高い地方都市が並ぶが、中には、地名を聞いただけでは、京都のイメージが沸きにくい町もある。次に紹介する西尾（愛知県）もそのなかのひとつではないだろうか。

（2）西尾という街

愛知県の中央南部に位置する西尾市は、名古屋鉄道の新名古屋駅から西尾行きの特急で四〇分ほどにある人口一六万九二八〇人（二〇一一（平成二三）年八月一日現在）の地方都市である。歴史的には「戦国時代以降に城下町として栄えた西三河南部の中心的な市であり、一七六四（明和元）年に大給松平氏が入城し、二万三〇〇〇石から六万石の城下に発展した」まちである。また、「城下の外では、京都所司代を務めた板倉勝重・重宗などの板倉家の菩提寺として名高い長円寺」があり、「所蔵品の狩野派・松花堂の書画、小堀遠州・石川丈山・本阿弥光悦の書など京文化とのかかわりのあるもの」が残されている。もちろん、町並みや歴史以外に、お茶のつながりも深く、こうした京都とのかかわりが評価され、一九九五（平成七）年度に、全国京都会議への加盟が認められた。以降、「三河の小京都・西尾」として、京都との関係を強調したまちづくりが進むこととなる。

京都らしい風情は、西尾の中心市街地に広がっている。そこには名鉄西尾駅から歩いていくことができる。まず駅から五分ほどで、桜並木に彩られたみどり川にでる。この川には、あたかも鴨川に見立てるかのように、二条〜六条の名称が付された橋が架かっている。そのなかの一つ、三条橋を渡ると、やがて本町通りや肴町通り、中町通りなどと交差する。この辺りは、多くの寺社仏閣があり、西尾の歴史を物語る地区である。

一方、駅から延びる中央通りを大手門跡で曲がっていくと西尾市歴史公園に至る。ここには、その創建が、「承久の乱で功績があった足利義氏が三河国の守護に任命されたことに始まる（「西尾城下町ガイドブック」）」とされる西尾城（西条城）がある。また、同公園内には、京都の近衛邸内にあった建物の一部（書院と茶室）を移築した「旧近衛邸」もあるなど、京都との関係が偲ばれる。さらには、一九九六（平成八）年には櫓の高さが約一〇mで三層からなる「本丸丑寅櫓（ほんまるうしとらやぐら）」が再建されるなど、拠点としての整備が進んでいる。

こうした整備が進む一方で、町並み自体は都市化の流れとともに姿を変えつつある。小京都の古い町並みのなかには、伝統的建造物群保存地区（文化財保護法）制度で景観を保存する事例も数多くみられるが、地区指定のされていない西尾の場合には、近代化／都市化の進展に伴って、徐々に統一感が薄らいでいくこととなる。そのため、小京都ブランドに対する受け止め方も揺れ動くこととなる。

3　小京都ブランドをめぐる葛藤

（1）ブランド戦略の両義性

地元自治体の政策として、小京都ブランドをどのようにとらえているのであろうか。そこには、小京都ブランドに背ってまちづくりを行う地方都市の葛藤を垣間見ることができる。例えば、「西尾観光ガイドブック二〇〇五」と、その後発刊された「同二〇〇八」を比べてみよう。このガイドブックは、同一の体裁で掲載内容を更新しているものである。表紙のタイトルは、ともに「にしお旅小町」であるものの、「二〇〇五」における表紙には「三河の小京都で、思い出しっとり」のサブタイトルがついている。対して、「二〇〇八」では、「歴史、文化に触れるひとときと」となっており、小京都の文字が消されている。同様に、「二〇〇五」では、随所にみられた「小京都」の文字がなくなっており、「西尾の中の『京』をさがして」のページは「しっとり、うっとり、「趣」と出会う」に変更され、その説明文も、「京都と似た景観や街並みはもちろん、歴史的なつながりや、伝統産業や芸能がある」と京都との類似性を標榜するものから、「江戸期の面影をたたえた風情のある路地の風景」に変えられている。

筆者が、ざっと数えたところ一〇ヶ所ほど記載されていた「小京都」の文字は、すっかり消えていた。このように徹底的に「小京都」の記号を消している背景のなかに、小京都ブランドのもっている両義性を窺い知ることができる。一つには、京都のもっているイメージに固定化され、訪れた人が抱く小京都のイメージと現実が乖離することで、来訪者が落胆し、かえってマイナスの印象をもたれてしまうことである。だが、反面、小京都を旗印に掲げることで、地域の住民にとっての目標が生まれ、まちづくりにおける目標像を共有化することができる利点もある。それがなくなることで、かえって無個性な町並みを助長することになってしまう危険性もあるのだ。そこで、実際はどのようになっているのかを確認するために、再び町並みを歩いてみた。

図 17－1　市街地にあるお茶屋さん

（出所）　筆者撮影。

（2）　界隈の崩壊と再生

まずは、古い家屋が残る肴町や天王町界隈である。平日のため、それほど活気を感じるわけではないが、暮らしの息遣いは途絶えていないのも確かだ。昭和初期と思われる建物のなかで、陶器やお茶などの日用品を扱う店も存在する（図17－1）。

しかしながら、肴町の人口は一〇二人、天王町は一二五人であり、両町を合わせても、当時の西尾市の人口（一〇万八三四一人）に占める割合は、僅かに〇・二％程度にすぎない（『西尾の統計二〇〇八年刊』）。

図 17－2　順海町・唯法寺の路地

（出所）　筆者撮影。

いわゆる中心市街地といわれる地域が空洞化しているのが実態である。

続いて、肴町から天王町を抜ける路地が入り組んでいる順海町を歩いてみた。ここは城下町の佇まいを残す地区として、パンフレット等でもよく紹介されている。写真（図17－2）は、「順海町・唯法寺の路地」であり、板塀と石垣が続く景観は趣がある。だが、現実は、宅地開発など新陳代謝の波が押し寄せるなかで、風情ある町並みを面的に保存していくことが難しくなっている。そのため、可視的な要素でのみ京都らしさを演出することには明らかに限界がある。

次に、訪れたのは本町通りである。肴町通りからは、整備された中央通りを横断しなければならないため、両地区の面的な連続性／一体性は感じにくくなっているが、ここでも歴史を感じる建物をみかけることができる。さらに、この界隈では、お洒落な飲食店など新しい生業の息吹を感じることができた。地域のなかから、界隈性を再生させようとする動きが生まれてくることは、こうした古い町並みにとって重要な視点である。例えば、J・ジェイコブズが「新たな創造性には、古い建物が必要である」というように、建築や町並みを活かした〝新たな生業〟が生まれてくるような、創造的な界隈を形成することが必要なのである。

だが、それを圧倒的な力で抑圧してきたのが都市化に向けた整備の推進である。これは、何も、今に始まったことではない。『西尾城下町ガイドブック』によれば、肴町においては、一九二八（昭和三）年に「道路拡幅によって一新し、かつての町並みはほとんど失われた」と記されている。暮らしの場において繊細に刻まれてきた歴史の断片は、巨大な力で外観もろとも打ち砕いてしまう。こうして生まれた機能性と効率性に富む整然とした空間のなかでは、人々の暮らしの襞や、息遣いなどを感じにくくする。それでもなお、コミュニティのなかに、年月をかけて界隈性を再生させていく力があれば、新たな形で創造的な場が生み出されるだろう。だが、往々にして、地方都市においては、中心市街地の人口減少や高齢化が進み、こうした内発的な力が乏しくなっている。

そのため、かりに、既存のコミュニティの力で再生が困難な場合には、異質なものを取り込むことができるかどうかがポイントになる。そして、そのような〝異質な他者を面白がるメンタリティ〟こそが、京都的なのである。その意味で、もとより人口が少ない中心市街地が、活気的な界隈を再生できるかどうかは、整然としたまちを整備することではなく、多様な資源と連携させ、したたかに取り込んでいくことである。幸いなことに、西尾には、良質な抹茶という資源があるのだが、まちづくりのなかで十分に生かされていなかったのではないだろうか。

（3）お茶をめぐる葛藤

西尾が小京都といわれる所以は、城下町の町並みや、祇園祭と称される伊文神社の祭礼、貝吹町・万燈山で行われている「かぎ万燈」などである。それらが京都とのつながりを偲ばせるのであるが、ほかの小京都のまちと異なり、西尾が京都との近似性を強く示すものは抹茶（の生産）である。とりわけ、その歴史を見れば、宇治との結びつきがわかる。元は、鎌倉時代の一二七一（文永八）年に、聖一国師《しょういちこくし》が、宋からもち帰った茶種を実相寺《じっそうじ》の境内に蒔いたことから始まるものといわれている。さらに、明治五年に、紅樹院《こうじゅいん》の住職である足立順道師《あだちじゅんどうし》が宇治より茶種と栽培技術を導入したことで、本格的な生産が始まったのである。加えて、地形的にも、市の北西部の矢作川左岸一帯にある小高い丘を中心に茶園が広がっており、水はけのよい砂が混ざった赤土の層は、てん茶に必要な艶のある葉の生産に適していたのである。

こうした環境条件の下、今日、西尾は、全国生産量の約二割を占める日本有数のてん茶の産地となったのである。ちなみに、二〇〇六（平成一八）年度のデータによれば、西尾市のてん茶生産量は、三二一九tで一九・九四％のシェアをもっているが、これは宇治茶の生産地である京都府和束町の三八四tに次いで第二位である（農林水産省統計・東海農政局調べ）。だが、こうした豊富な生産量にもかかわらず、一般的な消費者の認知度が高いのは「宇治茶」ブランドであろう。事実、宇治（茶）名を用いた商品は広く行渡っているが、西尾においては、必ずしも十分ではなかった。そして、これまでは良質な抹茶の生産地でありながら、消費者への認知度は宇治に劣るという葛藤に苛まれてきた西尾であるが、地域団体商標登録制度（以下、「地域ブランド」）に認定されたことを契機に、まちづくり活動も加速し始めたのである。

（4）　地域ブランドの確立

西尾は良質な原材料を生産できるまちではあったが、西尾茶そのもののブランドイメージは、必ずしも強いものではなかった。より正確にいえば、西尾という地名と良質な抹茶との結びつきが、宇治と比べて弱かったということである。逆にいえば、生活文化を彩るお茶のブランド力が強化されることで、まちのイメージも向上することができる。

こうしたことから、抹茶のブランド認定に向けての活動が始まった。認定に至るまでの活動の経緯をみてみよう。まず、二〇〇五（平成一七）年四月に西尾市茶業組合が地域ブランド化に向けて検討を始め、二〇〇七（平成一九）年四月に隣接する安城市や吉良町（二〇一一（平成二三）年に合併し西尾市）の同業者を含めた「西尾茶協同組合（代表理事㈱あいや代表取締役杉田芳男氏）」を設立（法人登記は同年六月）し、地域団体商標登録制度認定に向けての組織整備を図った（「広報にしお」No. 1225, 2009. 3. 1）。こうした活動が評価され、二〇〇九（平成二一）年三月に、特許庁からブランドとして認定された。お茶としては、宇治茶や静岡茶などに次いで全国では一三番目の認定であるが、抹茶に限れば初めての認定である。

その製法上の特徴は、石臼挽き製法である。筆者は、お話をうかがった「㈱あいや」において、同製法を見学させていただいたが、そこでは実に精緻な石臼を作る職人の技が生きていた。職人の技が暮らしの文化を支えているあたりは、実に、京都的である。こうした技の粋が評価され、地域ブランドに認定されたことにより、単に、生産量を誇る生産地であった西尾が、消費者に訴求できる力をもつ産地となった。今後は、多様な商品開発が進み、商品を通じて消費者への認知度が高まることで、西尾と抹茶ブランドの名前は相乗効果を発揮しつつ、浸透していくであろう。

4 小京都——その呪縛からの解放

(1) 創造の結果としての観光

これまでみてきたように、西尾では、都市化が進み、町並みの統一感は徐々に薄らいでおり、古都のイメージと実態が乖離し、落差が広がってきたのである。そして、〝小京都〟を標榜すればするほど実態と離れ、観光客の失望感に耐え切れず、ついには旗印として掲げていた〝小京都〟ブランドをも転換した。そこには、小京都=古都らしい景観という呪縛に囚われ、都市化の波との間で葛藤する地方都市の姿がみえ隠れする。

だが、観光都市であると思われている京都そのものも、先述、鷲田が指摘するように、実は、大きな誤解なのである。京都は「典型的な内陸型の工業都市」であり、観光収入はわずか一割程度に過ぎないのである。

京都を、古都をテーマとする観光地として評価し、そのイメージを共有化することで、差別化を図ろうとする小京都のまち。そのこと自体を問題視することはできないが、肝心なことは、観光に対する認識において、大きな誤りを犯している危険性がある。暮らしの場に人々が訪れるのは、そこが「観光地」であるからではない。固有の文化を創造する仕組みが暮らしのなかに息づいている場所に人々が訪れるから、観光地になっているのである。すなわち、こうした文化の創造性が衰弱していれば、人々をひきつけるだけの吸引力はない。

確かに、歴史的な建造物を生かして、商業機能をテナントとして入れ込むようなテーマパーク的な観光地を作り上げることはできるが、その持続性は、一般的な商業施設と同じ運命にある。肝心なことは、地域に根ざした住民が中心となり、新たな文化を創造するエネルギーのたまり場（＝界隈）を再生していくことである。やがて、こうした動きに呼応する外部の支援者（理解者）との関係が生まれてくることで、文化的な共有関係を構築できる場になるのである。それを、現象面でとらえれば、「観光地」として表現することができるが、あくまで、観光は、目的ではなく文化創造の結果である。

（2）　新たな文化の創造に向けて

西尾には、抹茶の生産における、強固な基盤があり、その実態を反映した形で地域ブランドにも認定された。これを契機に「西尾と言えば抹茶」というイメージを定着させる取組みが行われている。例えば、抹茶文化を育むまちとしての市民茶会や、抹茶街道ウォークラリーを含む「抹茶 de アートフェスタ！」などである。そして、中心部の町並みにおいても抹茶の文化を楽しむ場所も出てきている。こうして、抹茶が、消費者に近いところで〝文化〟として提供され、さらには町並みのなかで味わうことができるようになれば、新たな文化を創造するまちとして、来訪意欲を高めるはずである。

茶畑や製造現場は、歴史を感じる町並みを通り過ぎた一帯に広がっているが、こうした生産現場を背後に抱えつつ、それを文化として味わう「まちなか」の消費の場が一体となって、生活文化を発信し、消費者との交流のなかからまた新たな文化を創造する循環が生み出されれば、まちの魅力はさらに高まっていくであろう。

このように、産業と観光が結びつくことで、生産と消費の地域内循環の産み出すエネルギーが生まれ、地域外から人々を呼び込むことができるようになる。その結果、消費の場となる界隈においては、町並みや古い建物を生かした新たな生業が営まれるようになり、さらに多様な人々を惹き付けることができるだろう。

そのような仕組みをもつまちを、あえて〝小京都〟と呼ぶか否かは別として、それは多分に〝京都的〟なことである。

参考文献

池上惇（二〇〇三）『文化と固有価値の経済学』、岩波書店。

井上章一（二〇〇三）「洛外からの「ざまあみろ」」『考える人』新潮社。

井口貢編著（二〇〇八）『観光学への扉』学芸出版社。

河原温（二〇〇九）『都市の創造力』岩波書店。

西尾市（二〇〇八）『西尾市の統計』。

古池嘉和（二〇〇七）『観光地の賞味期限「暮らしと観光」の文化論』春風社。

林屋辰三郎（一九六二）『京都』岩波書店。

松井直樹編（二〇〇二）『西尾城下町ガイドブック』西尾市資料館。

山折哲雄（一九九九）『いまを生きる』淡交社。

鷲田清一（二〇〇七）『京都の平熱』講談社。

ジェイン・ジェイコブズ（一九六九）『アメリカ大都市の生と死』黒川紀章訳、鹿島出版会。

参考資料

西尾市観光協会（二〇〇五）西尾観光ガイドブック二〇〇五「にしお旅小町」。

西尾市観光協会（二〇〇八）西尾観光ガイドブック二〇〇八「にしお旅小町」。

全国京都会議「小京都と京都ゆかりのまち」（http://shokyoto.jp/）。

西尾市（二〇〇九）「広報にしお No. 1225」。

株式会社あいやＨＰ（http://matcha.co.jp）。

第一八章　関西のなかの京都——観光地ブランド京都の魅力

高橋　一夫

1　京阪神三都市のイメージ

関西の都市はそれぞれが固有の歴史をもっている。また、近距離にありながら同質化することなく発展をしてきている。そのなかでも京都、大阪、神戸は古より政治・経済の中心として、あるいは近代いち早く海外との窓口として港を開くなど強い影響力をもつ都市として繁栄をしてきた。近年では、政令指定都市としての規模と機能をもち、新幹線や空港などの交通インフラにも恵まれ、ヒト・モノ・情報の交流を活発に行い、関西における中核の都市として役割を果たしてきている。

関西の中核として歩んできた京都、大阪、神戸の三都市は、それぞれが都市としての固有の資源を活かしてその魅力を向上させてきたことで、観光客などのビジターの増加だけでなく、三都市の資源の相互利用を通じて互いの機能の補完をしてきたと考えられる。

この章では、三都市の都市イメージがそれぞれの市民、域外からのビジターにどうとらえられているかを確認し、三都市間の比較を通じて京都の観光地としてのブランドの魅力はどこにあるのか、今後そのブランドをどう管理し強化をしていくのかを検討する。

表18-1　アンケートの実施内容

	市民アンケート	ビジターアンケート
調査時期	1999年2月下旬～3月中旬	1999年3月上旬～下旬
調査目的	三都市の市民が自都市の魅力や資源をどのようにとらえているか，不足しているものをどう補うかなどを把握する。	ビジターが京阪神三都市の魅力や資源をどのようにとらえているかなどを把握することによる，域外からみや三都市の特性や交流の素材を抽出する。
調査対象	三都市の市民各300人　計900人	三都市への宿泊利用者各700人，計2,100人
調査方法	各市の男女年齢構成（5歳階級）に従い，無作為に設定した10調査地点ごとに，対象者30名を抽出し，調査員が調査票を留置・回収。	1998年にJTBの京都・滋賀・大阪・神戸の宿泊利用者の中から，各地方の人口比で抽出し，郵送により調査票を配布・回収。
回収状況	回収数900（100％）	回収数793（37.8％）

（出所）　JTB関西営業本部（1999b）。

（1）　アンケート調査の概要

京都、大阪、神戸の三市が共同で、各都市の市民と域外のビジターに対してアンケート調査を実施し、都市イメージや魅力となる資源は何かを抽出したデータがある（JTB関西営業本部、一九九九a）。この調査から、

①三都市が固有にもっている都市としての資源や魅力はなにか

②三都市のどのような魅力が域外からの集客に寄与しているか

③市民は自らが住んでいる市に対し、どういうイメージをもっているか。また、観光客などのビジターは三都市それぞれにどういうイメージをもっているか

がわかる。

アンケートの実施内容は表18-1のとおりである。

（2）　市民からみた三都市のイメージ

京阪神三都市のイメージをそれぞれの都市の市民がどう評価

図18-1　各市民から見た自市の都市イメージ

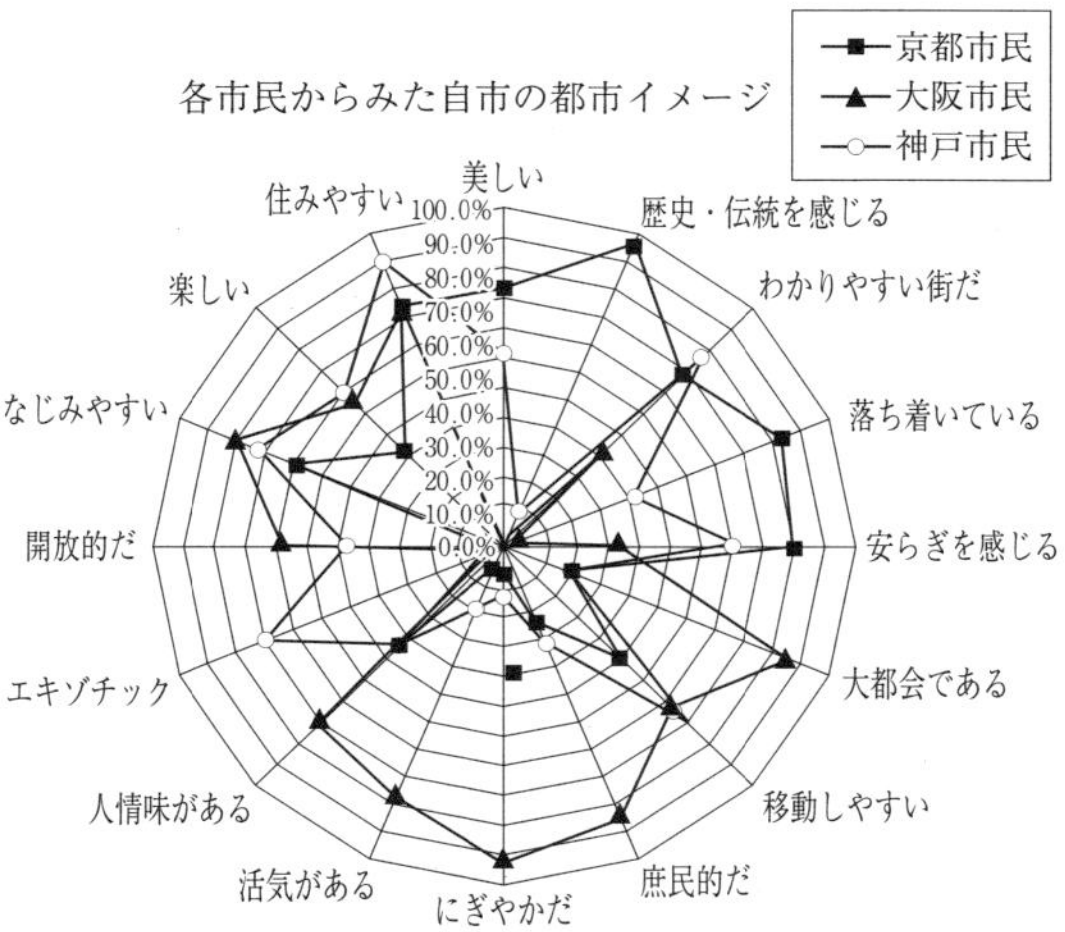

（出所）　JTB関西営業本部（1999b）。

しているのか、またほかの二市の市民がどう評価しているのかをアンケートにより比較している。

図18-1はそれぞれの市民が自市の都市イメージに何を感じているのかを聞いたもので、「そう思う」と回答した市民の比率をレーダーチャートに表したものである。これによると、京都市民は京都市に対し「美しい」「歴史・伝統を感じる」「落ち着いている」「安らぎを感じる」という点を高く評価しており、これらの項目は大阪や神戸の市民の自市評価と比べても京都市民の評価比率が高い。

一方、大阪は、「庶民的」で「人情味」があり、「賑やか」で「活気のある」「大都会」であると大阪市を評価する大阪市民が多く、いずれも八〇%近くあるいはそれ以上の率でそう思うと回答している。また、神戸市民は「わかりやすい街だ」「移動しやすい」「エキゾチック」「楽しい」などの評価をしている。

このアンケートでは二つの点で注目をしたいことがある。

①三都市の市民それぞれが高い評価をした項目は、各市ともに全く違ったものであり、三都市それぞれに違ったイメージをその都市の市民はもっている。関西という同じ地域の三都市ではあるが、似通ったイメージを市民がもつことはないことがわかる。市民が自分の住んでいる市に対してもつ都市イメージや魅力は、すなわち都市のアイデンティティにつながる要素であるといえよう。

②「なじみやすい」「住みやすい」の二項目については、いずれの市民も自市に対して高い評価を与えており、居住地への愛着を示している。地域ブランドのもつ価値のうち「住みたい価値」は、居住する市民それぞれが自市にあると考えていることがわかる。「住めば都」ということわざどおりの結果である。

（3）　ビジター及び他の二市の市民から見た三都市のイメージ

市民が自分の住んでいる市に対して持つ都市イメージや魅力は、都市のアイデンティティにつながる要素であるのに対し、他の都市の市民やビジターの持つ都市イメージや魅力は、訪問先のブランドイメージそのものである。**図18-2～4**は、前節の市民向けアンケートと同じ項目でビジターと他の二市の市民に、三都市のイメージについて質問をしたものをまとめたものである。

これらの質問の回答を図のようにレーダーチャートにして市民アンケートの結果とビジターおよび他市の市民の回答結果を比較すると、以下のことが分析される。

①京都市民は京都市に対し「美しい」「歴史・伝統を感じる」「落ち着いている」「安らぎを感じる」という項目を高く評価していたが、ビジター・他市の市民のうち六〇％以上がそう思うと回答をしたのは、「美しい」「歴史・伝統を感じる」「落ち着いている」である。また、全般的な傾向として市民アンケートとビジター・他市の市民アンケートは、ほぼ同じイメージの波形を示している。

②大阪市民は大阪市に対し「庶民的」で「人情味」があり、「賑やか」で「活気のある」「大都会」であるという項目を高く評価していたが、ビジター・他市の市民のうち六〇％以上がそう思うと回答をしたのは、「庶民的」「賑やか」「活気がある」「大都会」であり、「人情味」については大阪市民ほど評価をしていない。また、京都市と同

様に市民アンケートとビジター・他市の市民アンケートは、それぞれに開きはあるものの、ほぼ同じイメージの波形を示している。

③神戸市民は「わかりやすい街だ」「移動しやすい」「エキゾチック」「楽しい」という項目を評価していたが、ビジター・他市の市民のうち六〇％以上がそう思うと回答をしたのは、「エキゾチック」しかない。京都・大阪と違い、市民アンケートのレーダーチャートの波形とビジター・他市の市民のアンケートの波形は大きく違っていることがわかる。

図 18-2　京都，大阪，神戸市民及びビジターの京都市のイメージの比較

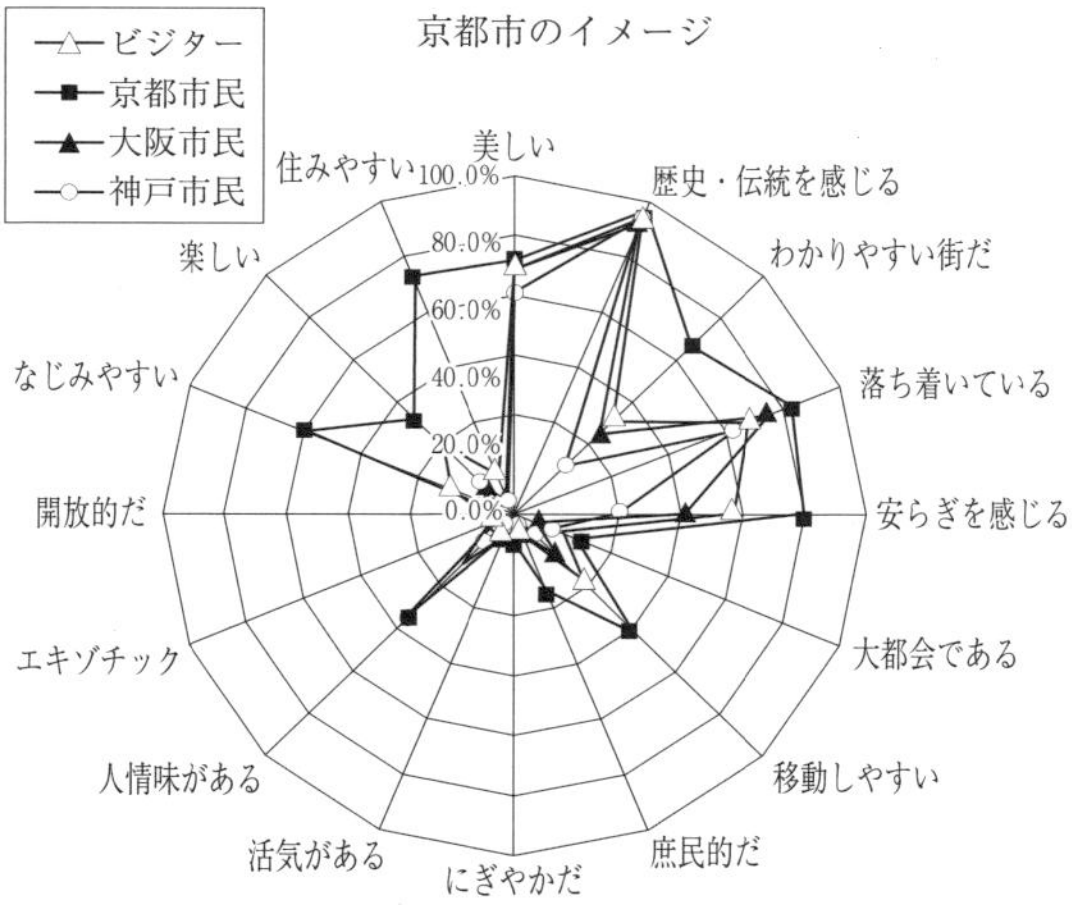

（出所）　JTB 関西営業本部（1999a）。

図 18-3　京都，大阪，神戸市民及びビジターの大阪市のイメージの比較

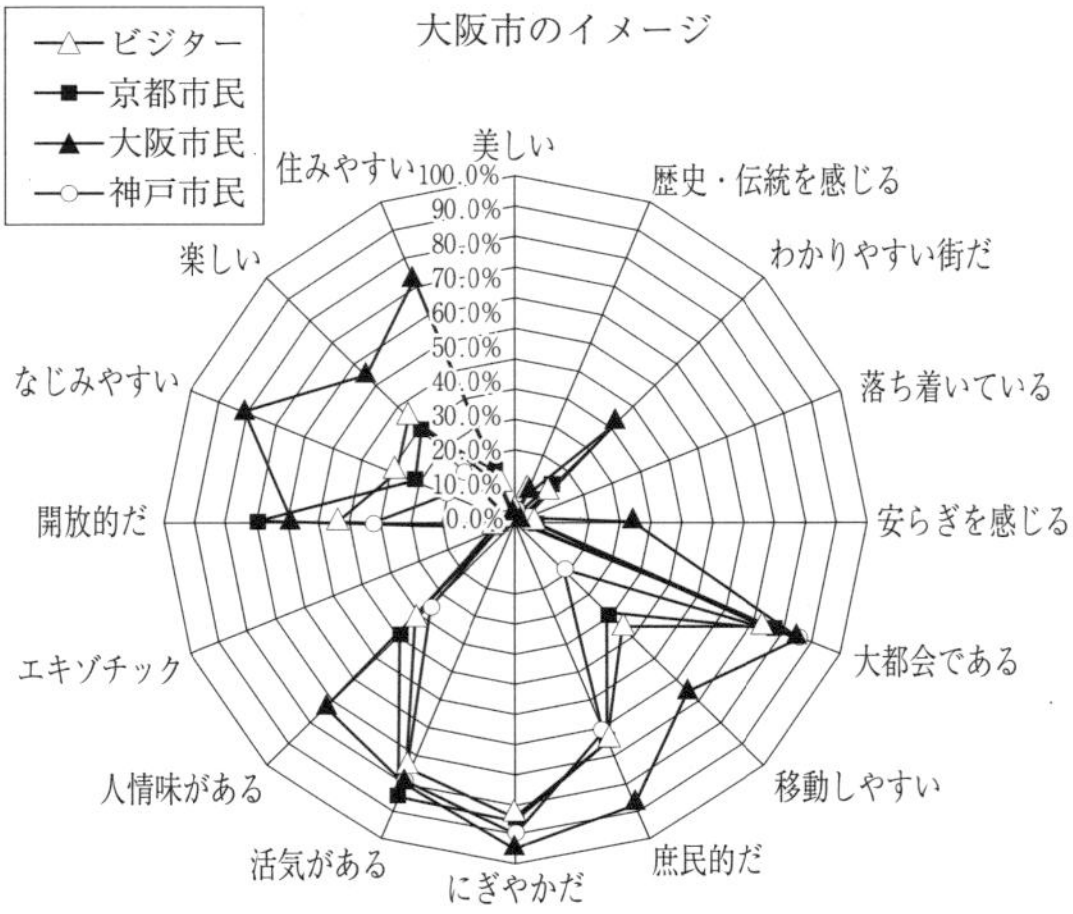

（出所）　JTB 関西営業本部（1999a）。

図 18-4　京都，大阪，神戸市民及びビジターの神戸市のイメージの比較

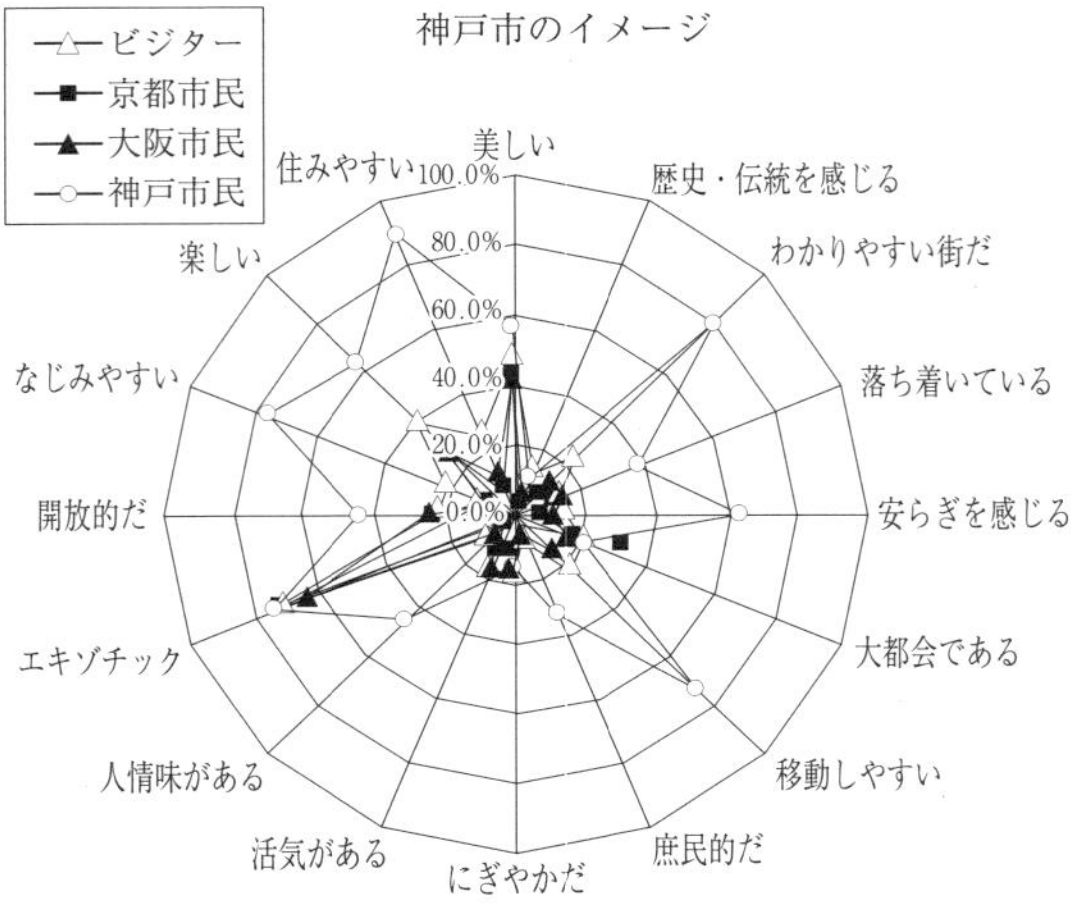

（出所）　JTB 関西営業本部（1999a）。

④「住みやすい」「なじみやすい」の居住地に関する項目は三都市とも市民の評価とビジター・他市の市民の評価は全く一致しない。自分が居住する市の方が住みやすいと考えている傾向が浮かんでくる。

（4）　三都市のイメージを支える資源の魅力

市民、他市の市民、ビジターへのアンケートを通じて、三都市のイメージは同じ関西地域にあっても全く一致することはなく、三市それぞれが独立したイメージを構築していることがわかった。この項では、それらのイメージを紡ぎだしている各市の資源は何かを確認する。

図18-5は、京都市の「美しい」「歴史・伝統を感じる」「落ち着いている」というイメージを生み出している資源について質問をした結果である。

京都市の魅力的な資源について、京都市民は「神社・仏閣、歴史的建造物」「祭・イベント」「伝統行事・伝統芸能」「伝統工芸」「自然景観や季節感」を高く評価しており、他市の市民やビジターも六〇％以上がそう思うと回答をしている。「博物館・美術館」「大学等の研究教育機関」への評価がそれらに続いており、他市の市民やビジターも同じ傾向である。京都市のイメージは歴史的資源や文化的資源が中心となって構築をされているといえる。

また、紙面の都合上、図は割愛するが、大阪市は「食事・グルメ」「盛り場」「百貨店などの商業施設」「ビジネスや企業の集積」に対する評価が市民・他市の市民・ビジターともに高く、大阪市のイメージは施設系、産業系の都市観光の要素が強く影響している。神戸市については、「ファッション」「国際性」「夜景」に対する評価が高い。三都市それぞれのイメージは、それぞれの市が有する魅力的な資源の裏づけがあってでき上がったものであり、市民・ビジターに認知や再生がされやすい魅力的な資源が、イメージの構築に大きな役割を果たしていることがうかがえる。

図 18－5　京都，大阪，神戸市民及びビジターの京都市の魅力ある資源調査

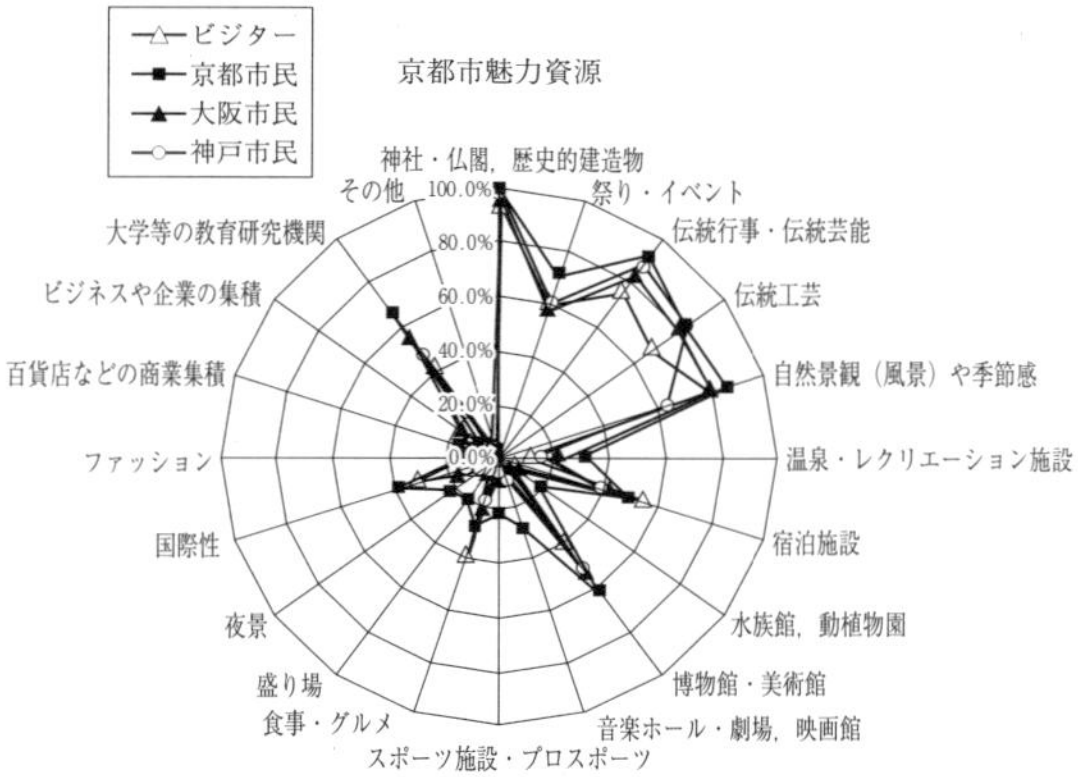

（出所）　JTB 関西営業本部（1999a）。

2　都市ブランドについて

観光において、消費者への便益の中心（商品の核）となるのはサービスであるが、サービスは生産と消費が同時に行われるという特質ゆえに事前評価のしづらい商品である。特定のサービスや観光地を消費者に優先的に選択をしてもらうようにするには、ブランドの構築は観光振興の有力な一つの戦略である。ここの節では、ブランドが如何に構築されるのかを概観する。

（1）　ブランドの構築

ブランドは、特定のサービスや商品にさまざまな内容とレベルの意味を与え、それを象徴するとともに、込められた意味を消費者に対して伝達するという機能をもっている。そして、ほかの

図18－6　ブランド構築の概念図

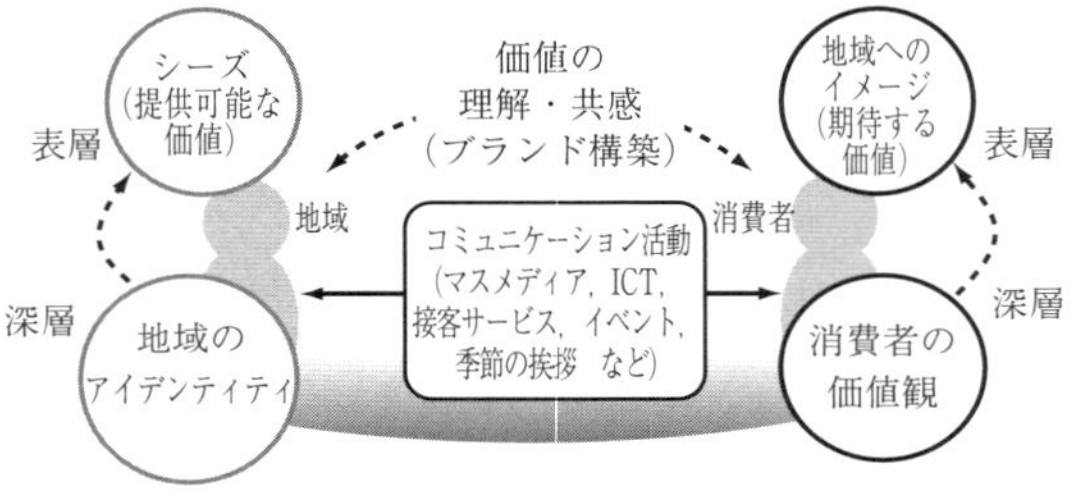

（出所）JTB コミュニケーション事業部と筆者により作成。

サービスや商品との違いを識別するだけでなく、消費者の頭のなかに一定の意味領域をつくりあげる。観光地の地域ブランドの場合、その地域と旅館などの観光関連事業者はブランドを通じて価値の提供を消費者に約束し、消費者はブランドを通じて価値の提供を地域や事業者に期待する。この価値の提供と期待が一致し、かつ、その継続的な提供が実施されるとき、地域・事業者と消費者との間である種の絆が形成され、それがブランド構築の第一歩となる（図18－6参照）。

都市イメージとはすなわち消費者の頭のなかに存在する都市ブランドの意味領域のことで、前述の地域ブランド構築のプロセスにおける消費者の期待する価値と置き換えることができる。

また、地域のシーズ（提供可能な価値）と消費者のイメージ（期待する価値）を合致させ、地域と消費者が互いに理解（価値の形成）・共感（価値の共有）するための永続的な関係づくり（ブランドの構築）には絶え間なきコミュニケーションを欠かすことはできない。地域のシーズ（提供可能な価値）と消費者のイメージ（期待する価値）はともに表層的なものであり、これらを形づくる深層の部分には「地域のアイデンティティ」と「消費者の価値観」が存在する。地域と消費者が真の理解と共感を形成するためにはこの深層の部分で両者のつながりを形成するための様々なコミュニケーション活動が重要になる。深層の部分としての地域のアイデンティティは地域の文化・風土・歴史などの固有価値をその礎として長い時間をかけてでき上がったものである。

地域が消費者との間で絆を創りあげ、地域に好意を寄せる存在となってもらうためには、

①表層的には、消費者の意識のなかに観光地としての地域や観光関連事業者のイメージを創造すること
②地域が地域アイデンティティを基にしたビジョン（その地域は近い将来何を実現しようとしているのか）を示し、これを変わらぬ地域の意志として約束すること
③消費者との間に良好なコミュニケーションをもち、消費者の期待を上回る満足感をもってもらえるように努めることで、深層面でのつながりを築くことが求められている。

（2）ブランドのマネジメント

地域や事業者の提供する価値が消費者の期待を満たせば、そこに「そうそう、こんなところに来たかったんだ」という「価値の理解と共感」＝「ブランド」が生まれる。「強いブランド」を創るには、地域と消費者の間に生まれる価値を永続的に維持・発展させ、深層面に至る関係づくりが重要であり、それこそがブランディング（ブランドの構築）であることを示した。

ブランドの本質は消費者との信頼関係にある。一度構築されたブランドへの信頼感を失わないようにしていくために必要なことは、

①継続的なクオリティコントロール
②市場への継続的な情報提供

表18－2　地域ブランドの目的と対象

	買いたい価値（モノ）	行きたい価値（観光）
目　的	• 商品への意味づけ • 提供する便益や価値の約束 • わかりやすい伝達	• 地域が提供できるサービスや付加価値の明確化・説明 • 地域イメージの伝達
対　象	• 商品（モノ），特産品 〈目に見えるもの〉	• 景観、サービス，歴史，アメニティ，イベント，施設，活動など 〈複合的で捉えにくい〉

（出所）　筆者作成。

の二点である。このうち、観光などサービスのブランドマネジメントにあたっては、クオリティコントロールが特に重視される。サービスはモノと違い、目にみえないものが商品であり、サービスのもつ特質として個々のサービス提供者の技量がサービス品質に直接影響がでたり、その時々において品質にばらつきが生じやすいため、業務全体のプロセスを管理することが求められるのである。

モノのブランドと比較して、観光の地域ブランドのマネジメントは、そのブランド価値の目的と対象が複合的でとらえにくく、ブランドにかかわる関係者もモノのブランドのように企業と消費者だけでなく地元行政や地元住民などにも及ぶことから、時間と手間のかかる作業が求められる（表18－2参照）。特に、ブランドの内部化作業が重要であり、地域のアイデンティティや観光資源をブランドに象徴させせブランドの関係者にわかりやすく、具体的な活動につながるように伝え、浸透させていく啓蒙活動が求められる。観光の地域ブランドは企業のブランディングと違い、地域の関係者が同じ思いを共有していることが不可欠である。長期にわたって取組み、地域の文化として定着するように努めなければならない。

3　京都ブランドの行きたい価値とその将来

観光の地域ブランドは、地元の価値を明確にして市場に向けて発信をし、消費者の期待するイメージに応えることによって構築されるものであることを論じた。

図18－2では、京都市に対するイメージを京都市民と大阪、神戸市民、京都への来訪経験のあるビジターに聞いた結果が示されている。京都市民のイメージは京都市が提供可能な価値として提示できるシーズであるといえ、ほかの二市の市民とビジターのイメージは京都市に期待する価値であるといえよう。このアンケートの結果を地域ブランドの構築、すなわち「京都への行きたい価値」の構築として分析をすると、京都市民が高い評価をしている「美しい」「歴史・伝統を感じる」「落ち着いている」「安らぎを感じる」という項目のうち、ビジター・他市の市民のうち六〇％以上がそう思うと評価をしているのは、「美しい」「歴史・伝統を感じる」「落ち着いている」の三項目である。これら三項目が、地元と他市の市民・ビジターによって価値の理解と共感を得ているものだと考えられる。

（1）強みを活かす

京阪神の三都市は、それぞれが全く違う価値をもち合っていることは、第一節で明らかになっている。京都市は「美しい」「歴史・伝統を感じる」「落ち着いている」という価値が他の二市と比べて格段に高い。地域ブランドの強さは、ほかの都市との比較や競争のなかで見極められるものであり、これら三つの価値は京都市の大きな強みであると考えてよい。これらの価値にさらに磨きをかけ、「京都らしさ」「京都ならでは」の資源である「神社・仏閣、歴史的建造物」「祭・イベント」「伝統行事・伝統芸能」「伝統工芸」「自然景観や季節感」（図18－5参照）を継承、発展させることが、関西のなかの京都がより引き立ち、ブランド・アイデンティティを際立たせていくことができるのではないかと思われる。旅行先の選定では、消費者のライフスタイルや価値観がよく反映される。つまり旅行先のもつ特性がはっきりしていることが、消費者の選択にあたって期待を呼び起こし、わかりやすい効果を表すのである。

「美しい」「歴史・伝統を感じる」「落ち着いている」という「古都」のイメージは、川端康成や谷崎潤一郎をはじめとする各種の小説の舞台としての紹介や京都タワーや京都ホテル改装にあたっての数回の景観論争を経て、京都市民だけでなく外からのビジターにも強く固定化されたという指摘もある（野田浩資他　二〇〇五年）。このイメージを京都の強みとして、さらに磨き上げをしていくことが、京都ブランドの強化につながるといえよう。

（2）ブランド価値の継続と鮮度

京都の「古都」につながる固定化されたイメージは、短期的には観光集客への強みを発揮することは間違いない。しかし、先人の作り上げた価値や伝統、過去の実績に依存することなく、将来に向けた価値継続のための努力をすることも必要であろう。ブランドの魅力に磨きをかけるためには、ブランドがもつ本来の価値にその時代の鮮度が加味されていることが必要である。

一方で、京都ブランドに時代の鮮度という価値を加えるにあたり注意をすることがある。京都は「古都」という固定的なイメージがあるブランドであるため、「賑やか」で「活気のある」大阪のもつ価値や「エキゾチック」な神戸のもつ価値をもたせるようなことは、従来のブランド資産を活かしたブランド戦略とはかけ離れたものになる。例えば、ボールペンメーカーの「ビック」がパンティストッキングを同一ブランドの拡張で販売をしてうまくいかなかったのは、消費者が「ビック」のブランドイメージにもつ価値とパンティストッキングという商品の結びつきにおいて、頭のなかの意味領域で一致しなかったからである。京都のもつ深い価値を理解し、さらに将来に向けてその価値の強化につながるものでなければならない。「京都」ブランドから無理なく連想ができ、ブランドに鮮度と魅力を与える新しい価値とは何かということである。

京都市は二〇〇六（平成一八）年一月に「新京都市観光振興推進計画」を策定し、年間入洛客数の五〇〇〇万人を実現するための行動計画を取りまとめた。この目標を否定するつもりはないが、実現にあたって注意をすべきことは、観光振興におけるマイナスのインパクトにも目を向けておくことである。観光客の大幅な増加に伴う渋滞、自然環境や文化遺産への負荷、ゴミや汚水処理コストの増加、さらに観光をビジネスとする企業が無秩序に増えることによって、京都の「美しい」「歴史・伝統を感じる」「落ち着いている」という景観・雰囲気などの要素に影響を与え、ブランド価値を損なう可能性が無視できないということである。

新しい価値の一つの例として、京都は一九九七（平成九）年一二月にCOP3（地球温暖化防止京都会議）が開催され、京都議定書が採択された都市であるということに着目したい。現世代の「古都」のイメージに対する期待に応えつつも、将来の世代に向けて温室効果ガス削減への積極的な関与を先進国に求めた京都議定書を採択・発信した京都にふさわしい価値は「観光都市としての持続可能性（サスティナビリティ）」ではないだろうか。観光都市の持続可能性は、京都の数ある資源が現世代の旅行者のベネフィットや地域の経済活動に寄与するだけでなく、現世代と子孫にわたる観光都市京都の有り様を市民が議論するきっかけを提供する。持続可能性への積極的な取組みは、京都ブランドの鮮度を高め今後の新たな価値を創造するきっかけとなり、観光都市京都としての資質を示すことになるのではないだろうか。

（3）今後の課題

京都の価値は、京都市民内部からも大阪・神戸の市民、観光に訪れるビジターからも「美しい」「歴史・伝統を感じる」「落ち着いている」というものであった。この価値は関西のなかにあって、大阪や神戸の価値とは全く違う独自のものであった。この価値を磨き、伸ばしていくことが市民内部からも外部からも求められている。

しかしながら、昨今の京都には、観光客の人出が特に多い地区で京都とのゆかりのないキャラクターショップが店を構えるなど、ブランド価値の観点からすれば、長期的にマイナスではないかと思われる事象も目につく。また、前項で指摘した大量の観光客の来訪によるさまざまなマイナスのインパクトも同居する。これらの課題への対応とともに、京都のツーリズム供給の質の向上に挑み、ビジターの満足度を高めることが、関西における独自の位置を確保し持続可能性の高い文化観光都市へと一層の飛躍につながることとなるであろう。

参考文献

青木幸弘、小川孔輔、亀井昭弘、田中洋編著（一九九七）『最新ブランド・マネジメント体系』日経広告研究所。

青木幸弘・電通ブランドプロジェクトチーム（一九九九）『ブランド・ビルディングの時代』電通。

池上惇（一九九一）『文化経済学のすすめ』丸善ライブラリー。

井口和起、上田純一、野田浩資、宗田好史（二〇〇五）『京都観光学のススメ』人文書院。

ＪＴＢ関西営業本部（一九九九ａ）『京都市・大阪市・神戸市委託調査　京阪神三都市の連携に向けたアンケート調査報告書』。

ＪＴＢ関西営業本部（一九九九ｂ）『京都市・大阪市・神戸市委託調査　京阪神三都市における交流ネットワーク調査』。

博報堂地ブランドプロジェクト（二〇〇六）『地ブランド』弘文堂。

増田辰良（二〇〇〇）『観光の文化経済学』芙蓉書房出版。

メランドリ、ジュバンナ著（二〇〇七）『文化・景観・ツーリズム〜イタリア観光再生計画の現在』八木真紀子訳、シーライトパブリッシング。

宗田好史（二〇〇九）『町家再生の論理』学芸出版社。

第一九章　憧れとしての「らしさ観光」
——ディスカバージャパン、そして「そうだ京都、行こう。」

井口　貢

「絵葉書だけでわかったつもりになられると寂しい。京都が言っています。考えてみれば、一二〇〇年もかけてできた秋のなかに居る。年季の入った風景ってわけですね。」（淡交社編集局、二〇〇四、八頁）

1　憧憬と畏怖

本章を含むⅣ部の表題の一部に、「憧憬と畏怖」と記した。私事となるが少しご寛恕いただきたい。筆者は滋賀県に生まれ育った。しかも、いわゆる湖北と湖東の境界線ともいうべき米原市（旧、米原町）であったため、同じ滋賀といっても、県都大津市からのまなざしと比して、京都というまちは地理的にはもちろんのこと、心象面からみても一定の距離感があったに違いないことは、おそらく否定できない。正確なデータをとったわけではないが、大津エリアと米原以北の湖北地域をローカル紙の購読率で比較したとき、前者は京都新聞のシェアが高く、後者は圧倒的に中日新聞が優位に立っている（滋賀県の地元紙は、残念ながら今はない）。そのご多分にもれず、筆者は子どものころ、中日新聞を読んで育ったが、同じ地元の小学校に通学する友人たちに聞いてもそのほとんどの家庭が、中日新聞を購読していたという印象が強い。そして、米原以北（ＪＲでいえば北陸線）・以東（同様に、東海道線）に住む人たちにとって、少し贅沢な買い物をしたいときは、京都ではなく大垣、岐阜そして名古屋という選択肢が、おそらく何の抵抗もなく存在していた。

ある種の記憶というものは、たぶん一定デフォルメされるものなので極論になるかもしれないが、小学校時代のクラスメートの家庭で、京都新聞を購読し、「ハレの日京都」だったのは一人・一軒しか覚えていない。彼の父親は開業医であり、旧制第三高等学校から京都帝国大学に進むという華々しい経歴の持ち主であったので、周囲では誰もが別格だと思っていたに違いない。

筆者が小学生のころというのは、モータリゼーションの時代が進化するときでもあったので、車で出かけやすい大垣や岐阜というのは格好の場でもあったのだ（ただ、古くより湖北と西濃は交流があったようだ）。その後、隣まちである彦根市内の高校に通うようになったとき、彦根以西の級友たちの家庭は、中日新聞の購読率が極めて低いことを知り、彼らのハレの日の遊びの場が、大垣・岐阜・名古屋では決してなく（そして、大津でもなく）、京都であるということも併せ知ることとなる。

一種のカルチャーショックに打たれたともいえるそのときに、えもいわれぬコンプレックスにも似た複雑な感情を抱いたことを記憶している。間接的な京都コンプレックスかもしれない。そしてさらに、考えてみると彼ら自身も京都に対しては、強い憧れと併せてコンプレックスにも似た感情で臨んでいるのではないかと思うようになった。彼らの言葉の端々に、「そんなことしていたら、京都では馬鹿にされる……」「滋賀県の人間は、京都の大学では京都出身者に馬鹿にされる……」といったニュアンスを含むものに、しばしば出会ったからだ。

中日新聞と「ハレの日名古屋」という生活環境のなかで育った者としては、実のところよきにつけ悪しきにつけ、あまり京都を強く意識することはなかったのであるが、京都を媒介にコンプレックスを抱いた相手が、実は京都にコンプレックスを抱いていた、というのが一人の滋賀県人の京都に対する「憧憬と畏怖」の原体験となった。そしてそれは、近くて遠いとアンビヴァレントなまち京都に対する、アンビヴァレントな感情であった。

2 「らしさ」と「まなざし」

(1)「らしさ」を求めるということ

「京都らしさ」という言葉がよく使われる。確かに、「金沢らしさ」や「鎌倉らしさ」といった表現が、いわゆる観光地においてはしばしば採られることを私たちは知っている。また、「名古屋らしい」とか「大阪らしい」という表現などにおいては、しばしばその独特の土地柄や気質に対して使用されている。

しかし「京都らしさ」という一語は、京都の本物の固有価値をもった文化資源（神社仏閣から祭礼、風習、しきたりに至るまで）のみならず、装われたそれ（例えば「京風懐石料理」やフェイクな京土産などの類）に対しても、あるいは「京のぶぶ漬け」が象徴する婉曲的ではあるが排他的な気質（それが正鵠を得たものか否かは別として）もまた「京都らしさ」で語られることが少なくない。もちろん、ホスピタリティ溢れる京のおもてなしを、「京都らしい」と呼んだときに、異を唱える人もいないだろう。

京都における「らしさ」とは、ほかのまちのそれとは微妙に違い、良いも悪いも、酸いも甘いも嚙み分けた全方位的な隠喩の構造をなしている。もちろんその対象は、ハードウエアからソフト、ヒューマンに至るまでの三つのウエアに及んでいる。

そしてさらに興味深いことは、「らしさ」をめぐる価値観が時として、経年変化のなかで変容し得るということだ。その典型は、京都タワー（図19-1）かもしれない。

一九六四（昭和三九）年一二月二八日、京都駅前に一三一m（当時の京都市の人口一三一万人にちなむ）の鉄塔が聳

図19-1　京都タワー

（出所）　筆者撮影。

え立った。時あたかも、高度経済成長の真っただなか、重厚長大な時代の風を象徴するような「展望タワー」が都市の顔のごとく建設されるブームが起きていた（東京タワー、一九五八年。横浜マリンタワー、一九六一年など）。当時構想段階から、当然のごとく、京都の景観を壊すものであるとして、学者や文化人、市民らによって結成された「京都を愛する会」などが中心となって、激しい反対運動が展開された。京都の政財界は、京都の観光拠点をつくるということで積極的に推進に向けて動いたため、世論は二分した（第一次景観論争）。反対派は、「らしくない」ことを訴え、推進派は苦心の末「らしさ」を通して乗り切ろうとしたのである。海のない京都を照らす灯台として、京都タワーは建設された（詳しくは京都タワーの公式ホームページHttp://www.kyoto-tower/tower/index.html 参照。巻間では、燈明台をモチーフにしているという声があったが、これもまた、京都「らしさ」を求めてのことなのかもしれない）。また、建築法規上は建築物としてではなく、屋外広告物として処理された。そして、この手法が、反対運動をより激化させたという。

今ではどうだろう。心ある市民はともかくとして、観光客のなかには、JR京都駅に降り立ったとき、それを睥睨するようにして屹立するあまりに巨大な広告物に対しても、燈明台がイメージされ、あたかも東本願寺と空間を共有するかのようなロケーションのなかであるがゆえに、京都に来た実感とともに「京都らしさ」を感じる人は少なくないに違いない（後述するが、「まなざし」の差異と齟齬の存在）。そしてとりわけ、観光客や外部からの来訪者に「らしさ」を感じさせてしまう理由の一つが、観光客でも心ある市民でもない第三者的要因の存在である。例えば、さまざまなメディア。SF手法の映画や小説のなかで、京都が崩壊するとき、必ずといっていいほど神社仏閣ではなく京都タワーの倒壊がその象徴的シーンとして選択されている（『ゴジラ対メカゴジラ』、『日本沈没』など）。

あるいは、いわゆる「ゆるキャラブーム」の走りとなった「たわわちゃん」のイメージキャラクター化もその一つといえなくはない（二〇〇四年〜）。

サブリミナル効果にも似た形で、京都タワーのイメージは観光客に対して「京都らしさ」の象徴として刷り込まれてきたということは否定できないと思われる。そしてこれと同様の経過は、一九九七（平成九）年に開業したJR京都駅ビルにも妥当していく可能性は、決して低くはないのではないだろうか。

（2）自生し増殖する「まなざし」

観光を論じる際、「まなざし」という言葉を使用するときに、真っ先に連想されるのが、ジョン・アーリの労作『観光のまなざし　現代社会におけるレジャーと旅行』ではないだろうか。この著作は、観光研究に大きな一石を投じ、観光学の発展に多大な役割を果たした。そしてそれと同時に、さまざまな問題点も指摘されてきた。その学説史的評価を論じる紙幅の余裕はここにはないし、またそれは、この章の主旨でもない。今では、多くの文献も存在するのでそれらを参照していただきたいと思う（遠藤・堀野、二〇〇四）など。

ただ最低限度記しておきたい。アーリがこの著作を著すにあたって、ミシェル・フーコーの医学的まなざし論から多大な影響を受けたことは、あまりに有名であり、アーリ自身もそのことははっきりと冒頭に記している（ミシェル・フーコー『臨床医学の誕生』神谷美恵子訳、みすず書房、一九八八年）。

アーリはこの自らの著作を「ある意味では必然性のない財とかサービスを消費することについての本」と呼び、「これが観光のまなざしだというようなものがあるわけではない」という（アーリ、一九九五、一〜二頁）。これだけを読めば、何かいきなり期待を裏切られたような感を受けるかも知れない。

しかしその直後では、「まなざし」が形成される要因を「差異」によるものと断じ、「社会的行為や社会的記号のシステムを前提にする」（アーリ、一九九五、三頁）といい、観光行動を重要な社会的現象としてとらえ分析を展開している。

彼が考える「まなざし」が向かう場所とは、「賃労働とは直接結びつかない対象で、通常、労働（賃労働でも無報酬の労働でも）と明確に対比されるようなもの」であり、ある場所が選ばれる理由は「夢想とか空想を通して、自分が習慣的に取り囲まれているものとは異なった尺度あるいは異なった意味を伴うようなものへの強烈な楽しみの期待」であり、「このような期待は映画とかテレビとか文学とか雑誌とかレコードやビデオなどの非観光的な活動によって作り上げられ支えられているが、これこそこのまなざしを作り強化している」（アーリ、一九九五、五頁）と指摘している。そして、こうして形成される観光のまなざしは、「人々の日常体験から区分されるような風景や町並みの様相へと向けられ」、「記号を通して構築される。そして観光とは記号の集積である」（アーリ、一九九五、六頁）と結論付けている。

ひとりの観光客にとっての、非日常的空間（来訪するまち、してみたいまち）に記号として集積される有形・無形の対象物が観光のまなざしをつくりあげるというわけだ。そしてその人にとっての日常的空間（住まうまち）には、その人の観光のまなざしは形成されないということになる。議論の余地がないわけではない。しかし、記号の集積がまなざしをつくるという指摘、また、まなざしを強化する要因についての記述も興味深い。

ただし、記号には自己増殖しあるいは自生するものもある。そしてそれらのなかには、本質とはかけ離れたものやフェイクなものを生みだす余地もあるに違いない。そしてそこにおいては、まなざしを強化する要因が過剰に働いたり、あるいはあたかも確信犯のように、本質から真正性を遠ざけるかのような演出が施されているのではないだろうか。「京都観光のまなざし」を問うとき、再考しなければならないテーマである。

（3）「らしさ観光」と「観光のまなざし」

実は「らしさ」とは、「まなざし」と大きな関係性をもつのではないかと思われてならない。観光のまなざし、とりわけ「京都観光のまなざし」は、「らしさ」を求める観光に収斂していき、やがてはゲストのみならず、それに応えようとするホストも結局は「らしさ観光」に呪縛されていく。そしてその呪縛に掛からなかったゲストは憧憬と畏怖の狭間でたゆたい、呪縛に掛からずに〝狭義〟のホストであることを拒絶する京の人こそが、本当の意味での京都を、その良さも欠点も含めて熟知しているというのは、いい過ぎだろうか。

呪縛されたゲストは、当然のごとくリピーターとして「らしさ観光」を重ね、京都への憧れの度数を高めていく。そのこと自体は決して悪いことではないし、咎められたり責められたりするものでもないだろう。リピーターにおいて、回を重ねるたびに濃くなりかつ新たな好奇心を生みだすことになる京都観光が与える効果は、京都の日常に身を置くということで体験できる非日常的体験が、至福の癒しを与えているに違いないし、そのことが観光の功徳の一つでもあるとしばしば指摘される、心の健康の向上に何らかの形で寄与しているのであろう。

ちなみに付記すれば、〝狭義〟のホストとは、例えば誤解を恐れずにいえば、「観光客にいかにしてお金を落とさせるか」というフレーズが念頭から離れないような人たちはそれに当たるのではないだろうか。

そして「らしさ観光」を求める善良な人々への共感を忘れ利用だけしようとする、このような人たちこそが、その責任を問われなければならないということではないだろうかと常々筆者は思っている。アーリの言葉を借りるならば、「集合的まなざしとロマン主義的まなざし」の葛藤は、京都のようなまちにおいてこそ、典型的に生起し易いのではないだろうか。

そのことともかかわっていくことであるが、観光行動には現代社会の相当数の人々が関与していると考えるアーリは（筆者も同感であり、それが健全に機能するためには、観光とはある意味で「第六次産業」的営為であるという共感が人々の間になくてはならないと思う）、「観光客のまなざしの大衆的性格（「旅」のもつ個人的性格とは反対）に対処するために、これに応じられる社会化された新しい形態が発展してきた」（アーリ、一九九五、五頁）。というが、それはまさにこのような現実のなかで生起してくるのである。

3　「まなざしに応じる」システム

（1）イメージの創出と醱酵

直前に引いたアーリの指摘の典型的な例は、やはり少し前に引用したアーリの「映画とかテレビとか文学とか雑誌とかレコードやビデオなどの非観光的な活動によって作り上げられ」という部分に先ずは思いが至る。川端康成の『古都』、あるいは谷崎潤一郎の『陰翳礼讃』への感動が今までどれだけ多くの人々の京都に対する憧憬や畏怖、そしてまなざしを形成するうえで寄与してきたことだろうか。現代の若い観光客にとっては、それが森見登見彦の『夜は短し歩けよ乙女』や万城目学の『鴨川ホルモー』に媒介は代わったとしても、「らしさ」や「まなざし」が創出されることの本質は変わらない。

また今日、書店の雑誌コーナーは「京都本」が山積みされているし、書籍のコーナーに少し広めの「京都本」の席が設けられているところも少なくない。

一九八五（昭和六〇）年五月に京都市と㈳京都市観光協会が中心となって発足させた「全国京都会議」というネットワークも、「小京都」という言辞に市民権を与え、京都のイメージの普及と醸成に少なからず貢献をしてきた。

現在このネットワークは㈳京都市観光協会に事務局が置かれ、京都を含む全国五〇市町がこれに加盟している（二〇〇九（平成二〇）年二月二〇日現在）。ちなみに北は弘前（青森県）から南は知覧（鹿児島県南九州市）にまで分布している。本書で採りあげた西尾（愛知県）もその一つである。また、加盟こそしていないが、そして自称・他称を含めて「小京都」と呼ばれたことのあるわが国のまちは、一〇〇を超えるといわれている。まさに身近なエリアの「小京都」を媒介に、ときとして人々は「本物の京都」に対する憧れやまなざしを醸酵させることができるシステムなのだ。

ちなみにこのネットワークに加盟するための条件は、決してそれほど高い壁があるわけでなく、次の三点のうち一つでも当てはまればよいということになっている。なお、「京都らしさ」という言葉が入っていることは、とても興味深いのではないだろうか。

①歴史的にも京都文化の影響を受けているという文化性。
②京都の自然景観、町並み、たたずまいなど地理的条件の類似性・近似性という風土性。
③伝統的な地場産業・芸能などの「京都らしさ」の存在。

さてこのネットワークの発足は、上述のように一九八五（昭和六〇）年ではあるが、「小京都」のイメージの生成と、その醸成に基づく「京都観光のまなざし」の一定の固定化の発端は、アーリのいう「レコード」の存在と、システムとしてのキャンペーンの相乗効果によるところも大きいのではないだろうか。

るものは何だろうか。

（2）レコードとキャンペーンの相乗効果

ここでいう、レコードとは歌謡曲をさす。京都を歌った歌謡曲は数多くあるが、読者の皆さんが一番に連想されるものは何だろうか。

キャンペーンとの相乗効果という視点で考えるとき、筆者がまず想起するのは、戦後の国内旅行の振興のために展開された一大キャンペーン、「ディスカバー・ジャパンキャンペーン」（以下、ディスカバー）との〝関連〟のそれである。これは、一九七〇（昭和四五）年一〇月より、旧国鉄が大手広告代理店の電通とタッグを組んで展開したものである。同年に大阪で開催された万国博覧会、ポスト万博の夢を乗せて、国内の各地に観光客を誘致しようとしたものであり、その後多様に展開される「官民一体」の観光キャンペーンの嚆矢となった。実はこの年、日本交通公社は国内パッケージツアー「エース」を発表している。

さて直前で、〝関連〟のそれという表現を採った。それとは、「女ひとり」（作詞：永六輔、作曲：いずみたく、唄：デューク・エイセス）という楽曲である。この作品は、ディスカバーとは双方のつくり手たちとの間で何ら戦略上の連携や関連性があるわけではない。しかし、一九六五（昭和四〇）年より五ヶ年計画で始まる「永・いずみコンビ制作、そしてデューク・エイセス歌唱」の「にほんのうた」（ママ）シリーズは全都道府県一曲ずつによって構成され、巧まずしてディスカバーの前奏曲となった。「女ひとり」は、同年の作品であり、シリーズの嚆矢となった。あるいは、シリーズの嚆矢に京都が選択されたといってもよいだろう（正確にいうと、第二作目に当たるが）。

一九六五年前後のわが国の観光をめぐる状況は、（図19－2）のごとくであり、インフラ（ハード）も制度や商品としての観光（ソフト）も、大衆観光の時代の途に就いた、しかも華々しく、という場面を迎えていたのである。

それから数年後の一九七一（昭和四六）年に、宝塚音楽学校を首席で卒業するという経歴をもち、アイドル歌手に転じた小柳ルミ子デビュー曲「わたしの城下町」（作詞：安井かずみ、作曲：平尾昌晃）が大ヒットとなる。まさに、

図 19－2　観光年表（一部）

年	関連する主な出来事	法，条例，インフラ整備，政策など	旅行・観光・観光業に関する動き
1962	•ベトナム戦争（1960～75）にアメリカ参戦	•全国総合開発計画（全総）	•国民休暇村第 1 号大山完成
1963		•観光基本法公布 •総理府に「観光政策審議会」設置	•東京ヒルトンホテル開業
1964	•第18回オリンピック東京大会開催 •MF8 条国への移行	•海外観光渡航を制限付自由化 •東海道新幹線（東京～新大阪間）営業開始 •九州横断「やまなみハイウェイ」開通 •日本航空協定改定交渉開始	•国鉄による高速バス名神高速線運行開始 •スイス航空「プッシュボタン」 •特殊法人「国際観光振興会」，社団法人「日本観光協会」設立 •総理府「第 1 回観光白書」発表
1965	•いざなぎ景気（～1970）	•名神高速道路全線開通 •日本航空の世界一周路線実現 •国際観光地・国際観光ルートの整備方針決定 •古都保存法公布	•海外旅行パッケージツアー日本航空「ジャルパック」発売開始 •アリタリア航空「スペシャルインタレスツアー」 •パンアメリカン航空「パンナム，ホリデーツアー」 •明治村開業 •「第 1 回観光週間」実施 •この頃よりレジャー開発ブーム（～1975），別荘地の開発も始まる •「東アジア観光協会」（EATA）設立
1967	•マイカー1000万台。マイカーによる家族旅行の普及	•近畿日本ツーリストコンピューター旅館予約システム稼働 •国連「国際観光年」	
1968	•小笠原諸島が日本に返還される	•新都市計画法公布	•日本交通社，パッケージツアー「ミニ」「ハニー」を発表→後に個人向け海外企画旅行は「ルック」に統一 •日本ナショナルトラスト（観光資源保護財団）発足

（出所）　井口貢編（2008）

ディスカバー開始の一年後であり、このキャンペーンのイメージソングのような役割を果たし、小京都ブームをも牽引した。

「女ひとり」と「わたしの城下町」の狭間で産声を上げたのが、『アンアン』（一九七〇年〔昭和四五〕創刊、平凡出版社・現在マガジンハウス）と『ノンノ』（一九七一〔昭和四六〕年創刊、集英社）という女性誌であった。ともに、ハイティーンから二〇代前半を対象に、ファッションやファッションとしての旅を提案し、京都と地方に点在する京都を彷彿とさせる古い小さなまちを掘り起こし紹介した。それはディスカバーとマッチするとともに、若い女性たちの心のなかに、独り旅であっても、情趣に溢れ安心安全なまちとして刻印された。「アンノン族」はこうして誕生したのである。

この間に、歌謡曲の世界は競うようにして京都を唄ったのである。

例えば、「京都の恋」。これは、親日派のアメリカ人によるエレキバンド、ベンチャーズの楽曲に林春生が詞を付け、京都出身の渚ゆう子が唄ってヒットした。一九七〇（昭和四五）年のオリコン年間第一〇位という記録も残したこの曲の原題は、〝Kyoto Doll〟であり、文字通り親日家たちによる京都イメージが表現されたものであった。この曲に惹かれ、あるいは疑似体験を求め憧れ、京都観光を愉しんだ「アンノン族」は少なくなかったに違いない。

（3）美化されるイメージ

往々にしてこうした相乗効果は、失恋すら美化してしまう。まちに癒しのイメージが伴うせいか、とりわけ京都においてはそれが顕著であるような気がしてならない。それが、「東京砂漠」との差異の一つだろうか。「集合的まなざし」と「ロマン主義的まなざし」の〝齟齬〟が存在するとしたら、失恋の美化においてもそれと通底する部分があるに違いない。

漫画家でありエッセイストでもある柴門ふみが興味深い指摘をしている。「女ひとり」の作品の舞台を疑似体験した彼女はこういう。「高山寺は、……(略)……その石だたみもハンパではない。急勾配で延々と続く心臓破りの石段なのだ。大島つむぎにつづれの帯で登るなんて、絶対無理である。……(略)……今回実際に体験してみてわかった。あの衣装であの場所を一日でめぐるのは無理というもの」(柴門、二〇〇九、二七〜三〇頁)。

一言で断じきることは乱暴ではあるが、〝齟齬〟が生じる一つの事例を彼女は確かに表現しているのではないだろうか。イメージが増幅されていけばいくほど、両者の〝齟齬〟は乖離の度を増していくのである。

昨今の観光をめぐる文脈のなかでしばしば使用される用語に、「着地型観光」と呼ばれるものがあるが、それは「発地型観光」に対する概念であり、過剰な演出やイメージの創出を排して、ホンモノの地域をみてもらおうという意図を含む。これは、マス・ツーリズムからオールタナティブ・ツーリズムへという、観光をめぐる価値観の大きな移行と歩調を合わせるようにして導出された概念でもある。ディスカバーは、時代の制約のなかやむをえないものであったが、「発地型観光」の申し子でもあったのである。

(4)　そして、「そうだ、京都行こう。」

ディスカバーの時代から、いきなり近年の動きになることをお許しいただきたい。一九九二(平成四)年に東海道新幹線・のぞみ号が運行を開始し、その翌年の秋よりJR東海によるシリーズ広告となる「そうだ、京都行こう」の放映が開始された。制作にあたった広告代理店は、ディスカバーと同じ電通である。ディスカバーが、広く小京都を対象にしていたのに対して、こちらは京都のみが舞台であり、長寿広告として今日に至るまで続いている。平安遷都一二〇〇年を翌年に控えていたという時代環境と、開設まもないのぞみ号の乗客数を増大化したいJR東海の思惑などが交錯しながら相乗効果をもたらせたことは想像に難くないが、現在の京都ブーム過熱の導火線となったことも否定できない。

この広告の特徴は、ある意味で「もうひとつの京都、オルタナティブな京都観光」の発見がテーマとなっており、暮らすように旅する日常の京都に力点が置かれている。マス型観光からの脱却という、時代の風潮も反映されているが、もともとリピーターの多い京都の観光客にとって、新たな魅力とイメージの醸成、そして季節に応じたさらなる再訪に誘うに、余りある役割を演じたのではないだろうか。ただ本質的には、旧態依然とした「発地型観光」がベースにあるが、それは関東・東京方面からのぞみ号に乗せて、京阪神に誘客したいというJR東海の作品であることのご愛嬌だろう。蛇足ながら、この作品としての広告が興味深い一つの点は、スタート時より一貫してナレーションに俳優の長塚京三を起用している点だ。メディアによる「理想の上司像」ランキングの上位常連の長塚の語りは、何故か癒されるものがあるのだろうか、あるいは有給を取ってでも京都へ行きたいと思わせるのだろうか（長塚課長なら、有給による京都行きに目をつぶってくれるに違いない……？）。

一点望むことがあるとすれば、「集合的まなざし」と「ロマン主義的まなざし」がともに過剰なまでの演出への誘導を喚起しないように、ということである（京都観光が、一部特定の目論見から自由であり、かつ持続可能であるためにも）。

この広告が、作品として優れていればいるほどにその危惧は深まる。過剰な演出は、来訪者の憧憬と畏怖を過度なまでに拡大再生産し、京都に普通に住まう人々の生活を攪乱するような気がしてならないからである。

参考文献
アーリ、ジョン（一九九五）『観光のまなざし　現代社会におけるレジャーと旅行』加太宏邦訳、法政大学出版局。
井口貢編（二〇〇八）『観光学への扉』学芸出版社。

遠藤秀樹・堀野正人（二〇〇四）『「観光のまなざし」の転回』春風社。

木村万平（二〇〇七）『京都破壊に抗して』かもがわ出版。

全国京都会議（二〇〇九）『小京都と京都ゆかりのまち』（社）京都市観光協会。

柴門ふみ（二〇〇九）「京都「女ひとり」の旅　失恋女はなぜ京都に行くのか」『にっぽん入門』文藝春秋（文庫版）。

高橋康夫・中川理編（二〇〇三）『京・まちづくり史』昭和堂。

淡交社編集局（二〇〇四）『そうだ、京都行こう。』淡交社。

米山俊直（一九八九）『小盆地宇宙と日本文化』岩波書店。

コラム

東海地方から見た京都観光

中部広域観光推進協議会が二〇〇七年に実施したインターネットによるマーケティング調査に興味深いデータがある。全国の主な観光地への訪問満足度を計るデータのなかで、京都への訪問満足度を見ると、北海道から九州・沖縄までの全国九ブロックのうち、東海地方の観光客が全国で一番満足度が高いのである。「行ったことがありまた何度も行きたい」が四七・三%、「行ったことがありまた行きたい」も同数の四七・三%と、京都への訪問経験があり、また行きたいと思っている人が合計で九四・六%もいるのである。これは、全国平均の八七・七%を大きく上回るばかりか、地元近畿の九三・七%をも上回っているのである。そもそも、京都への満足度は全国的に高いものの、このデータによれば、東海地方のほとんどの人が京都好きであると言っても過言ではないだろう。

東海地方の小中学生の多くは京都への修学旅行を経験する。かくいう筆者も、生まれて初めての宿泊旅行は京都への修学旅行だった。少なくとも中学卒業の時点で東海地方のほとんどの人が京都体験をすることになる。ただし、このアンケート結果の満足度は、小中学生のときの体験ばかりではないと思う。東海地方では、京都の大学への進学率も比較的高いことから、友人の訪問、あるいは第二のふるさとに帰る人もいるだろう。そして、大人になってからも、ちょっとした旅行をするには手ごろな距離にある。近すぎず、遠すぎず、そしてそこにある魅力は無限大。その距離感と魅力の加減が東海地方の人にとっての京都の存在であろう。つまり、京都は、東海地方からすれば、気軽に何度も行きたくなる日常観光圏なのである。新幹線のぞみ号を使えば、名古屋からあっという間の三五分。こだま号でゆっくり行っても、愛知、静岡県内から一時間から二時間以内でたどり着く。筆者が住む豊橋から名古屋に向かうこだま号の始発電車に乗ると、早くも観光気分の客は多い。そして、多くの客が京都のガイドブックを開いている。さらに言えば荷物は軽め。つまり、始発電車に乗り朝九時前に京都に着けば、夜まで十分に遊んで日帰りで帰ってくることができる観光地なのである。

高速道路も新名神が開通したことにより、東海地方から京都はより近くなった。渋滞がなければ、十分に二時間圏内マーケットにある。「そうだ、京都へ行こう」というキャッチフレーズは全国の人に対して発信されているものだと思うが、この言葉は、行こうと思えばすぐにいける東海地方の人たちの観光心を大いにくすぐってくれるのである。

泊りがけで二日間かけてあちこちたっぷり回るよりも、四季折々の魅力に応じて、小分けにして京都観光を何度も楽しむ。そんな魅力を京都はいつでも与えてくれる。泊まるならば、泊まり代を次の交通費に回してもう一度違う時期に行った方が京都を存分に楽しめる。そんなリピート旅行が東海地方からの京都観光の主流なのではないかと思う（二〇〇九年五月執筆）。

（田中　三文）

終　章　真の文化首都＝京都

池上　惇

開国のとき、日本人が直面した観光の課題とは、観光は物見遊山や見物ではなく、「新たな知見を世界に求めて新世界を構想する」ことであった。訪問船に乗って世界を一周すること、これによって、日本国家の改革構想を先例を学習して研究すること。これが観光だったのである。

この原点ともいうべき観光への視座は、厳しい現実に直面する日本市民にとって、再生し、再評価すべき重要な示唆となっている。

京都への観光は、明治まで、多くの人々にとっての「世界に視野を開くための場」であり、京都固有の織物、世界の工芸品に触れる場でもあった。また、多くの在野の学習塾があった。専門的学術を学び、まちづくりの方法や手法、建築や土木の技術を学び、場合によれば、職人層を引き連れて、「くに」に小京都を創り、歌舞伎分化、医療文化や心学、儒学、仏教、神道などの知識を各地に持ち帰って、各地の文化を高める。

このような役割を果たした都市は、海外では、ボローニャが知られている。京都は、ボローニャと並ぶ、世界の「観光によって構想力を獲得するまち」であり、真の意味での「文化首都」であった。

では、いまの京都はどうか。

ノーベル賞学者を輩出する大学。芸術文化・福祉教育のメッカ。世界から宗教文化の結晶を凝縮して今に活かす。世界一の工芸・文化産業。信頼関係ある商習慣。この巨大都市の景観を維持し、祇園まつりや大文字送り火を町衆が支える。これは、訪れる人々、いま、この地に根づく人々にとっても、京都は、「世界をデザインし創り直す構想力の源泉」であり続けていることを意味する。

1　京都の景観政策――心の絆の回復に向けて

（1）人の流れと金銭的価値の誘惑

その動きを象徴するのは、各地から学生として、京都に学ぶ人々の持続的な増加であろう。そして、年間五〇〇〇万人を超え、ディズニー・ランドを上回る観光大都市である。

だが、学生や観光客が、本来の「観光」の意味に気づいているのか、といえば、必ずしもそうではない。京都市民やこの地の営みと、学生や観光客をつなぐ「何か」がみえなくなっているのである。

それは、当然といえば、当然であって、「人が集まる」ということになれば、それを「金儲け」の対象とし、安物で、品格に欠ける営業活動や、「観光プライス」と称して他府県産、外国産かもしれないみやげ物や食材不明の食事の機会を高価に提供し、クルマを呼び込むために、庭園を潰してまで大手不動産と組んで駐車場を作ろうとする。浅ましい限りではあるが、このような状況になれば、地元の人々と観光客の心の絆はなくなってしまう。この「逆流」に抗して、学生や観光客の流れを、本来の意味での「観光」に結びつけるには何が必要か。

それは、京都の「文化による〝まちづくり〟」そのものを学習の素材として、かつて、各地の知識人が〝小京都〟を構想しえたように、京都との交流のなかで、多くの、そして、各分野の〝まちに溶け込む知識人〟、学術や芸術と連携する〝まちづくり人材〟が輩出する〝しくみ〟の再生である。これは、いわゆる「単なる観光」ではなくて、「まちづくり・観光」であり、「文化による〝まちづくり〟」の力量を育てる観光である。

（2）　大文字の送り火が意味するもの

いま、世界各地で、景観論争や景観条例の制定が相次いでいる。

日本では、京都の景観条例が市内、どこからでも、お盆のときは、大文字山の送り火がみえるような景観を求め、私権や営業権を制限してでも、固有の景観を守り、町屋のもつ風格を再生し、同時に、その機能性にも注目した考え方が提起されている。このような動きは、「伝統を今に活かす〝風格都市〟」と表現するのが適当かもしれない。

この〝風格〟という表現には〝まち〟にある多様な自然、文化、建築物、交通路、産業、住民などの〝共生〟と、〝互いの営みへの敬意〟が象徴されている。そして、大文字山の姿は、ある意味で、京都の多様な価値を凝縮して表現するシンボルである。八月のお盆には、この世と来世をつなぐ先祖との精神的交流が各家や地元の産土（うぶすな）で行われ、大文字をはじめ、京都盆地を照らし出す送り火が、人々の生命・生活の安らぎと希望の象徴となる。

送り火は、京都のつくりだす最高のアメニティを意味する。それは、単なる快適さではない。

この個性共存、多様な価値の共存を創りだす動きは、京都においては、どのように表現されるのか。

例えば、大文字山（如意が嶽）の送り火と各家庭における先祖への敬意を表す祭は、絶えず、生と死に直面しながら、なお、健やかに生きようとする人々の心の絆が再生されることを意味する。この厳しい生存競争のなかで、心のつながりや糸は、絶えず切断される状況に直面している。愛と、裏切りと、歓びと、悲しみが、繰り返し、時には、同時にやってくる。それにもかかわらず、人々は、年に一度の祭礼のなかで、山腹に炎をあげる送り火を見詰めながら、先祖や現世の友と共に生きる決意を固める。

（3）現代の学問塾＝知識基盤の形成——環境文化と共生するビジネスを支えるもの

全国に轟いた京都景観条例の制定に至る歴史的な経緯をみると、景観の価値を私有財産権に優先して規制を加える制度という側面がある。そこには、景観という価値を受容するための、「高さ」をめぐる激しい論争や生活・ビジネスの命運をかけた実体がある。景観という文化的価値のために、私利・私欲によるビジネス、あるいは、エゴは制約され、ある範囲に自己抑制することが求められる。

「景観と調和しうるビジネス」のためには、何が必要か。

それは、現代都市における人々の生活の質への欲求が高まるので、この欲求を前提として、ビジネスを構想する力量の育成、あるいは、自己学習と自覚である。

それは、従来の通俗的習慣や慣行によって形成され、商品の機能性と価格の合理化によって遂行してきたビジネスとの決別である。文化的価値を金銭的価値に優先する事業。そして、仕事をおこす習慣である。

これは、京都の景観条例への対処という課題とは、独立に、現代人が考えるべき問題となった。例えば、地球環境問題という、人類の生死を分ける状況が発生し、生活の質を「エコロジー」の視点から見直す必要が生まれたことも関係する。例えば、ゴミをリサイクルしながら生活する、という課題は、従来の慣行にはない。しかし、生きるためには変更しなければならない。これによって、リサイクル事業をなりたたせる「仕組み」、エコ・カー、太陽光発電システムなど、新たなビジネスが生まれる。

地球環境問題と、同様に、新たな問題として浮上したのが、伝統ある文化的景観の荒廃や破壊の問題である。

高いマンションから京都を一望しながら生活する人々のためのマンション事業、景観と矛盾する屋外広告を製作する事業、生活の利便性を求めて暮らす人々を対象に発展してきた高層の各種サービス事業、教育、オフィス、ホテル、商業活動、さらには、クルマ社会のための駐車場事業など、は、確かに、一定の集客に貢献した。

しかし、その犠牲となった、「見えない大文字」の景観、「伝統ある庭園」「町屋の取り壊し」「堀の埋め立て」などは、人々の心の絆を弱め、精神生活の拠り所を失わせ、長い目で見ると、人々の孤立化と、コミュニケーションの欠如につながってゆく。

ここでも、地球環境問題と同様に、「文化と心の絆」の価値を見直す必要が生まれた。文化的な景観や歴史を感じさせる建築物のもつ雰囲気は、市民一人ひとりの尊厳や人格の相互の尊重を習慣化し、絆を感じさせる人々の背後には、信頼関係や社会的共通資本としてのコミュニティ感覚が再生される。これらは、よみがえった新たらしい習慣であり、慣行である。

したがって、この制度の運用においては、各地の景観の特性ごとに、景観を考える市民の集まり、行政への参加や合意が進む。それに伴って、地域的な指定や規制の具体化が進み、肌理の細かい、各地市民の共生、各地域ごとの共生への配慮をこめた「協働の営み」が深り、広がってゆく。この過程は、人々の学習や相互理解のプロセスでもあろう。積極的・能動的なモラルの高い協働コミュニティの誕生である。

（4）町家の雰囲気を新たな観光学習の場に

さらに、景観の要素について、建築学の視点から見ると、町屋が京都の風土に根ざして「庭園と一体化した自然やコミュニティに開かれた構造」をもっていること、自然の大気の流れを取り込んだ快適な空間の演出に成功していることなどが解明されてくる。

この「開かれた構造」は、人々の交流や学習にとって、大きな意味をもっていた。

それは、「京都まちづくり学」の原点ともいうべきもので、「伝統を今に活かす文化的な核としての〝塾や図書館〟」において、住民＝地の人と訪問者＝風の人とが交流し、学習を通じて、「よきもの」「発見したもの」、「文化的でないもの」「改善すべきもの」などを明らかにし、文化資源を手がかりとして、コミュニティ・町並み・産業の再生構想を語り合うことである。

それは、京都に定着した厚みのある文化財や文化遺産・遺構、学術や芸術の伝統を人々が再発見することを意味するであろう。いま、京都では市が世話役となって再発見の場が生まれはじめた。

この話に、四方面からの問題提起者が、それぞれに、教師としての話題を出して、議論に、一石を投じる。

① 学術人。地域に根ざしつつ国際的な学術の水準を満たし、幼児から高齢者までを教育できる人材。

② 芸術家。京都の景観や生活文化を描き出し、常に、鑑賞者に環境デザイン、建築デザイン、など、構想力を育成できる人材。

③ 実業人。実業を雇用関係ではなくて、人材育成の場として、位置づけ、地域固有の産業文化を継承させ、発展させることを通じて、高い人格を育成する人材。

④ 公共人（NPO、公益法人、公務員など）。文化資源を発見し、評価し、ネットワーク化して防災から福祉まで公共政策の目標を構想できる人材の育成を担う。

彼らは、現代的な文化、科学、技術などの知識や応用の経験がある。これらによって、交流する人々の「文化による〝まちづくり〟」構想は大きく成長するだろう。

この構想のための人的なネットワークは、一種の「知識基盤」である。

例えば、京都の各地域において、それぞれに人から人へと継承されてきた「暗黙の美・知・徳」の蓄積がある。「鴨川にかかる今出川の橋から望む大文字は美しい」という情報は、どこに書いてあるわけでもないが京都人が共通の知識をもって合意する景観である。この情報は知識でもあり、同時に、「この橋からの景観をみんなで守ろうという倫理的な合意」にもなる。いわば、この暗黙知は、美と知と徳の結晶なのだ。

大文字の送り火の日に京都を訪れた旅人が、今出川の橋に立って、「ここからの大文字は最高だ」という発見をしたとする。この発見を、近くの「塾」に立ち寄って披露する。住民たちは、旅人が、素晴らしい価値を発見してくれたことを歓び、歓びを分かち合って、心の絆を深める。この状況に学術人が参加して、大文字の送り火のいわれや変遷を語り、芸術家は芸術作品における大文字を語る。実業人は、「送り火」を創造し、継承してきた人々の構想力から現代人が学ぶべきことを語り、この構想力を実業で育てることが最高の教育であることを説明する。公共人は、この素晴らしい景観を守るために活動し、ネットワークをつくり、産・学・公共の連携を図ってきた経過や歴史を説明する。

これによって、京都のまちにある暗黙知は、表現や形式を与えられて、京都の景観についての「知識基盤」をつくりだす。かかる知識基盤は大文字だけでなくて、景観を構成する多様な価値、すべてについて成立しうる。この集合体があってこそ、人々は、歴史や文化の奥行きを知り、京都の景観を美しく持続させるための関係者の合意が成立する。

さらに、暗黙の知は、「大文字の美」だけでなくて、町屋の美、小学校の美、などに、「姿」「形」を与える。例えば、町家再生、町並み保存・活用、学校再生。さらには、医療や福祉、健康の文化の再生などである。さらに景観や環境政策がつづく。暗黙知を活かす組織、建築物・構築物があってこそ、町並みは蘇生できる。

これら、一つひとつの文化拠点は、それぞれに、そこに集う人々にとって共通の知識基盤の上での交流空間、「自由空間」であり、同時に、かけがえのない「固有の場」でもある。

これらの空間や場をつなぐネットワークが共通の基礎となって、景観条例などによる京都全域の面的な「場」

「空間」に発展する。この雰囲気は、自然と歴史、学術や芸術の蓄積された「イコン」ともいうべき場を刺激する。それが、『哲学の道』のような学術的名称と結合し始める。そうなると、「学問の営みにおける人間関係が〝まち〟をつくる」ことになろう。学術は大学から地域に広がる。あるいは、大学など、ともに育ちあう人間関係から創造的な情報が生まれて、地域に広がり、その魅力が人々をまちに引き寄せ、創造の成果を身につけて各地に広げてゆく過程をうみだす。現在、京都市は各区域や学区に図書館とコミュニティセンターのネットワークを構築しつつある。

このまちを「まちづくり・観光」を通じて、各地に「文化による〝まちづくり〟」の構想を育てる原点とするには、学生や、社会人学生が、各地のまちづくり現場を踏まえて、経験を交流し、国際的な学術を学んで、各地固有の文化資源を活かした「文化による〝まちづくり〟」の構想力を高める必要がある。例えば、全国ネットワークをもつ通信制社会人大学院大学を構想し、「文化による〝まちづくり〟」学を創造的に発展させて研究教育しながら全国に展開するのである。

このような構想を手がかりとして「文化による〝まちづくり〟」の視点から、京都の観光学を構想してみよう。

2 「文化による〝まちづくり〟」――その力量を育てる観光政策

（1） 京都における社会人のまちづくり学習

いま、全国初の市民大学院が、先覚の機微に付して、ささやかな知的カフェを旧成徳中学校跡地で開いている。ここでの経験は、いま、多くのビジネス・マン、サラリーマン、経営者、知識人、学生、大学院生、業者、農業者、まちづくり人材などが、京都に注目していて、さまざまな提案をもって交流されていることである。

だが、この方々を京都の大学が受容しているかというと、必ずしも、そうではない。大学の研究者のなかには、各地の文化財や文化資源を活用して地域を活性化しようとすると、それは、観光事業による金儲けのことだと頭から決め込んで研究自体を敬遠される雰囲気がある。また、「まちづくり」といえば、「堂々たるビル・マンション街」を設計することであるとの考え方も抜けない。まちづくりなどといわずに「都市計画」といえ、という雰囲気もある。

しかし、多くの学習人たちは、このような見解を乗り越えて、新たな研究に着手され実践を試みておられる。一例を挙げよう。

（2）自転車と塾による〝まちづくり〟構想

ある京都の知識人が、「文化による〝まちづくり〟」を標榜して知的カフェをはじめたところ、近畿の大手道路会社から社会人大学院生が参加された。

研究テーマは、〝近畿地方まちづくり情報ネットワーク構築によるアメニティの向上と地域振興政策〟。

各地の歴史的文化財を中心に清少納言や光源氏の人物像を紙媒体に登場させ、ストーリーと関連づけた紹介と、イベント、食文化情報などを掲載している。京都関連では、道路や駐車場の位置とともに、伏見の酒蔵や、山科の隋心院などが登場する。各文化財は相互に関連づけられて、ネットワークをたどれば、多様なストーリーと関連付けて、位置関係や歴史との対話が可能である。朱印と同様に、スタンプ制になっていて、景品や地元の銘菓がもらえる。

とりわけ、注目すべきは、道路と鉄道の協調を可能にする〝駅とインターチェンジを結ぶ自転車の貸し出し、乗り捨て可能な観光ネットワーク〟である。

従来、鉄道と道路は犬猿の仲である。しかし、もしも、鉄道と道路を自転車ネットワークで結ぶことができれば、両者は互いに補完しあって、乗客や利用者の相乗的な増加を期待できる。

おりしも、「エコロジー最優先の時代」である。自転車で観光拠点を回りながら、地球温暖化対策を進め、エコカーや、省エネ型鉄道の普及に努める。

これは素晴らしい構想である。

さらに、現代は長期大不況下のリストラと雇用不安の時代、格差や貧困に誰もが直面する時代である。このネットワークによって、自転車貸出事業が発展し、雇用や所得の増加につながれば、地域の活性化につながり、みんなが格差にかかわりなく文化を享受し、希望を持って生活できる。

また、自転車の普及は、町中の通過道路の必要性を低下させ、路地や細道の多い日本の都市に最適な交通手段を提供する（池上惇ブログ私の教育人生25（まちづくりの基軸とは）―7「自転車と塾のまちづくり」二〇〇九年六月二〇日）。

この自転車ネットワークが、文化財や観光拠点をつなぐだけでなくて、今日に伝統がある『地域に根差した学習拠点＝伝統文化を今に活かす塾や民間図書館など』とも接続され、さらには、町屋などの活用によって、「合理的な価格で快適な」「京の宿」が増加すること、これらが切実に期待されている。

3 「静かな賑わい」を創り出す

（1）『塾』『図書館』『通信制社会人大学院大学の学舎』

現在でも、各地域に、その地の文化的な伝統や歴史を研究され、関係資料を蓄積され、修学旅行生や訪問客に、その地ゆかりの人物史を語られる知識人がおられる。これは、在野の知識人と呼ばれていて日本社会の特徴の一つである。

さらに、いま、多くの大学人が続々と地域に眼を向けてきた。例えば、大都市に増加している空き家、空き校舎を活用して、各地に『塾』『図書館』『通信制社会人大学院大学の学舎』などを開き、固有の歴史や文化を訪問者や次世代、社会人などの交流と学習の場を設けようとする動きである。

先の構想が実現して、学習人が自転車に乗って、塾を訪れ、歴史や伝統文化、産業文化を学習し、自分を高めながら、いずれは、各地域で、仕事を起こし、地域を創り、人を育て、文化を理解するために、交流し、学習するとしよう。

現代においては、極小化技術、情報技術が進歩し、その結果、ソフト＝ノウハウと、ハード＝物質や機械の構造が分離し、多様な『アイディアや情報』を持ち寄って、検討しながら創造的成果をうみだすことができるようになった。

自転車でやってくる学習人は、各地固有の文化情報発信、研究、教育などの拠点を設け、その成果を関係者のネットワークで共有するだろう。これがあれば「文化による〝まちづくり〟」を実践し、試行することもできる。

塾を拠点に地域固有の文化を学習しながら、情報通信技術を活用して、遠方の経験と比較しつつ、一人一人が自分の生き方や、まちづくりを考える時代。

この雰囲気がもたらすのは、「喧しい観光客」ではない。ここには、「静かな賑わい」がある。これこそ、都市や地域の知的な雰囲気を高め、その地の「格」を高めて、知識基盤を充実させ、的確な判断力や構想力を育てる。これこそ、都市や地域の永続的な発展をもたらす鍵である。そのような意味で、今後、大文字を仰ぎつつ、鴨川を横目でみて、自転車と塾を新たな文化によるまちづくりの手がかりとしてみたい。

このような雰囲気が京都の景観を守り、活用する健全な方策を生みだし、すでに確立された制度を活かす方向に導いてくれる。

（2） 綜芸種智院の現代的再生

九世紀、空海が綜芸種智院を創設して、従来の個々の宗教や儒学などの枠を超えて総合的な学問を研究し、広くすべての階級に開かれた教育組織をつくりあげて、この世に一種のユートピアをつくろうと試みた実績も注目されてよい。

空海は、この学問所を「師と弟子、弟子相互が、ともに食事をする機会」としても重視していた。「学問すること」と「食事をすること」を同時に提起したのは空海の卓見であろう。食は最も共感を呼び、相互の信頼の証しとなる基本的な営みである。この基礎上でコミュニケーションが発展し、学術の理解をめぐる論議や論争が生まれてこそ、創造は可能だ。

教育に携わるものは、「共食」の大事さをよく理解している。京都で教育するには、よい自然環境、風格ある建築物、美しい作法。そこでは、おいしくて芸術的な表現をもつ京都の食文化と、美しい文化的な景観の下での歓談が不可欠である。

京都で、町屋や塾が再生されて、そこで、美味しい食事を頂き、先覚の貴重な文献を座右において、熱い議論がたたかわされてこそ、コミュニティの再生や教育事業を基盤とした産業の再生は可能となるのではないか。この場合に、コミュニティとは、家族や地域のそれとともに、学習や研究、学校などの知的な交流を伴うコミュニティが形成されてゆく。かかるコミュニティこそ、仕事を起こし、地域を創り、文化を高める推進力である。

かつて、行基や空海は「知識結」によって、地域や世界の表徴となるべき塔や橋、池や道をつくり、学校、福祉施設をつくった。それは、一人一人が私心を捨て自分の生き様を直視して、真実に生きる人間を発見するよう呼びかけ、智恵や資産、職業能力や労力奉仕を積み上げれば、混乱を極める世の中に、希望と、生きる意欲を再生することになった。

これは、「文化による〝まちづくり〟」の原点である。

（3）「仕事おこし、まちづくり、人づくり、文化の向上」

いま、世界の各地で、「都市再生と広域的な（都市と農村を含んだ）規模で見たコミュニティ再生の動き」が始まっている。この語には、従来の人類の営みが科学技術を大規模に応用して都市や地域を開発し大量生産・大量消費、大量廃棄の社会をつくり出したこと。都市や人間の人間関係を希薄化あるいは断絶させて生命や生活の危機をもたらしたこと。そして、そこでは、人間の発達可能性が制約あるいは否定されてきた、というニュアンスが込められている。

したがって、市民は、この疎外状況を直視して、景観保全・活用や、文化資源を活かすまちづくりなどを通じて、文化活動、教育活動、健康・環境・自治などの諸活動を手がかりとし、家族、地域、産業、学習、情報などのコミュニティを再生しようとする。

これらの動きを集約し、シンボル化するのが、祭であり、大文字の送り火である。

これらの集約事業のなかで、人間らしい信頼関係やつながり、絆を取り戻しつつ、コミュニティの再生に関わる伝統や習慣を再評価し、新たな芸術、科学や技術を開発し、それらを活かして生活の質を上げようではないか。ここで、積極的なライフ・スタイルを確立しよう。この気迫こそ、京都のまちづくりを支える。

京都市民は、「文化環境と共に生き」「市民がともに学習しデザインし行動する」。そのなかで、人間らしい信頼関係、失われた生活技術、建築空間設計技術、医療介護技術、芸術や学術活動、多様なつながり、自治能力を取り戻す。そして、都市や地域のコミュニティ再生に関わる伝統や習慣を再評価しつつ、新たな芸術、科学や技術を開発し、それらを活かして生活の質を上げる。各地域の塾や学習拠点が、それぞれの地域の個性を活かして、貴重な営みを持続させる。ここに、京都発「文化による〝まちづくり〟」の発展がある。

(4) 東日本大震災復興への示唆

祈りを込めた送り火の薪からセシウムが検出された。このおそるべき文明の罪を被害地とともに受けとめ東北固有の文化と産業を再生する。この営みを京都の文化首都としての力量を生かし、被害を克服する化学・技術の研究を支援し、現地の人間復興・文化によるまちづくりを実現しよう。いま、京都への期待が高まっている。

参考文献

池上惇(一九八四)『情報化社会の政治経済学』昭和堂。

池上惇(二〇〇三)『文化と固有価値の経済学』岩波書店。

池上惇(中谷武雄共著)(二〇〇四)『知的所有と文化経済学』実教出版。

北尾克三郎(二〇〇五)『まちづくり手帳——明日の生活技術と都市デザイン』マルモ出版。

日本建築学会編(二〇〇四)『まちづくりの方法』丸善。

索　引（＊は人名）

さ　行

た　行

な　行

は　行

ま　行

や　行

ら　行

わ　行

《執筆者紹介》(執筆順，＊は編著者)

＊井《い》口《ぐち》　貢《みつぐ》（同志社大学政策学部・大学院総合政策科学研究科教授，はじめに・序章・コラム・第19章執筆）
堤《つつみ》　勇《ゆう》二《じ》（京都学園大学非常勤講師，第１章執筆）
笠《かさ》井《い》敏《とし》光《みつ》（大東市立歴史とスポーツふれあいセンター館長，第２章執筆）
南《みなみ》　里《さと》実《み》（編集者・ライター，第３章執筆）
木《き》村《むら》　裕《ひろし》（元京都市都市計画局都市景観部風致保全課長，第４章執筆）
滋《しげ》野《の》浩《ひろ》毅《き》（成美大学経営情報学部准教授，第５章，第11章執筆）
秋《あき》野《の》　稔《みのる》（京都銀行法人部観光支援室長，コラム執筆）
小《こ》島《じま》富《ふ》佐《さ》江《え》（京町家再生研究会事務局長，第６章執筆）
冨《とみ》本《もと》真《ま》理《り》子《こ》（岐阜女子大学非常勤講師，コラム執筆）
一《いち》澤《ざわ》信三郎《しんざぶろう》（一澤信三郎帆布代表取締役社長，第７章執筆）
藤《ふじ》本《もと》善《よし》弘《ひろ》（京都府政策企画部文化学術研究都市推進室，コラム執筆）
松《まつ》原《ばら》光《みつ》也《や》（京都大学大学院工学研究科低炭素都市圏政策ユニット特定助教，第８章執筆）
東《あづま》　義《よし》久《ひさ》（小説家，第９章執筆）
上《うえ》田《だ》　誠《まこと》（京都市役所勤務，同志社大学嘱託講師，龍谷大学嘱託講師，第10章執筆）
木《き》村《むら》俊《とし》昭《あき》（TNC ブライダルサービス社長，コラム執筆）
鳥《と》羽《ば》都《みや》子《こ》（かすがい市民文化財団，第12章執筆）
西《にし》尾《お》久《く》美《み》子《こ》（京都女子大学現代社会学部准教授，第13章執筆）
木《きの》下《した》達《たつ》文《ふみ》（京都橘大学現代ビジネス学部准教授，第14章執筆）
横《よこ》田《た》香《か》世《よ》（京都府文化環境部文化芸術室，コラム執筆）
森《もり》田《た》晃《こう》一《いち》（岐阜大学留学センター教授，第15章執筆）
安《あん》藤《どう》隆《りゅう》一《いち》（しんきん南信州地域研究所主席研究員，まちづくり工房隆代表，第16章執筆）
古《こ》池《いけ》嘉《よし》和《かず》（富山大学芸術文化学部教授，第17章執筆）
高《たか》橋《はし》一《かず》夫《お》（近畿大学経営学部教授，第18章執筆）
田《た》中《なか》三《みつ》文《ふみ》（三菱 UFJ リサーチ＆コンサルティング主任研究員，コラム執筆）
＊池《いけ》上《がみ》　惇《じゅん》（京都大学名誉教授，福井県立大学名誉教授，京都橘大学名誉教授，終章執筆）

《編著者紹介》

井口　貢（いぐち・みつぐ）

1956年　生まれ。

現　在　同志社大学政策学部・大学院総合政策科学研究科教授。

著　書　『まちづくり・観光と地域文化の創造』学文社　2005年。
『観光文化の振興と地域社会』（編著）ミネルヴァ書房　2002年。
『入門　文化政策』（編著）ミネルヴァ書房　2008年。
『観光文化と地元学』（編著）古今書院　2011年。
『京都・観光文化検定試験　公式ガイドブック』（共著）淡交社　2004年　他。

池上　惇（いけがみ・じゅん）

1933年　生まれ。

現　在　京都大学名誉教授，福井県立大学名誉教授，京都橘大学名誉教授。

著　書　『地方財政論』同文館　1979年。
『地域づくりの教育論』青木書店　1983年。
『財政学』岩波書店　1990年。
『財政思想史』有斐閣，1999年。
『日本財政論』実教出版，2000年。
『文化と固有価値の経済学』岩波書店　2003年。

京都・観光文化への招待

2012年4月20日　初版第1刷発行　　検印廃止

定価はカバーに
表示しています

編著者　井口　貢
　　　　池上　惇
発行者　杉田啓三
印刷者　坂本喜杏

発行所　株式会社　ミネルヴァ書房
607-8494　京都市山科区日ノ岡堤谷町1
電話代表　(075)581-5191番
振替口座　01020-0-8076番

ISBN 978-4-623-05873-0

Printed in Japan